国家社会科学基金项目成果（08BFX074）

法人跨国犯罪的国际法问题研究

张颖军　著

中国社会科学出版社

图书在版编目（CIP）数据

法人跨国犯罪的国际法问题研究／张颖军著 . —北京：中国
社会科学出版社，2012.12
ISBN 978 - 7 - 5161 - 1851 - 1

Ⅰ.①法…　Ⅱ.①张…　Ⅲ.①跨境犯罪 – 国际刑法 – 研究
Ⅳ.①D997.9

中国版本图书馆 CIP 数据核字（2012）第 303340 号

出 版 人	赵剑英	
责任编辑	任　明	
责任校对	韩天炜	
责任印制	李　建	

出　　版　中国社会科学出版社
社　　址　北京鼓楼西大街甲 158 号（邮编 100720）
网　　址　http：//www. csspw. cn
　　　　　中文域名：中国社科网　　　010 - 64070619
发 行 部　010 - 84083685
门 市 部　010 - 84029450
经　　销　新华书店及其他书店

印　　刷　北京奥隆印刷厂
装　　订　北京市兴怀印刷厂
版　　次　2012 年 12 月第 1 版
印　　次　2012 年 12 月第 1 次印刷

开　　本　710 × 1000　1/16
印　　张　15.5
插　　页　2
字　　数　286 千字
定　　价　45.00 元

前 言

　　本书是我主持的国家社科基金一般项目《法人跨国犯罪的国际法问题研究》的最终成果。自立项以来，经过四年多的辛勤努力和后期编辑，课题终于通过结题评审并最终付梓出版。其中滋味，感慨万千。

　　本课题在申请立项时结合近年来国际法上一个新发展领域——日益出现的有关法人跨国犯罪的责任的法律框架和规范，预期对国际法上法人跨国犯罪的类型、形式，法人责任的一般理论、国际法上法人犯罪的责任，包括法人责任的国际法律框架和历史沿革，国际法上法人犯罪责任在国际和国内层面的实施，以及法人跨国犯罪的管辖权等问题进行深入、系统的研究。现在的最终成果基本完成了这一目标。

　　本成果以这些国际法上日益出现的有关法人跨国和国际犯罪的责任为重点，力图收集、整理国际组织有关法人犯罪责任的国际法律规范，以此为基础归纳出迄今国际法上法人责任的历史沿革、结构特点，以及在国际、国内层面实施的实践。其中，在国际层面上，重点分析二战后纽伦堡国际军事法庭和在德国的占领当局军事法庭对在战争中起到资助作用的德国大企业负责人的审判。这些是国际社会首次注意到公司、企业在战争中的作用，并以共谋或帮助、协助犯罪的理论将这些公司负责人归罪、定罪的实践。虽然，这些审判没有将有关的德国大公司作为直接被告，但是，他们对这些大企业家的审判开创了国际社会关注公司参与国际犯罪的先河，也为日后国际社会在追究法人责任领域的发展提供了基础。

　　由于目前国际刑法上的法人责任主要通过国内法来实施，而且规定可以是刑事、民事或行政责任。所以，本成果首先研究和介绍国内法体系中的法人责任归责的一般理论，它们对国际刑法中的法人责任规范的制订产生了非常大的影响。

　　此外，本成果还以国际法上法人犯罪的管辖权为对象，研究国家管辖权原则适用于法人犯罪时存在的问题与局限。并结合上述国际法问题，分析国际法上法人责任的新发展对国际法主体理论和责任体系的影响，以及通过国际性司法机构实现对法人跨国犯罪和国际犯罪的责任追究、通过国内法院管辖法人直接从事或间接参与跨国犯罪和国际犯罪、通过国际性自律规范加强对法人，特别是跨国公司行为的监督和约束这几种控制法人跨国犯罪和国际犯罪的方式在实践中的局限和困境。

本成果具有以下特色和创新：

第一，对法人的国际性犯罪行为的类型进行了详细划分。

根据法人国际性犯罪行为的性质，将其分为法人一般违反国际法的普通犯罪，即法人跨国犯罪，和法人严重违反国际法或一般国际法之强行规范的犯罪，即法人直接从事或间接参与国际犯罪。前者如法人从事跨国洗钱等普通犯罪，而对于后者则进一步分为：公司直接违反国际人道主义法的行为；公司在那些违反国际人道主义法和国际人权法的政权掌控的地区进行商业活动，从而被控共谋参与国际犯罪的行为；公司促成、加剧违反国际法的犯罪或为其实施提供便利的行为。因此，为准确起见，本成果各章以法人跨国犯罪和国际犯罪的国际法问题为标题和研究对象。

第二，从纽伦堡国际军事法庭宪章首次在国际法上确定犯罪组织的责任开始，对国际法上日益出现的有关法人跨国行为和责任的国际法律框架，包括非强制性的国际自律性规范、国际条约和公共国际组织的法律文件，进行了系统详细的归纳、整理和研究，这在国内相应领域的研究上尚属空白。

第三，以法人直接或间接参与国际犯罪为引线，从国际法上最早的相关实践——二战后纽伦堡国际军事法庭和其他在德国占领区的军事法庭对战争中起到资助作用和实行强迫劳动的德国大公司负责人和企业家进行的审判开始，详细收集、分析了纽伦堡国际军事法庭和当时作为对战败国德国的惩罚进行军事占领的主要战胜国美国、英国、法国的军事法庭对德国大公司和企业家进行审判的几乎所有案例。在国内对国际法上法人犯罪问题的研究上，不乏对纽伦堡国际军事法庭审判德国大公司负责人和企业家的案例的引用，如，对克虏伯、IG 法本公司负责人的审判等。但是，像本成果这样不仅注意到战后设在纽伦堡的国际军事法庭，还注意到其他主要战胜国在德国占领区军事法庭审判德国大企业家案例的，则并不多见。

第四，课题引用的资料丰富和新颖。由于国际法上有关法人犯罪的责任是近年来的新发展，国内对这一领域的研究很少。为了使课题的成果能够反映国际、国内的最新研究动向，我专门申请到德国马克斯普朗克国际刑法研究所就本课题进行专题研究，利用其先进的资源收集了大量有关本论题的最新研究成果、案例和判例，从深度和广度上丰富和强化了本课题的研究。

尽管已经尽心竭力，但本成果还是存在一些问题。法人跨国犯罪的国际法问题是一个范围很大的题目。在研究过程中，我发现这一领域涌现出许多新研究方向，比如，非国家行为者的责任问题等。穷尽对这些问题的研究显然不是本书能够完成的。但它为我以后的研究提供了明确方向，这也是本课题研究带来的另一个收获。

本课题成果以我的博士论文为前期研究基础，在付梓出版之际，我首先要感谢我在武汉大学国际法研究所求学期间各位老师的尊尊教诲和悉心指导。

感谢邵沙平教授为本课题提供的咨询和指导。

感谢全国哲学社会科学规划办公室在本课题立项、研究和结题过程中给予的支持和付出的辛劳。

感谢中南民族大学科研处对本课题各阶段的认真管理及为此付出的辛勤工作。

感谢中南民族大学及法学院各级领导和同事对我的关心、支持和帮助，以及对本书出版的资助。

感谢课题组其他成员的努力及同窗、同仁提出的中肯的修改意见。

感谢中南民族大学法学院学生胡丽同学、研究生许可同学、陆纬齐同学为本课题的资料收集和翻译以及阶段性研究工作做出的贡献。

感谢中国社会科学出版社及责任编辑任明先生为本书出版发行所付出的辛苦努力。

感谢我的丈夫齐忠敏先生、我的父亲、母亲、公公、婆婆以及弟弟、妹妹、哥哥全家！在我离家求学并在汉工作的十几年中，他们默默承受着与我分居两地带来的种种不便与困难，以他们的善良、关爱和难以想象的宽容帮我分担着家庭的责任和痛苦，容忍着我追求理想和事业的"瞎折腾"。没有他们的支持，我获得博士学位、安心本职工作、完成国家课题等都无法实现。

感谢我的儿子齐霖！虽然自出生起他便不会说话与表达，但我相信他是懂得的。他用他的善良与忠厚宽容着我对他所有的爱、痛、后悔与歉疚。虽然，他没能陪我到今天，但他以他顽强的生命力，尽最大力气陪我度过了初入社会在机关工作、转向攻读硕士博士学位、再入社会踏上高校教师岗位、承担国家课题开始艰苦研究等人生重要阶段。他的到来与离去让我明白了生命更厚重的含义。

　　谨以此书表达对他的纪念！

张颖军

2012 年 12 月

武汉，南湖

目　录

导　言

一　法人

法人（artificial person，legal person，personne morales，Juristische Person）本来是作为民法上的主体被创造出来的。它是自然人以外可以成为权利义务主体的组织。[①] 也就是说，它是一个组织[②]，或称实体，是以一定数目的人或一定数目的财产为基础结合在一起、能享受法律上权利义务的、有法律人格的组织或团体。由于各国的立法不同，有的国家将法人规定为只是具有法人资格的实体，这样的话，"法人"就可能被认为专指具有法人资格的实体。但是，本书中所涉及的"法人"不是指法人的资格，而是指一种普遍意义上具有法律人格的实体或组织。

法人不是如自然人一样自人类社会产生时就存在，并成为社会关系主体的。它是随着商品经济的发展而产生的具有独立人格的法律实体，并随着法律上人格制度的发展而形成日臻完善、发达的法人制度。它作为一种真实存在的特殊类型的"人"在社会上大量出现和活动，为法人犯罪提供了必不可少的前提。[③]

二　非国家行为者

我们在这里所讲的"法人"，从概念上来讲，应不仅仅指商业实体，也

---

① 史尚宽：《民法总论》，中国政法大学出版社 2000 年 3 月出版，第 138 页。

② 如美国国会设立的美国量刑委员会 1988 年着手制定、1991 年 11 月 1 日生效的，也适用于法人团体的《美国联邦量刑指南》第 8 章"组织体量刑指南"（2005 年 11 月 1 日前有效的条文）中规定："本章的指南和政策综述适用于对所有犯重罪和 A 级轻罪的组织进行定罪。"这里的"组织"指"非自然人的人"，包括公司、合伙、协会、合股公司、联合、信托机构、养老金基金、非公司性组织、政府和政治性机构及非营利性组织。See CHAPTER EIGHT-SENTENCING OF ORGANIZATIONS，§8A1. 1. from www. ussc. gov。

③ 何秉松：《法人犯罪与刑事责任》（第二版），中国法制出版社 2000 年版，第 11 页。

不仅仅指在民事交往中作为平等民事主体的具有拟制人格的实体，而是具有更广泛的意义。正如近来一些学者就国际法上的团体责任（corporate liability under international law）的研究成果所示，他们主张在国际层面上应追究团体责任的跨国行为者，除了国家以外还有非国家行为者（non-state actors）①。

非国家行为者（non-state actors）是指不符合构成一个国家的所有条件的实体。② 而构成一个国家的要件，目前一般承认的是指《美洲国家组织关于国家的责任和权利之蒙得维的亚公约》第 1 条规定的四个要素：永久的居民、确定的领土、有效的政府、能独立进行对外交往的能力。③ 非国家行为者不具备这些构成国家的要件，但它们能同正常的国家行为者一样行为或针对国家采取行动。因而，非国家行为者能对它们所在国（东道国）的领土，或对它们行为所针对的国家（受害国）的领土产生影响。其他国家行为者也可以向非国家实体提供援助（第三国）。④

---

① 关于国际法上非国家行为者的研究，是近年来国际法、国际刑法和国际人道主义法研究的一个新领域，国外对这方面的论述日渐增多，其主要讨论它们在国际法上的地位，但更多的是主张追究其国际责任，即从国际层面依据国际法追究其国际责任。这也是国际社会消除"有罪不罚"（impunity）现象的努力。由于这方面的著述较多，一一穷尽显然不可能实现，仅举几例。Such as, Andrew Clapham, *Human Rights Obligations of Non-State Actors*, Oxford University Press, Oxford, 2006; August Reinisch, *The Changing International Legal Framework for Dealing with Non-State Actors*, Non-State Actors and Human Rights, Edited by Philip Alston, Oxford University Press, New York, 2005. pp. 37—89; Philip Alston, *The 'Not-a-Cat' Syndrome: Can the International Human Rights Regime Accommodate Non-State Actors?* Non-State Actors and Human Rights, Edited by Philip Alston, Oxford University Press, New York, 2005. pp. 3—36; Math Noortmann and Cedric Ryngaert (edited), *Non-State Actor Dynamics in International Law: From Law-Takers to Law-Makers*, Ashgate Publishing Limited, Surrey, England, 2010; *Non-State Actors in Global Governance: Three faces of Power*, Bas Arts, reprints by Max-Planck-Projektgruppe Recht der Gemeinschaftsguter, Bonn, 2003/4。

② Gregor Wettberg, *The International Legality of Self-Defense Against Non-State Actors: State Practice from the U. N. Charter to the Present*, Peter Lang GmbH, Frankfurt am Main, 2007, p. 19.

③ See Montevideo Convention on the Rights and Duties of States, Article 1, Dec. 26, 1933, 165 U. T. T. S. 19; Article 1 provides: "The state as a person of international law should possess the following qualifications: a) a permanent population; b) a defined territory; c) government; and d) capacity to enter into relations with the other states". See also ［美］Thomas Buergenthal, Sean D. Murphy: "*Public International Law (3rd Edition)*", p. 2. 北京：法律出版社 2002 年影印出版（美国法精要·影印本）。

④ Gregor Wettberg, *The International Legality of Self-Defense Against Non-State Actors: State Practice from the U. N. Charter to the Present*, Peter Lang GmbH, Frankfurt am Main, 2007, p. 19.

　　非国家行为者包括但不仅限于跨国公司（transnational corporations, TNCs）、商业企业（business enterprises）、社会团体（soeties or associations）、宗教和慈善团体（church）、非政府组织（non-governmental organizations, NGOs）、国际组织（interantional organizations）、政治运动和政治派别（political movements and political parties）以及武装团体（armed groups）、叛乱团体（rebels, insurgents, and belligerents）①、雇佣军（mercenary army）②、私营保安公司（private security companies, PSCs）或私营军事性公司（private military companies）③ 等非自然人、非国家的国际行为者（international actors）。它们之所以被称为"国际行为者"，或是由于其行为跨越国界，比如，跨国公司的跨国商业行为和人权行为；或是由于其行为违反了国际法，比如，一国境内武装冲突中的叛乱运动、非正规军的武装集团等，他们的行为虽然发生在该国境内，但违反了国际人道主义法和国际人权法，属于国际法管辖的范围，也应依照国际法追究其国际责任。

　　因此，跨国公司和一般商业企业的行为显然包含在非国家行为者的行为当中，这些非国家行为者既可能从事一般意义上的普通跨国犯罪，如，为获得在他国的商业交易机会而跨国贿赂该国公职人员的行为，跨国洗钱犯罪，跨国贩运毒品的犯罪，跨国有组织犯罪，跨国运送危险物及有害物品等危害环境的犯罪等；同时，它们又有可能直接从事或间接参与违反国际人道主义

---

① About the discourse of definding and labelling those kind of groups as these titles, See Andrew Clapham, *Human rights obligations of non-state actors in conflict situations*, Vol. 88, No. 863 International Review of the Red Cross（2006）pp. 491—523, in p. 491, see also the Chapter 7 of the author's Human Rights Obligations of Non-State Actors, Oxford University Press, Oxford, 2006.

② See International Convention against the Recruitment, Use, Financing and Training of Mercenaries. United Nation, A/RES/44/34, 4 December 1989.

③ 如果按概念的种属关系来列举，严格地说，私营性保安公司和私营性军事公司都属于雇佣军。而由于这些公司是私营性的，即 private sector，并以商业为目的，所以，从这个方面分类，也可以将它们划归商业企业或跨国公司的行列。但是，由于它们行为涉及范围的特殊性，即主要是提供军事服务，充当交战或武装冲突时的战斗员或安保人员等，所以，有必要也有学者专门研究这一类公司在国际法上的责任。如，国际红十字评论（*International Review of the Red Cross*）在几年前专门组织的一期以此为题的学术论文，See Research Articles about Private Military Companies, in Vol. 88, Issue 863 International Review of the Red Cross（2006），pp. 449—691, such as Katherine Fallah, *Corporate actors: the legal status of mercenaries in armed conflict*, pp. 599—611. Emanuela-Chiara Gillard, *Business goes to war: private military/security companies and international humanitarian law*, pp. 525—572. Benjamin Perrin, *Promoting compliance of private security and military companies with international humanitarian law*, pp. 613—636。

法和国际人权法的行为①，而这些是当今国际社会可以并且实践了直接依据国际法追究其责任的行为，这些行为中的反人类罪、灭绝种族罪、战争罪等已被国际社会公认为是严重违反国际法或国际强行法（jus Congen）的行为②，因此，也被认为是国际犯罪。

所以说，对国际法上的法人或团体责任（corporate liability under international law）的研究，可以是对广泛意义上的非国家行为者在国际法上的责任及所引起的诸多国际法问题的研究。

但是，由于这些非国家行为者所包含对象的广泛性，其中不同的对象其

---

① 直接实施违反国际人道主义法的行为，比如，著名的美国黑水保安公司（Blackwater Worldwide in United States, now known Xe Service）涉嫌诸起在伊拉克战争中射杀平民的事件（Blackwater employees committed serious abuses in Iraq, including killing civilians.）. See Blackwater Worldwide Iraq War Involvement, From Wikipedia, http://en. wikipedia. org/wiki/Blackwater_ Worldwide, visited at 11 June, 2011。

而间接地涉入实施违反国际人道主义法行为的实例，比如，尤纳科石油公司（Unocal）和道达尔石油公司（Total）在缅甸境内的石油管道项目和石油开发开采，因缅甸国内的政治局势以及缅甸当局在国内实行的政策有违反国际人道主义法和国际人权法之嫌而备受国际社会质疑。1997年9月，13位缅甸村民依据美国侵害外国人法案（Alien Tort Claims Act）向美国加州的法院起诉尤纳科及其母公司——美国加利福尼亚尤纳科石油公司，诉其在缅甸雅丹达地区的石油天然气管道项目（the Yadana gas pipeline project in Myanmar）的建设中对原告实施了强迫劳动等侵犯其基本人权的行为。尤纳科和道达尔公司在缅甸的商业性石油开采和管道建设项目中，他们也许本身并未直接实施强迫劳动等违反国际人权法的行为，只是因为他们这一商业活动按照缅甸国内法律需要与缅甸政府签订合同，而当时的缅甸政府被认为在国内实行非民主的高压独裁统治，对其人民有侵犯人权和强迫劳动的行为，因此，尤纳科和道达尔公司在缅甸的这一石油项目被认为是间接支持了缅甸军政府对人民的人权侵犯，具体在该石油和天然气管道项目中，由于缅甸当局强迫附近区域的农民为该项目提供劳动和服务，从而使该两公司间接涉入和实施了强迫劳动。该案中，原告就是以美国法中的共谋理论为据诉尤纳科和尤纳科的母公司与缅甸政府共谋，间接地对原告实施了强迫劳动等侵犯其人权的行为。See 'Total in Burma: the yadana pipeline project', 'Total in Myanmar at a Glance', from http://burma. total. com/en/contexte/p_ 1_ 5. htm, and Doe v. Unocal, 248 F. 3d 915 (9th Cir. 2001), The summary introduction into this case also can be available at Wikipedia, http://en. wikipedia. org/wiki/Doe _ v. _ Unocal. The detailed documents of the lawsuits concerned can be available at http://www. earthrights. org/legal/doe-v-unocal, the website of Earthrights International whom served as co-counsel to the plaintiffs together with another four。

② See International Law Commission Draft articles on Responsibility of States for Internationally Wrongful Acts, 2001. CHAPTER III: SERIOUS BREACHES OF OBLIGATIONS UNDER PEREMPTORY NORMS OF GENERAL INTERNATIONAL LAW, consists of Article 40 and 41. General Assembly resolution 56/83 of 12 December 2001, Appears in *Yearbook of the International Law Commission*, 2001, Vol. II, Part Two.

在现有国际法框架中的责任和地位是不一样的，如，非国家行为者中所包含的政府间国际组织（intergovernmental organizations，they are known as public international organizations also.），在履行其必要职责范围内产生的责任目前仅在联合国框架下就已经着手起草《国际组织的责任》条款草案。① 这种公共国际组织的国际责任与非政府组织和私营性商业实体跨国行为的责任显然在国际法上的体系和规则是不一样的。由于篇幅和研究时间所限，本课题的

① 联合国国际法委员会2000年第五十二届会议决定将"国际组织的责任"专题列入委员会长期工作方案。联合国大会2001年12月12日第56/82号决议请委员会开始进行"国际组织的责任"专题的工作。

国际法委员会2002年第五十四届会议任命乔治·加亚先生担任该专题特别报告员，并设立了一个专题工作组。该工作组在其报告中简要讨论了这一专题的范围，这一新项目与"国家对国际不法行为的责任"条款草案的关系、归属问题、与会员国对归于国际组织的行为的责任有关的问题，以及与国际责任的内容、责任的履行和争端的解决有关的问题。

从2003年第五十五届会议开始到目前为止，国际法委员会共收到特别报告员的8次报告，审议并暂时通过了第1条至第66条草案的报告和评注。处理了有关国际组织的国际不法行为、将行为归于一国际组织、违背国际义务、国际组织的责任的构成要件诸项、一国际组织对一国或另一国际组织行为的责任、国际组织责任的免责事项、国家和国际组织共同的行为责任、国际组织责任的实施等问题。

在2009年第六十一届会议上，国际法委员会收到了特别报告员的第7份报告，以及从国际组织收到的书面意见。委员会通过了条款草案第2，4，8，15，15条之二，18，19和55，随后草案第54，56至60，以及草案第3条，第3条之二，第28条，第1，61，62，63和64条。因此，它一读通过了就"国际组织的责任"这一议题总共66条的条款草案及其评注。并发送给各国政府和国际组织，要求他们在2011年1月1日前就此提出评论和意见。See Summary of Responsibility of International Organizations, availiable at http: //untreaty. un. org/ilc/summaries/9 _ 11. htm, visited at 29. 06. 2011. As for Text of the draft articles on responsibility of international organizations adopted by the Commission on first reading in 2009, See 7th Report of the Special Rapporteur on Responsibility of International Organizations, CHAPTER IV, Report of the International Law Commission, Sixty-first session (4 May-5 June and 6 July-7 August 2009), UN General Assembly, A/64/10。

2011年3月14日，特别报告员乔治·加亚先生又提交了关于此议题的第8份报告，主要是关于各国政府和国际组织对一读通过的条款草案的意见与评述的调查。同时，起草委员会通过了关于此议题第1—67条的条款与标题的二读报告。目前，这些报告都由正在进行中的国际法委员会第63届会议审议，该届会议于2011年4月26日至6月3日和2011年7月4日至8月12日，在日内瓦分阶段进行。See Texts and Titles of Draft Articles 1 to 67 on Responsibility of International Organizations adopted by the Drafting Committee on second reading in 2011, UN General Assembly, 30 May 2011, A/CN. 4/L. 778. See also Eighth Report on Responsibility of International Organizations by Giorgio Gaja, Special Rapporteur, 14 March 2011, UN General Assembly, A/CN. 4/640。

研究对象将重点集中在非国家行为者中除了公共国际组织（public interna-tional organization），即政府间国际组织外的私营性实体（private sector）的国际责任和管辖权问题，顺便介绍非国家行为者（non-state actors）责任及其在国际法上的发展概况。

三　国际社会的法人犯罪：类型与形式

（一）法人犯罪

在资本主义原始积累时期，公司，特别是大公司就已经开始实施各种犯罪行为。如 1750 年英国商人组成的"非洲贸易公司"和英国"皇家非洲公司"都是从事贩卖奴隶的大公司。① 但是，法人犯罪的大量出现则是在 19 世纪末特别是进入 20 世纪以后才开始的。这时候，资本主义自由竞争发展到垄断阶段，生产和资本高度集中，形成了垄断统治。② 它们在经营上占有垄断地位、攫取巨额利润的同时，也"广泛地违反法律，生产不安全的药品和其他产品，无视劳动保护，污染环境，使消费者和政府遭受严重的经济损失，并造成无数公民和公司雇员伤亡。……大公司的非法活动还包括刊登虚假广告……政治行贿，国外行贿，偷税漏税，伪造各种记录和记载以掩饰非法活动"。③ 这些公司、法人的犯罪所造成的损失相比于普通刑事犯罪更为巨大。

例如，在 1976 年"美国证券委员会诉洛克希德公司案"中，证券交易委员会指控该公司自 1968 年至 1975 年 9 月，秘密支付给外国政府官员至少2500 万美元，以谋求协助该公司在国外做成交易和维持营业。洛克希德公司承认，它非法支付的款项为 3000 万美元到 3800 万美元，其主要用于国外行贿。这种非法贿赂产生了严重的政治后果，该公司给日本田中首相的巨额贿赂和荷兰伯恩哈特王子的 110 万美元报酬，导致日本对田中首相的刑事起诉及荷兰奥兰奇皇室的险些垮台。

又如，1984 年 12 月 3 日，美国在印度中央邦首府拥有 75 万人口的博帕尔市建立的联合炭化物工厂因设备年久失修，于凌晨漏出 45 万吨液态毒气，弥漫天空，致使 1750 人丧生，2 万人终身残废，受毒气影响的人达 50 万，还有无数牛、羊家畜死亡。情景之惨，举世震惊，成为世界上有史以来最大

---

① 何秉松：《法人犯罪与刑事责任》（第二版），中国法制出版社 2000 年版，第 7、12 页。

② 同上书，第 12 页。

③ ［美］M. 克林纳德和 C. 耶格尔：《法人犯罪》。转引自上书，第 16—17 页。

一次化工泄毒事件。事件发生之后，又有 2100 人死亡。一些医学专家认为，这些毒气造成的后遗症也许几年，甚至几十年都难以根除。①

（二）法人从事违反国际法的犯罪

本课题所涉及的法人犯罪主要是法人违反国际法的犯罪，也就是由国际法规范的法人犯罪。这种犯罪不一定都要由国际性司法机构来惩处。②

第二次世界大战后，经常发生通过条约尽可能明确地规定国际犯罪的构成要件，并且基于该条约设立缔约国管辖权的现象③，即缔约国基于条约有义务将条约所述行为在其国内法中规定为犯罪并确立国内刑事管辖权。这就是国家基于国际法上的条约义务而通过其国内立法和法院来惩处犯罪的情形。正如 1998 年《国际刑事法院罗马规约》所明确指出的，根据本规约设立的国际刑事法院是国内刑事法院管辖权的补充。④

据以确定这些国际犯罪的国际法主要包括"确立当事国明白承认之规条者"的"普通或特别协约"和"作为通例之证明而经接受为法律者"的"国际习惯"⑤，还有一些国际组织制定、通过的国际法律文件，即使有的名称中没有"条约"或"公约"等字眼，也是具有条约性质的国际法律文件，如欧盟框架中由欧盟委员会根据欧盟条约制定的"建议（recommendation）"、"联合行动（joint action）"等，根据欧盟条约的规定缔约国对其负有一定的执行义务；还有的虽然未达到条约或具有条约性质的国际法律文件的地位，但作为普遍性或区域性国际组织的文件仍有国际法上的意义。

---

①　以上案例均引自何秉松《法人犯罪与刑事责任》（第二版），中国法制出版社 2000 年版，第 19 页。关于法人跨国与国际犯罪的情况，将在下一个问题中专门介绍。

②　邵沙平：《国际刑法学——经济全球化与国际犯罪的法律控制》，武汉大学出版社 2005 年版，第 122 页。

③　[日] 森下忠：《国际刑法入门》，阮齐林译，中国人民公安大学出版社 2004 年版，第 11 页。

④　邵沙平：《国际刑法学——经济全球化与国际犯罪的法律控制》，武汉大学出版社 2005 年版，第 122 页。

⑤　参见联合国《国际法院规约》第 38 条关于法院对于陈诉的各项争端，应据以裁判之国际法的规定之第 1 款（子）（丑）项。现在国际法学界一般认为该条款所列内容特别是第（子）、（丑）项所说的国际条约和国际习惯是国际法的主要渊源。如：李浩培《国际法的概念与渊源》，第 53 页，贵州人民出版社 1994 年版；梁西《国际法》（修订第二版），武汉大学出版社 2000 年版，第 43 页。

因此，这些控制或打击犯罪的条约或国际法律文件可以视为国际法，也可以称为国际刑法，或国际刑事法律规范，违背这些规范或从事这些规范中所确立的犯罪行为就属于一般意义上的国际犯罪。

（三）法人从事严重违反国际法或一般国际法之强行规范的犯罪

一直以来就有国际法学者认为，就违反国际法的行为而言，有一般违反国际法的行为和严重违反国际法的行为之分，但这一直也是个有争议的话题。[①]国际法院在巴塞罗那电力机车案（*Barcelona Traction* case，ICJ Report）中就已经强调了这个问题，它是这么说的：

国家对国际社会整体的义务与国家在外交保护领域对另一个国家所承担的义务是应该有本质区别的。就其本身的性质而言，前者是国际社会所有国家都关切的。根据它们所涉及的权利的重要性，所有国家对这些义务的保护享有法律利益；它们是"对一切的义务"。[②]

虽然，该案没有涉及此类的义务，但是，法院的阐述很清楚地表明，就国家责任而言，应该存在某些特定的义务是属于国际社会整体的，并且，就"所涉及的权利的重要性而言"，所有国家都在它们的保护上享有利益（即，所有国家都对它们的保护享有利益）。

既然国际法的规范有此性质上的区别和分类，这些规范产生的义务也有所区别，违反这些义务的行为依此类推也应有所区分。国际法委员会在20世纪60年代将"国家责任"作为主题进行研究以来，此议题的工作组就注意到了这个问题。在国际法委员会1980年一读通过的由特别报告员罗伯特·阿果提交的"关于国家责任的条款草案（第一部分）"中就将这一违反国际法的行为与其他一般违反行为区别开来，在其条款草案的第19条，将其

---

① See ILC Draft articles on Responsibility of States for Internationally Wrongful Acts（with commentaries）2001, Charpter Ⅲ, Commentary, Para（2）, A/56/10, Yearbook of the International Law Commission, 2001, vol. II, Part Two. It reads as follows："Whether a qualitative distinction should be recognized between different breaches of international law has been the subject of a major debate."

② 原文是这样的：In particular, an essential distinction should be drawn between the obligations of a State towards the international community as a whole, and those arising vis-à-vis another State in the field of diplomatic protection. By their very naturethe former are the concerns of all States. In view of the importance of the rights involved, all States can be held to have a legal interest in their protection; they are obligations erga omnes。

See Case Concerning the Barcelona Traction, Light and power Company, Limited（New Application, 1962）（BELGIUM v. SPAIN）Second Phase, Judgment, I. C. J. Reports 1970, p. 3, Para. 33.

命名为"国际罪行"。① 这一规定是大胆的开先河之举，其内容符合国际法和国际社会的现实，但是，也自其出现时就引起很大争议。有人认为把这类严重违反的行为称为罪行太多突兀，因为在很多国家的立法中，罪行是特定

---

① See Draft Article On State Responsibility with Commentaries Thereto Adopted By the Interantional Law Commission On first Reading, Article 19 "International crimes and international delicts", 97 – 02583, January 1997. Article 19 "International crimes and international delicts".

1. An act of a State which constitutes a breach of an international obligation is an internationally wrongful act, regardless of the subject-matter of the obligation breached.

2. An internationally wrongful act which results from the breach by a State of an international obligation so essential for the protection of fundamental interests of the international community that its breach is recognized as a crime j that community as a whole constitutes an international crime.

3. Subject to paragraph 2, and on the basis of the rules of international law in force, an international crime may result, inter alia, from:

a. a serious breach of an international obligation of essential importance for the maintenance of international peace and security, such as that prohibiting aggression;

b. a serious breach of an international obligation of essential importance for safeguarding the right of self-determination of peoples, such as that prohibiting the establishment or maintenance by force of colonial domination;

c. a serious breach on a widespread scale of an international obligation of essential importance for safeguarding the human being, such as those prohibiting slavery, genocide and apartheid;

d. a serious breach of an international obligation of essential importance for the safeguarding and preservation of the human environment, such as those prohibiting massive pollution of the atmosphere or of the seas.

4. Any internationally wrongful act which is not an international crime in accordance with paragraph 2 constitutes an international delict.

联合国国际法委员会一读通过的《关于国家责任的条款草案》第19条，对国际罪行和国际不法行为所下定义如下：

1. 一国的行为如构成违背国际义务，即为国际不当行为，不论所违背的义务的主体如何。

2. 一国所违背的国际义务对于保护国际社会的根本利益至关紧要，以致整个国际社会公认违背该项义务是一种罪行时，其因而产生的国际不当行为构成国际罪行。

3. 在第2款规定的限制下，并根据现行国际法规则，国际罪行除了别的以外可以由于下列各项行为而产生：

a. 严重违背对维持国际和平与安全具有根本重要性的国际义务，例如禁止侵略的义务；

b. 严重违背对维护各国人民的自决权利具有根本重要性的国际义务，例如禁止以武力建立或维持殖民统治的义务；

c. 大规模地严重违背对保护人类具有根本重要性的国际义务，例如禁止奴隶制度、灭绝种族和种族隔离的义务；

d. 严重违背对维护和保全人类环境具有根本重要性的国际义务，例如禁止大规模污染大气层或海洋的义务。

4. 任何国际不当行为之按照第2款的规定并非国际罪行者均构成国际不法行为。

关于该条规定的上述中文翻译，参见邵沙平著《国际刑法——经济全球化与国际犯罪的法律控制》（第一卷），武汉大学出版社2005年版，第116页。

与刑事责任和刑罚方式相联系的。如果是罪行的话，就要涉及犯此类罪行时怎么办，如果审判，法庭在哪里，刑事诉讼的程序怎样等诸多问题，而这些问题是国际法这一"软法"所不具备的，因为国际法规范不能像国内立法那样通过集权的、统一的立法机关立法，有法院和其他执法部门执行和适用法律，还有检察官等对犯罪提起公诉等。而这些问题在国际层面是难以达到的，尽管现在有国际刑事法院，但它的管辖范围非常有限，发挥的作用虽然日益增强，但也是很有限的，不能担负起起诉和审理所有严重违反国际法的国际罪行的任务。因此，就此考虑，国际法委员会在克劳福德教授作为准备该条款草案二读报告的特别报告员后，在其提交并最后二读通过的"关于国家之国际不法行为的责任的条款草案"中，就将这一条撤去，替换为已获承认并相对成熟的概念"强行法，或国际法之强行规范"，这就形成了第三章"严重违反国际法之强行规范下的国际义务的行为"。这样的修改更符合国际社会的实践与现实，但也没有抹杀在一般国际法规范和国际法之强行规范的国际义务上以及违反它们的行为之间的上述区别。

所以，我们在研究法人违反国际法的行为时也相应地将其分为：法人一般违反国际法规范的行为，即法人跨国从事普通犯罪行为和法人严重违反国际法之强行规范的行为，即法人直接实施或间接涉入国际犯罪。前者如，法人从事跨国洗钱犯罪、金融欺诈犯罪、贪污贿赂犯罪、毒品犯罪、法人跨国资助恐怖主义犯罪等，而对于后者，即公司直接从事或间接涉入国际犯罪的行为，可以分为以下几种形式：

一种是公司直接违反国际人道主义法的情况，比如，私营军事公司或安保公司在武装冲突中作为战斗员或安保人员通过其对敌行为直接违反了国际人道主义法，如，美国黑水保安公司在阿富汗的军事行动中射杀平民，从而涉嫌违反国际人道主义法。①

另一种形式，则是公司在那些违反国际人道主义法和国际人权法的政权掌控的地区进行商业活动，从而被控牵连涉入国际犯罪。比如，某公司在某个众所周知违反国际人道主义法的政权掌控的国家与该国进行商业交往，通过向该国政府缴纳税收或版税的方式为其提供资金，从而援助了该政府的犯罪行为，如上述注释中所列举的尤纳科石油公司（Unocal）和道达尔石油公

---

① 又如，一家名为联合资源集团（Unity Resources Group）的澳大利亚保安公司人员于2007年10月9日在巴格达市中心开枪打死两名伊拉克妇女。这是继美国黑水保安公司后又一个私人安保公司涉嫌在伊拉克战争中射杀平民的事件。来自 http://news.sina.com.cn/w/2007 - 10 - 10/133812701626s. shtml，2007年10月10日 11 : 22。

司（Total）在缅甸境内修建石油管道项目，进行石油开发开采的项目，因缅甸政府在国内有违反国际人道主义法和国际人权法之嫌，这两个石油公司则被控共谋涉入了违反国际人道主义法的犯罪。

还有一种形式，也可以被视为中间形式，就是，公司可以被视为促成、加剧违反国际人道主义法的犯罪或为其实施提供便利条件，比如，为那些已知从事违反国际人道主义法的政府或叛乱集团提供武器和装备、从这些集团手中购买资源、修建用于对平民进行空袭的飞机跑道，或利用广播和电视节目煽动人民进行暴力活动。① 这方面的案例，比如，一些钻石公司从非洲进行武装冲突的政权控制的地区购买钻石，从而资助了这些政权和集团，加剧了在非洲地区的武装冲突。② 又如，在 1994 年 4 月 6 日爆发的卢旺达大屠杀中，卢旺达私人广播电台 RTLM 和胡图族极端主义报纸 Kangura 的所有人和编辑利用媒体宣传，公开煽动种族仇杀。③

四　国际社会的法人犯罪：实例

（一）法人跨国犯罪：法人违反国际法的普通犯罪

1. 跨国恐怖组织犯罪案

例如，本·拉登领导的恐怖组织在 2001 年 9 月 11 日对美国本土制造了震惊世界的恐怖袭击，而它本身就是一个高度严密、运行平滑的公司。这个组织很有效率，有一个独立的财政委员会和一个盈利的商业网络，还有一份内部报纸。首席执行官是本·拉登，他下面是一个 Shura 委员会，有 12 个顶级助手经常在一起讨论关键问题，下属有军事委员会、财政委员会、伊斯兰研究委员会、传媒委员会，还有一个旅行部门。这个组织中的一部分人做合法业务，一部分人在本·拉登领导的"基地"组织从事恐怖活动，还有一些人两者兼做。两边人的薪水从同一个大厦的不同办公室发放。本·拉登在苏丹的公司叫 Wadi al-Aqiq。还有从事进出口业务的拉丁国际公司、经营糖类和棕榈油的国际贸易公司、从事货币买卖的塔班投资公司、海若建筑公司和负责一个在苏丹北部农场的萨玛公司。本·拉登集团还在肯尼亚喂养鸵

---

① See Norman Farrell, "Attributing Criminal Liability to Corporate Actors Some Lessons from the International Tribunals", *Journal of International Criminal Justice* 8 (2010), pp. 873—894, at 874.

② Bloody Diamond, http：//zh. wikipedia. org/wiki/% E8% A1% 80% E9% 91% BD% E7% 9F% B3, visited at 12 Nov. 2011. 有关此案例的详情本书将在以下的实例部分详细介绍。

③ 赵新宇：《利用媒体散布仇恨煽动屠杀 国际法庭对卢旺达三名记者判处重刑》，来自检察日报网站，http：//www. jcrb. com/n1/jcrb288/ca170802. htm，2011 年 11 月 6 日访问。

鸟，在土耳其有林业、在非洲有宝石贸易、在苏丹进行大桥建设、在塔吉克斯坦还经营着农业。所有这些都构成本·拉登——世界上最大的恐怖分子拥有的财产[①]，为他及他领导的恐怖集团进行恐怖犯罪提供源源不断的财政支持。

2. 跨国制售假药案

2005 年 8 月，中华人民共和国公安部经济犯罪侦查局与美国国土安全部移民与海关执法局同时开展代号"越洋行动"的联合行动中，一举破获的产供销一条龙、涉及全球 11 个国家的跨国制售假药案，在美国华盛顿州抓获销售假药犯罪嫌疑人理查德·考利（Richard Cowley，美国人），在中国天津、河南等地捣毁制假售假窝点 5 处，查扣各种制假药设备 14 台，缴获非法制造的包装盒等 60 余万件，查获假冒"万艾可"、"西力士"等药品共 44 万粒，及半成品、原材料 260 余公斤，按照真品市场价格计算共值 4000 万余元。[②] 这些产供销一条龙、涉及多个国家的侵犯知识产权犯罪，大多数是利用公司、法人实体或非法人企业形式，用自己的企业来生产假冒他人商标、专利的产品。

3. 法人跨国走私案

2005 年 10 月，多年来一直在中国数码打印和数码印刷设备领域处于垄断地位、市场份额占到 75% 左右的富士施乐公司被控告在中国涉嫌走私。富士施乐是日本富士胶卷株式会社和美国施乐公司各占 75% 和 25% 的股份合资企业，它的几个大客户纷纷向当地海关、工商部门进行举报，控告富士施乐实业发展（上海）有限公司（下称"富士施乐"）存在重大走私嫌疑。该公司是富士施乐（中国）有限公司在上海浦东新区外高桥保税区注册的 100% 控股的子公司。而来自海关方面的相关证据，也表明富士施乐存在重大走私嫌疑。据上海电脑打印机有限公司 10 月 21 日提交的举报信称，自 2000 年 6 月开始，该公司陆续从富士施乐购买了价值人民币 2000 多万元的设备，产地均为日本。其中，DT6135 高速黑白印刷系统（带有复印功能），按照海关规定，应作为复印机或印刷机申报，但富士施乐却将其报关为零关税的激光打印机，一台机器至少逃税将近人民币 4.5 万元（税率 9%，申报价值约人民币 50 万元），富士施乐进口了上百

---

① 甄芳洁：《恐怖王国隐秘的经济中心》，《三联生活周刊》2001 年 9 月 25 日 09：07，ht-tp：//jczs.sina.com.cn。

② 《公安部召开新闻发布会通报"山鹰"行动最新进展》，2005 年 9 月 12 日 15：21：32，www.xinhuanet.com，来源：公安部网站。

台这种机器。其他诸如 DC2060、DC8000 等彩色印刷机，富士施乐也依此法进行报关。据上海轻工印刷协会提供的数字，仅 DC2060 一种型号，富士施乐就销售了约 450 台。按当时进口综合关税税率 41% 计算，逃税人民币 2025 万元左右。举报信还称，富士施乐涉嫌违规进口以旧翻新产品、假冒"企业自用"之名进口销售产品等行为。从海关方面得到的证据进一步证实了上述的判断。①

4. 跨国公司腐败贿赂案

跨国公司涉嫌腐败贿赂犯罪的案例也频频发生、屡见不鲜。

2004 年 11 月，全球最大通讯商之一的朗讯公司在沙特阿拉伯触犯《海外反腐败法》的丑闻被发现。朗讯被揭发向沙特阿拉伯电信部部长行贿 1500 万美元到 2500 万美元的现金和礼品。《华尔街日报》11 月 16 日的封面报道还指出，向该部长的行贿还包括为其在西雅图一家顶级癌症治疗中心支付高达 200 万美元的治疗白血病的费用，朗讯为此得到了沙特阿拉伯政府 50 亿美元的订单。据称，这也是朗讯在中国自揭丑闻的直接诱因。

2004 年 10 月，媒体报道，一位戴姆勒—克莱斯勒公司的前会计师向美国联邦法院举报该公司存在违背《海外反腐败法》的行为。这位会计师说，这家全球最大的汽车制造商之一，利用 40 个银行账号向外国政府官员行贿。

2005 年 3 月，美国证券交易委员会指控巨人公司违反了美国《海外反腐败法》，向贝宁共和国总统的商业咨询顾问支付了超过 350 万美元的行贿资金。巨人公司将被迫缴纳通过行贿获取的利润大约 1200 万美元，并且支付罚金 1300 万美元。

生物和农业技术公司孟山都公司在 2005 年 1 月 6 日向美国证券交易委员会缴纳了 50 万美元罚金，作为它违反《海外反腐败法》、向印度尼西亚政府官员行贿的惩罚。证券交易委员会的起诉书称：一位孟山都的高级管理人员通过印度尼西亚的一家咨询公司向印度尼西亚环保署的高级官员行贿 5 万美元。因为印度尼西亚环保署可能出台一项不利于孟山都生意的管理规则。但是，尽管 5 万美元的贿金被送到那位官员手中，但这项规则并没有因此而被废除，随后这位高级经理通过假造发票的方式来掩饰此事。此外，委员会还指控孟山都公司曾经向 140 位现任或前任印度尼西亚官员和他们的家人行贿，贿金计约 70 万美元。

---

① 本案例引用自《富士施乐涉嫌走私重案 国家海关已介入调查》，《第一财经日报》2005 年 10 月 24 日 07：12，http：//www.sina.com.cn。

　　2005 年 5 月 20 日，美国加州的医疗诊断设备企业 Diagnostic Products Corporation（以下简称 DPC）和美国司法部同时宣布，由于该公司在中国天津的子公司——天津德普诊断产品有限公司在过去曾经通过贿赂取得中国医院的订单，因而被罚款 480 万美元。①

　　2002 年 1 月，韩国当局指控 48 名政府官员和 IBM 公司的高层管理人员在一项公共计算机合同中有行贿受贿的行为，这些 IBM 的高管主要来自该公司与韩国 LG 电子联合成立的合资公司 LG IBM PC。根据韩国首尔地区法院办公室声称，IBM 韩国公司曾筹集了一笔将近 30 亿韩元的贿赂基金用于行贿政府官员。不过，IBM 否认了这一基金的存在，在经历了一个月的贿赂丑闻之后，更换了其韩国分公司的总裁并将有关人员解职。②

　　重点解读：德国西门子公司跨国贿赂案。③

　　德国工业巨头之一的西门子公司，在 2008 年 12 月同意向美国和欧洲的当局支付总计达 10.6 亿美元以解决其受到的在世界各地日常性使用贿赂和秘密基金（小金库，账外资金）获取巨额商业合同的指控。在华盛顿的一家联邦法院，公司也承认对它的有罪指控，它违反了 1977 年《海外反腐败法》，该法禁止公司利用贿赂在海外获取交易机会。西门子公司同意向美方司法部支付 4.5 亿美元，向美国证券交易委员会支付 3.5 亿美元作为罚款，而此前一年美国司法部对此类案件的最高罚款是对一个石油集团的处罚——4400 万美元。

　　调查官员称，西门子公司自 90 年代中期开始就利用贿赂和回扣的方式向外国官员行贿以获得政府交易合同的订单，比如，在阿根廷获得的全国身份证系统项目，在委内瑞拉获得的大规模交通运输合同，在孟加拉获得的全国手机网络建设项目以及萨达姆时期联合国的石油换食品计划等。

　　他们的这些行为不是偶尔为之，而是公司有一套严密的运作程序，他们已把贿赂当成公司商业策略的一部分。

　　参与调查此案的美国司法部和美国证券交易委员会官员说，西门子美国

----

　　①　以上跨国公司商业贿赂的案例均引自沈莫寒《外企中国行贿调查：跨国公司每年避税 300 亿元》，《国际先驱论坛报》2005 年 5 月 30 日 03：38：07。

　　②　明月：《IBM 迫于贿赂丑闻压力 更换韩国分公司总裁》，2004 - 02 - 07 10：29，http：//www.enet.com.cn/ A20040207283881.html。

　　③　See Eric Lichtblau and Carter Dougherty, Siemens to Pay MYM1.34 Billion in Fines, available at http：//www.nytimes.com/2008/12/16/business/worldbusiness/16siemens.html? pagewanted ＝ print, visit at 15 June, 2011.

公司的一些机构也参与了此案。但是，大部分交易都发生在外国。该公司的雇员建了一个账外秘密资金，利用中间人作为公司顾问，直接将装满现金的手提箱交给外国官员进行贿赂。

美国对西门子公司贿赂案主张部分管辖权，因为西门子公司从 2001 年在纽约证券交易所上市时开始，便受到美国金融监管法律、法规的约束。

在西门子母公司所在地德国，揭开了其贿赂案冰山一角的慕尼黑市检察官，最近也宣布了对西门子公司约合 3.95 亿欧元（5.4 亿美元）的罚单。这一数字是在去年（2007 年）慕尼黑一家法院对西门子处罚性征收 2.9 亿美元基础上另外的新罚款。

德国和美国的官员仍在调查西门子公司前职员的不法行为，这些可能会导致在对公司的指控之外，对有关个人的刑事责任。

5. 法人洗钱犯罪案

随着世界经济的全球化，有组织犯罪、毒品犯罪和贪污贿赂犯罪的加剧，洗钱犯罪亦呈日益严重态势，危害不断升级。据联合国禁毒署执行主任皮诺·阿拉基先生在 2001 年打击非法洗钱和灰色经济国际会议上称，全世界每年非法洗钱数额高达 1 万亿美元至 3 万亿美元。据国际货币基金组织估计，全球每年"洗钱"总额相当于全世界国内生产总值的 2%—5%。① 亚洲开发银行也曾对我国洗钱数量作过评估，认为每年不少于 2000 亿人民币，约占到我国 GDP 的 2% 左右。

在洗钱的多种手法中，利用空壳公司、商业公司、非公司性团体、法律实体等形式将犯罪收益合法化，并已经成为洗钱的重要途径之一。因此，追究洗钱犯罪中的法人责任成为国际和国内反洗钱法律体系的重要组成部分。

洗钱犯罪及反洗钱斗争中涉及的法人犯罪行为主要包括两类：一类是作为反洗钱法适用对象的银行、金融机构、信用机构、保险机构、赌博场所、拍卖公司、房地产公司、贵金属交易所、律师事务所、会计师事务所等法人企业、公司、合伙企业等法律实体未依照法律执行反洗钱措施、履行反洗钱义务的行为；另一类是犯罪人利用银行、公司、合伙企业、法人企业、非公司性团体等法律实体的形式洗钱，当从事洗钱、参与洗钱、协助洗钱的犯罪行为人是代表或以法律实体的名义而行事时，该实体和负有责任的自然人是洗钱犯罪的行为人。

---

① 司法部反洗钱犯罪研究课题组：《洗钱犯罪研究报告》（2002 年 7 月），转引自郭建安、王立宪、严军兴主编《国外反洗钱法律法规汇编》，法律出版社 2004 年版，第 794 页。

（1） 以色列工人银行洗钱案

2004 年 3 月 6 日，以色列最大的商业银行——"工人银行"的 22 名员工由于涉嫌洗钱被警方逮捕。以色列官员说，这是以色列历史上最大的一起洗钱案件之一，涉案金额多达数亿美元。以色列警方发言人吉尔·克莱曼说，该案件的调查历时一年之久，警方先后调查了 80 多予银行账户和"工人银行"的 170 名客户。调查还发现，有多个国家的银行卷入了此案，其中包括一家法国银行。调查人员怀疑，"工人银行"特拉维夫分行的员工没有按照以色列的反洗钱法如实向警方报告资金周转情况。①

（2） 日本花旗银行洗钱案

2004 年 9 月 29 日，美国花旗银行在日本的分支机构东京丸之内支行以及名古屋、大阪和福冈分理处因违法从事多项金融业务，被日本金融厅勒令从这一天起全部关闭。据日本金融厅调查，美国花旗银行在日本的部分分支机构涉嫌从事多项违反法律的金融业务。其中主要有：协助犯罪团伙洗钱；协助犯罪嫌疑人扰乱市场秩序；向顾客提供虚假信息，蒙骗客户等。而在此前，花旗一直是外国金融机构在日本遵纪守法的代表，其显赫的国际声誉和重大的影响力，成了花旗银行日本分支机构与犯罪分子"勾搭"的最好保护伞。

2003 年 11 月，日本金融厅检察局对花旗银行在日本的分支机构实施例行金融检查，发现该行内部管理十分混乱。随后，日本金融厅加强了对花旗银行东京分支机构的监视。结果发现花旗银行日本支行的"重要客户"竟然是已经受到外国监管部门盯梢的国际犯罪团伙，日本花旗涉嫌为犯罪团伙非法交易提供方便，帮助他们洗钱；同时，花旗还向一些因操纵市场行情而被捕的被告提供了大量融资；花旗的一些业务员欺骗客户，误导客户投资非金融商品，致使客户遭受损失而中饱私囊；花旗还无视日本银行法，从事多项被禁止的业务，比如向客户推销海外不动产项目、海外人寿保险以及美术品等。

但即使是日本政府，要处罚花旗这样有背景的跨国金融巨头也多有顾虑。金融厅在另一家日本金融巨头——联合金融控股公司因同样原因被罚后，内部进行了反复斟酌后认为，应该坚持内外平等的原则，外国银行也不能例外，必须同样按照有关法律接受处罚。于是他们决定从 9 月 29 日起停止花旗银行 4 家分支机构的所有金融业务，勒令其在一年内完成清算，并于 2005 年 9 月 30 日吊销其营业执照；停止花旗银行日本所有分支机构一个月的外汇新开户

---

① 《以最大商业银行 22 名员工涉嫌洗钱 涉案数亿美元》，《新闻晨报》2005 年 3 月 8 日 02：39，www.sohu.com。

存款业务；要求该行确立遵纪守法的体制，必须向客户提供正确的信息，不得误导顾客投资，严禁经营范围外业务；严格执行开户实名制。

花旗银行并不只是在日本惹上麻烦。在美国，花旗卷入了安然假账丑闻并在世通公司债务销售中隐瞒风险；在欧洲，帕玛拉特财务造假案中也闪现着花旗银行的身影，英国花旗则涉嫌操纵债券市场价格；在中国，更是爆出花旗涉嫌向监管机构披露虚假信息，花旗投资银行（中国）总裁被停职的消息。[①]

（3）南方证券逃汇案

2004 年 5 月 18 日，深圳市罗湖区法院开庭审理南方证券高管携 7.8 亿美元（大约 60 亿元人民币）外汇逃汇案。这是南方证券被行政接管以来，法院审理的人员级别最高、涉案金额最大的案件。

起诉书表明，在没有取得有关外汇业务许可的情况下，南方证券原副总裁、国际部总经理李振伟、江岩等 4 人通过花旗银行、渣打银行等外资银行，4 年间通过 16 次走账的方式将 7.8 亿美元的境内外汇非法转移到境外，这笔巨款已成为无法追回的烂账。南方证券国际部通过花旗与渣打银行的 B 股账户非法转移外汇，涉案资金高达 7.8 亿美元，其中一次金额就高达近 7 亿美元。而 8 家外资银行竟然允许南方证券在没有取得外汇业务资格的情况下，进行数次巨额外汇非法转移。相关资料显示，南方证券在花旗银行深圳分行和渣打银行深圳分行开设两个 B 股交易和清算账户，这两个账户均没有取得外汇管理局的批准。1998 年 3 月 27 日，李振伟等将南方证券在花旗账户中的 40 万美元汇往南方证券美国分公司在纽约大通银行开设的银行账户之中。第一笔非法转移外汇成功后，李振伟将 B 股结算账户当成了转账通道。此后，南方证券存在花旗及渣打银行中的大量美元外汇，通过大通银行、南洋银行、哈里斯银行、美洲银行、花旗银行、宝生银行、德意志商业银行、渣打银行、中银悉尼分行等银行，4 年间被非法转移到南方证券美国分公司、香港分公司、南美分公司、AE 投资公司、德意志银行资产管理亚洲有限公司等境外账户中。

根据国家外汇管理局关于境内投资者 B 股交易结算资金账户的规定，该账户资金的支出范围为从事外币证券交易需要支付的外汇和转入其在境内商业银行开立的外币现钞账户，不得汇往境外，但是四年间，花旗银行深圳

---

①　乐绍延：《日本花旗洗钱案给中国敲响警钟》，《信息导刊》，http：//www.people.com.cn/GB/paper2836/13689/1224726.html。

分行与渣打银行深圳分行居然不闻不问，没有可疑转移资金报告监管部门。有法律人士认为，"实际上南方证券这种非法转移外汇的行为就是洗钱"。他们以企业名义非法转移外汇，利用了监管部门对外资银行监管的不成熟，变相地将大量境内外汇洗到境外。①

（二）法人严重违反国际法或一般国际法之强行规范（*jus Congen*）的犯罪：法人直接从事或间接涉入国际犯罪

1. 直接从事严重违反国际法或一般国际法之强行规范的犯罪

不仅利用法人、企业、社团组织形式的情况进行跨国犯罪的情况日趋增多，在违反国际强行法、直接侵害国际社会根本利益和人类基本尊严和权利的战争罪、反人道罪、反和平罪中也存在社团、组织和非国家行为者进行犯罪的情况。

第二次世界大战期间，大屠杀造成的平民受害者都是"国家行为或政策"的产物，这种行为正是国家代表者依据制定的政策和国家公共部门执行政策实施的行为，这些部门包括武装部队、警察部队、准军事团体性质的部门，以及其他民办政府机构。②

第二次世界大战以来，出现一些非国家行为者直接或间接参与实施屠杀平民等严重侵犯人权的国际犯罪行为，这些非国家行为者包括准军事团体、武装民兵团，甚至是18岁以下的儿童。在前南斯拉夫冲突中，大多数"危害人类罪"犯罪行为均由准军事团体和武装民兵团实施。③还有一些私人军事公司和私人保安公司越来越多地直接以战斗员或安全服务提供者的身份出现在战后的区域武装冲突中。他们在军事行动中有直接实施违反国际人道主义法等国际法或国际法之强行规范的行为。

美国黑水保安公司在伊拉克战争中的杀害平民事件（Blackwater Worldwide Iraq War Involvement）

美国黑水保安公司（Blackwater USA，Blackwater Worldwide）是一家私人军事公司，它于1997年在美国北卡罗来纳组建，是目前美国国务院最大的三个私人保安服务承包商之一。在其提供的987名军事服务人员中，744

---

① 蔡战波、古风：《外资银行帮助国内企业洗钱 南方证券60亿元无法追回》，《每日经济新闻》2005年5月13日 http：//www.c007.com/ hhfw/5014. htm。

② ［前民主德国］P. A. 施泰尼格尔编：《纽伦堡审判》（上卷），王昭仁等译，商务印书馆1985年版，第224—226页。

③ ［美］M. 谢里夫·巴西奥尼：《国际刑法的渊源和内涵——理论体系》，王秀梅译，法律出版社2003年版，第33页。

人是美国公民。公司至少 90% 的收益来源于政府承包合同。2010 年 12 月更名为 Xe Services LLC。①

黑水保安公司在伊拉克战争中涉嫌杀害平民主要表现在以下事件上：

2005 年 2 月 16 日，四个美国黑水保安公司的警卫在巴格达护送美国国务院特使车队的途中，注意到一辆汽车向特使的车队靠近，便命令该车停下，该车的司机不知何故没有停下来，于是黑水公司的警卫们向该车发射了70 发子弹。他们的解释是他们当时感到了威胁。对此，美国国务院外交安全局进行了调查，结论是：黑水保安公司的射击没有合理的理由，并且，黑水保安公司的雇员向调查者提供了虚假的陈述。这一虚假的陈述声称，黑水保安公司中一辆汽车已经被暴徒射中，但是，调查发现，是黑水保安公司一个警卫自己误射中了自己的汽车。尽管如此，美国驻伊拉克大使馆的官员仍拒绝惩罚黑水公司或其保安警卫，因为他们认为这将降低黑水保安公司士兵的士气。

2006 年圣诞节前夕，负责护卫伊拉克副总统阿德尔·阿卜杜勒·迈赫迪（Adel Abdul Mahdi）的安全警卫遭枪击身亡，当时他正在伊拉克总理的宅邸外执勤。伊拉克政府指控黑水保安公司的一名雇员安德鲁·沐恩（Andrew J. Moonen）打死了他，因为那时该雇员喝醉了。安德鲁·沐恩随后被黑水保安公司以"违反酒精和枪支管理制度"为由解雇，并在事件发生几天后从伊拉克回到了美国。

2007 年 1 月 23 日，黑水保安公司雇员乘坐的 Hughes H-6 直升机在巴格达海法大街被击落，5 名雇员身亡。一个美国国防部的官员证实，这 5 人中的 4 人被从脑后击中，是典型的执行死刑的方式。随后，同年 5 月末，黑水保安公司的雇员两天内在巴格达街头两次开火，其中一次引发了黑水公司雇员与伊拉克内政部突击队之间的对峙事件（a standoff between the security contractors and Iraqi Interior Ministry commandos）。第一次事件是黑水保安公司由于其护卫的车队在巴格达市中心被伏击而开火。第二次事件是由于一辆伊拉克汽车开得太慢，太靠近被黑水护卫的车队。

2007 年 5 月 30 日，黑水公司的雇员射杀了一名伊拉克平民，据说也是该人驾车行驶得太慢太靠近黑水公司护卫的美国国务院车队。另一个私人保安公司，如宙斯盾防务服务公司（Aegis Defence Services），也被控有此类行

---

① See Blackwater Worldwide, from http://en.wikipedia.org/wiki/Blackwater_ Worldwide, visited at June 28, 2011.

为。事件发生后，伊拉克政府允许黑水公司提供安保服务，但只限于在伊拉克街头执行任务。

2006 年 2 月 6 日，黑水公司的一名狙击手从伊拉克司法部屋顶开火，打死了三名正在为伊拉克国家广播网工作的三名警卫。许多伊拉克人在现场，他们说，这些警卫没有向司法部开火。但美国国务院称，他们的行为"属于国家批准的使用武力的范围"。①

尽管上述黑水保安公司的行为还有待司法的公正审判，但是，他们的行为表明类似黑水保安公司这样的私营军事公司可以在战争或武装冲突中直接从事违反国际人道主义法和国际人权法的行为，甚至，包括杀害平民的严重侵犯人权的行为。

2. 间接参与严重违反国际法或一般国际法之强行规范的犯罪

除了私人军事公司或保安公司在受雇作为战争和武装冲突中的战斗员提供军事服务时涉及直接从事违反国际人道主义法的国际犯罪外，还有一些公司通过与严重侵犯人权的政权或叛乱集团做生意等方式，资助了这些政府、政权或叛乱团体的严重侵犯人权的国际犯罪行为，从而间接涉入或共谋从事国际犯罪。对此，一些非政府组织，如，Global Witness 和 Human Rights Watch 早已多次报道了公司参与这些严重国际犯罪或从中获利的情况。特别是在非洲富含自然资源的国家，一些冶炼业的公司已经公开被指控通过其商业行为助长内战和冲突。比如，在尼日利亚、苏丹、安哥拉的石油公司，在民主刚果共和国的采矿公司以及在象牙海岸的咖啡可可采炼业公司。② 在卢旺达灭绝种族的冲突中，广播电台作为一种组织，在鼓动对图西族的屠杀中起到推波助澜的作用。卢旺达的咖啡公司通过储藏军火、武器装备对卢旺达冲突中发生的灭绝种族罪行为给予帮助。有的跨国石油公司在其他国家的武装冲突中也涉及转移人口和暴力活动。③

---

① 上述有关美国黑水公司的案例介绍均来自维基百科英文版，See Blackwater Worldwide Iraq War Involvement, from Wikipedia, http：//en. wikipedia. org/wiki/Blackwater_ Worldwide, visited at 28 June, 2011。

② Wim Huisman and Elies van Sliedregt, "Rogue Traders: Dutch Businessmen, International Crimes and Corporate Complicity", *Journal of International Criminal Justice* 8 (2010), pp. 803—828.

③ Andew Clapham, "The Question of Jurisdiction Under International Criminial Law Over Legal Persons: Lessons from the Rome Conference on an International Criminial Court", Menno T. Kamminga and Saman Zia-Zarifi (eds) *Liability of Multinational Corporations under International Law*, p. 148, 2000 Kluwer Law International Printed in Netherlands.

根据联合国安理会决议成立的关于在民主刚果非法开采自然资源和其他形式的财富的专家小组查明，有 157 个公司直接或间接地参与了自然资源的非法开采，从而使得叛乱集团得以换取资金购买武器，为其在内战和武装冲突中从事战争罪和反人类罪提供了可能。[①]

下面介绍的就是两个公司间接涉入这方面犯罪的典型案例。它们分别代表了公司间接涉入国际犯罪的两种方式。

（1）尤纳科石油公司缅甸石油管道项目案（Unocal Controversial on the Yadana Pipeline Project in Burma）

1997 年 9 月，13 位缅甸村民依据美国侵害外国人法案（Alien Tort Claims Act）向美国加州的法院起诉尤纳科及其母公司——美国加利福尼亚尤纳科石油公司，诉其在缅甸雅丹达地区的石油天然气管道项目（the Yadana Gas Pipeline Project in Myanmar）的建设中对原告实施了强迫劳动等侵犯其基本人权的行为。尤纳科（Unocal）和道达尔公司（Total）在缅甸的商业性石油开采和管道建设项目中，他们也许本身并未直接实施强迫劳动等违反国际人权法的行为，只是因为他们这一商业活动按照缅甸国内法律需与缅甸政府签订合同，而当时的缅甸政府被认为在国内实行非民主的高压独裁统治，对其人民有侵犯人权和强迫劳动等行为，因此，尤纳科和道达尔公司在缅甸的这一石油项目通过向政府缴纳税收和开发费用被认为是间接支持了缅甸军政府的人权侵犯行为。而且，在该石油和天然气管道项目的具体施工中，由于缅甸当局强迫附近区域的农民为该项目提供劳动和服务，从而使该两公司间接涉入和实施了强迫劳动。该案中，原告就是以美国法中的共谋理论为据诉尤纳科和尤纳科的母公司与缅甸政府共谋，间接地对原告实施了强迫劳动等侵犯其人权的行为。[②]

（2）血色钻石：公司购买产自与国际公认的合法政府对立的部队或派别控制地区的钻石，从而资助这些军队或派别的反政府或违反安理会决议的

---

① Wim Huisman and Elies van Sliedregt, "Rogue Traders: Dutch Businessmen, International Crimes and Corporate Complicity", *Journal of International Criminal Justice* 8 (2010), pp. 803—828, at 804.

② See "Total in Burma: the yadana pipeline project", "Total in Myanmar at a Glance", from http://burma.total.com/en/contexte/p _ 1 _ 5. htm. See also Doe v. Unocal, 248 *F.3d* 915 (*9th Cir.* 2001), The summary of this case can be available at Wikipedia, http://en.wikipedia.org/wiki/Doe_v._Unocal. The detailed documents of those lawsuits can be available at http://www.earthrights.org/legal/doe-v-unocal, the website of Earthrights International whom served as co-counsel to the plaintiffs together with another four.

军事行动。

冲突钻石是指产自那些由与国际公认的合法政府对立的部队或派别控制地区的钻石，被用来资助反对这些政府或违反安全理事会决定的军事行动。

非洲有几个地区战火连绵不断，多少年都未能解决，这与它们都有丰富的钻石资源有直接的关系，最典型的例子就是塞拉利昂、安哥拉和刚果（金）。这些国家钻石数量多、质量高，并且非常容易开采，成为冒险家、收藏家和投机家们拼命追求的猎物。开采钻石的人为了保证矿区的安全，常雇来自其他国家的雇佣军或者保安公司来确保安全。不同的矿区有不同的矿区武装警卫，为战争埋下了伏笔。钻石的运输与贩卖也有一张复杂的网，像塞拉利昂钻石的出口，就是通过黎巴嫩商人组成的秘密网络，从采矿人那里购得钻石，然后再几经转手将钻石运到比利时的安特卫普国际钻石市场进行交易。

钻石的开采和走私使得非洲内战国家的叛军武装利用出售钻石得到的美元或者直接利用钻石去换取军火，从而资助了这些国家的叛军和内战。刚果国内围绕钻石产地领土争夺的内战已经持续 3 年，而且使邻国卢旺达、赞比亚、津巴布韦、纳米比亚以及布隆迪也纷纷卷入，整个南部非洲演变成一个大战场。

安哥拉几十年来都饱受内战困扰，该国的反政府武装现在仍然控制着盛产钻石的大部分地区，走私钻石换来的钱全部用来从乌克兰和保加利亚购买武器。①

1998 年，联合国安理会通过了第 1173 号决议和 1176 号决议，规定禁止直接或间接出口那些非经官方认证的、来自安哥拉冲突地区的钻石。2000 年 12 月 1 日，联合国大会又一致通过了关于钻石在助长武装冲突中的作用的决议。② 2002 年 11 月，为了根除非洲冲突钻石的非法贸易，维护非洲地区的和平与稳定，联合国通过了《金伯利进程国际证书制度》，对未附有金伯利进程成员签发的证明书的毛坯钻石进口以及面向非金伯利进程成员的毛坯钻石出口都是禁止的。

在这些沾血的钻石贸易中，有的公司扮演了不光彩的主要角色。比

---

① 《冲突钻石——非洲难以愈合的伤口》，来自：http://gb.cri.cn/321/2003/11/18/61@3140.htm, 2011 年 11 月 12 日访问。

② See UN *General Assembly adopts resolution on "conflict diamonds"*, from http://www.un.org/peace/africa/Diamond.html, visited at 14 Nov. 2011.

如，世界最大的钻石商南非—英国德比尔斯集团及其中央销售公司，在过去 60 年里一直主导着国际钻石业，分拣、估价和销售世界钻石产量的 80% 左右。据德比尔斯公司 90 年代的年度报告清楚地显示，在安哥拉内战期间，叛军安盟控制安哥拉主要钻石产区时，公司深入参与了产自这些产区的钻石交易，从而使安盟得以从这些钻石贸易中获得利润购买武器以资助他们的战争。① 因此，有观点认为德比尔斯及其中央销售公司应该为此承担主要的责任，并建议他们应公开他们为确保全面遵守联合国安理会 1173 号决议而采取的内部整改措施，向联合国以及有关政府和联合国决议执行机构报告为他们提供安哥拉冲突地区钻石的公司或商人的名称，以使进入交易市场的钻石都能受到官方的审查，从而杜绝通过血色钻石交易资助内战的行为。②

五　传统国际法有关法人犯罪责任的空白

虽然，如上所述法人、团体、公司、集团、实体、组织从事或实施犯罪的情况现实存在并日趋增多，但是，传统国际法体系对这些实体、组织是否应当承担责任、应当承担什么样的责任等问题的反映还很不完善。

国际法上，一个违反一般国际法规范或者特殊国际法规范的国际法主体，按照一般国际法，对受害的国际法主体是负有责任的。③

由于过去传统地认为只有国家是国际法的主体，所以关于不法行为的国际责任总的题目是在"国家责任"标题项下讨论的。在国际法上，国家对于它违反国际义务的行为承担责任。这种责任是国家作为国际人格者的地位所附加的。国家的主权不能提供否认这种责任的依据。不遵守一项国际义务即构成国家的国际不法行为，引起该国的国际责任，由此对该国或其他国家产生某些法律后果。④

一般地说，国家不因私人行为本身直接承担国际责任。但是，国家对防止私人从事不法行为没有给予应有的注意，或在事后没有对其受害者给予国

---

① Dan Brown, *The Rough Trade*: *The Role of Companies and Governments in the Angolan Conflict*, *Global Witness*, p3, Published by Global Witness Ltd, London, 1998.

② 同上。

③ ［奥地利］阿·菲德罗斯等：《国际法》（下册），李浩培译，商务印书馆 1981 年版，第 445 页。

④ ［英］詹宁斯、瓦茨修订：《奥本海国际法》（第九版），第一卷第一分册，王铁崖等译，中国大百科全书出版社 1998 年版，第 401—406 页。

内救济，则产生国家责任的问题。①

由此可见，国际法的责任体系主要是规定关于国家的国际责任。国际社会对国际法上责任问题的编纂也主要涉及国家责任。但是，随着国际社会实践的发展，国际法的主体虽然主要是国家，但不仅仅局限于国家。因此，国际法上的责任也不应仅仅局限于国家的国际责任。

2000 年，联合国国际法委员会第五十二届会议决定将"国际组织的责任"专题列入委员会长期工作方案。2002 年 5 月 8 日任命乔治·加亚先生担任该专题特别报告员。国际法委员会在 2003 年第五十五届会议、2004 年第五十六届会议、2005 年第五十七届会议收到并审议了特别报告员提出的三次报告。② 到目前为止，国际法委员会暂时通过了"国际组织的责任"条款草案第 1 条至第 16［15］条。③ 处理了国际组织的国际不法行为、将行为归于一国际组织、违背国际义务、一国际组织对一国或另一国际组织行为的责任等问题。④

而对于个人的国际责任，自纽伦堡和远东国际军事法庭确立直接追究个人国际刑事责任的原则以来，这项原则为国际法和国际实践所确认和遵守。1948 年联合国《防止及惩治灭种罪公约》第 3 条规定："凡犯有灭绝种族罪或本公约第 3 条所列举之任何其他罪行者，不论彼等是宪法上规定的负责统治者或官员或私人，皆应受到惩治。"1973 年 11 月 30 日联合国大会通过的《预防和惩治种族隔离罪行国际公约》第 3 条规定，任何个人、组织或机构的成员或国家代表，不论出于什么动机，不论是住在行为发生地的国际领土内或其他国家，只要犯有公约所禁止的种族隔离罪行，即应负国际罪责。⑤

1993 年根据由联合国安理会第 827 号决议设立的前南斯拉夫国际刑事法庭之《规约》第 7 条第 1 项和第 23 条第 1 项、1994 年根据联合国安理会

---

① ［日］寺泽一、山本草二主编：《国际法基础》，朱奇武、刘丁、冷铁铮、于吟梅、吴瑞钧、郑民钦译，中国人民大学出版社 1983 年版，第 376 页。

② 特别报告员的第一次报告见 A/CN.4/532 号文件。特别报告员的第二次报告见 A/CN.4/541号文件。特别报告员的第三次报告见 A/CN.4/553 号文件。

③ "国际组织的责任"条款草案第 1 条至第 3 条是第五十五届会议（2003 年）暂时通过的，第 4 条至第 7 条则是第五十六届会议（2004 年）暂时通过的。第 8 条至第 16［15］条是 2005 年第五十七届会议暂时通过的。

④ 参见《国际法委员会第五十七届会议报告》（2005 年 5 月 2 日至 6 月 3 日和 7 月 11 日至 8月 5 日），A/60/10。

⑤ 邵沙平：《国际刑法学——经济全球化与国际犯罪的法律控制》（武汉大学学术丛书），武汉大学出版社 2005 年版，第 167 页。

第 995 号决议通过的卢旺达国际刑事法庭之《规约》第 6 条第 1 项和第 22 条、1998 年 7 月 17 日联合国设立国际刑事法院全权代表外交会议在罗马通过的《国际刑事法院罗马规约》第 25 条都规定了个人因实施国际犯罪而应负的个人刑事责任原则。这些国际实践为个人在国际法上直接承担国际刑事责任提供了习惯法的证据。①

但是，传统国际法对同为私营性主体的法人、组织或实体以及非国家行为者的责任却没有什么规定。在二战结束后建立的审判欧洲轴心国战犯的纽伦堡国际军事法庭时国际社会注意到了这个问题，在《纽伦堡国际军事法庭宪章》第 9 条、第 10 条、第 11 条对犯罪集团和组织的责任进行了规定。对于这种新的责任形式，在纽伦堡法庭上，被告的辩护人做了很多分析和抗辩，法庭对犯罪组织的审判也引起了很多争论。但是，纽伦堡国际军事法庭最终根据英美法系中的"共谋"理论宣布德国纳粹党政治领袖集体、秘密警察、保安勤务处（SD）和德国民族社会主义工人党党卫队（SS）为犯罪组织。② 这是作为国际性刑事司法机构裁判之法律基础和依据的国际法第一次直接规定犯罪集团和组织的团体刑事责任。但是，在这一次几乎是唯一的对法人、团体进行审判的国际实践中，纽伦堡国际军事法庭判决有罪的上述组织都是公共性组织（public organizations），不是私营性组织、实体、团体、企业或公司、法人③，而且纽伦堡国际军事法庭是个临时性国际法庭，它对犯罪团体责任的承认在法庭职责结束后就不能适用了。

20 世纪 90 年代，根据联合国安理会决议成立的前南斯拉夫国际刑事法庭、卢旺达国际法庭以及 2002 年根据《建立国际刑事法院的罗马规约》而成立的国际刑事法院和近年来成立的联合国塞拉利昂问题特别法庭、柬埔寨法院特别法庭、黎巴嫩问题特别法庭，对在这些国家和地区的内战或武装冲突中犯有严重违反人道主义法的人追究刑事责任。这些是国际社会依据国际法对犯有这些行为的人主张正义的实践，但是，虽然在这些冲突中也有公司法人间接涉入国际犯罪的情况，但是，根据这些法庭的规约却只能管辖从事这些犯罪的个人。

① 邵沙平：《国际刑法学——经济全球化与国际犯罪的法律控制》（武汉大学学术丛书），武汉大学出版社 2005 年版，第 171 页。

② ［民主德国］P. A. 施泰尼格尔编：《纽伦堡审判》（上卷），王昭仁、宋钟璜、关山、肖辉英、李兰琴、李国林译，商务印书馆 1985 年版，第 23 页。

③ 林灵：《恐怖组织在国际法上的刑事责任问题初探》，《甘肃行政学院学报》2004 年第 4 期。

六　国际法上法人犯罪的责任：问题的提出

公司、企业以上述形式从事违反国际法的行为已经日益受到国际社会的关注。比如，国际刑事法院总检察官奥坎波就在一些场合宣布，计划调查那些在资助实施了国际犯罪的暴力冲突中发挥重要作用的企业家。虽然，这样的调查还没有开始实行。但是，追究公司、企业从事跨国犯罪和国际犯罪的责任，成为越来越多人的呼声。法人跨国犯罪对国内和国际秩序与安全、民主的威胁已渐为人们的共识，而单个国家因为各自管辖权力的局限不能有效地全面惩罚这些犯罪，对此，亟须国际法对此作出反应、予以调整。

为了适应上述需要，国际社会进行了一些立法和实践，补充和完善了公司、法人以及非国家行为者在国际法上的责任规范。这些规范包括：

（1）国际性自律规范，如，经济合作与发展组织关于跨国公司的行动纲领（OECD Guidelines for Multinational Enterprises），国际劳工组织关于跨国公司和社会政策原则的三方宣言（ILO Tripartite Declaration of Principles Concerning Multinational Enterprises and Social policy），欧洲议会关于在发展中国家运营的欧洲企业之欧盟标准（EU Parliament Resolution on EU standards for European Enterprises operating in developing countries：towards a European Code of Conduct）等。

（2）国际性法律文件，如联合国大会的决议，联合国秘书长的报告、联合国人权高专（UN Higher Commissioner for Human Rights）以及欧洲联盟等国际组织的包含有法人责任的法律文件。还包括涉及法人责任的普遍性造法条约，如：联合国体系下的《制止向恐怖主义提供资助的公约》、《打击跨国有组织犯罪的公约》、《联合国反腐败公约》等；欧盟框架内的《保护金融利益公约》的第二议定书、《打击在私营部门中腐败行为的联合行动》、《打击非法贩运人口的框架决定》、《打击恐怖主义的框架决定》等；欧洲委员会制定并通过的《保护环境的刑法公约》、《反腐败刑法公约》、《打击网络犯罪的公约》等，以及区域性国际组织的国际条约和国际法律文件，如经济发展与合作组织（The Organisation for Economic Co-operation and Development）、欧洲理事会（The Council of Europe）、欧洲联盟、美洲国家组织等国际组织制定的包含法人犯罪的责任的公约。

（3）还有一些是非政府组织，特别是有关人权和人道主义事务的非政府组织对公司、法人等非国家行为者在人权和人道主义方面的行为所作的报告、建议等文件。

这些国际法律规范在国际社会中形成了一个日益繁密的网络，对犯罪的法人追究责任，在这成为国际刑法的一个发展趋势时，对这一打击国际犯罪的新领域进行研究，就显得非常必要和有意义。

本课题将以这些国际法上日益出现的有关法人跨国和国际犯罪的责任为重点，力图搜集、整理国际组织有关法人犯罪责任的国际法律规范，然后以此为基础归纳迄今国际刑法上法人责任的历史沿革、结构特点，以及法人责任在国际层面的直接实施和在国内层面的间接实施的实践。其中，在国际层面的实践上，重点分析从二战后纽伦堡国际军事法庭以及在德国的盟国占领当局军事法庭对在战争中起到资助作用的德国大企业负责人的审判。这些是国际社会首次注意到公司、企业在战争中的作用，并以共谋或帮助犯、协助犯的理论将这些公司负责人归罪、定罪的实践。虽然，这些战后的审判没有将有关的德国大公司作为直接被告，但是，他们对这些德国大企业家的审判开创了国际社会关注公司参与国际犯罪的先河，也为日后国际社会在追究法人直接或间接参与国际犯罪的方面的发展提供了基础。本课题随后从国际社会此后建立的国际刑事法庭的规约和有关的实践入手，分析和探索这些国际法庭在追究法人直接或间接参与国际犯罪的责任的可能性。

在国内层面的实施上，本课题通过对大陆法系和英美法系主要国家关于法人犯罪的责任的立法和实践的比较研究，分析了不同国家在国内法律体系中引入法人犯罪的责任的历史、概况和实施法人责任的困难以及我国法人犯罪的责任体系，并以《联合国反腐败公约》为样本分析我国实施法人犯罪责任的障碍和对策。

由于法人责任是一种归责责任，它是由有关自然人直接实施然后归责于法人的责任。又由于目前国际刑法上的法人责任主要通过国内法来实施，而且规定可以是刑事、民事或行政责任。因此，本书将首先研究和介绍国内法体系中的法人责任归责的一般理论，包括法人的民事责任、行政责任和刑事责任的归责理论。经过研究后我们可以看到，这些理论对国际刑法中的法人责任规范的制定产生了非常大的影响。

此外，本课题还将以国际刑法上法人犯罪的管辖权为对象，研究国际法上国家实施管辖权的诸原则对法人犯罪的适用和存在的问题。最后，本课题将结合法人跨国和国际犯罪所涉及的上述国际法问题，分析这些国际法上关于法人责任在立法和实践上的新发展对国际法主体的理论和国际法责任体系的影响，以及未来在国际性刑事司法机构实现对法人国际犯罪管辖的可能性。

第一章

法人责任的一般理论

第一节　法人的概念

法人本来是作为民法上的主体被创造出来的。法学创造法律人格概念，从而将现实实体与法律主体分离开来，现实的人属于社会的范畴，法律主体属于法律的范围。[①] 因此，"法人"是除自然人以外最重要的民事主体。社会生活中的权利主体不限于自然人。现代社会，除自然人的活动外，还有各种社会组织体以团体的名义进行各种活动。这些组织一经法律赋予其民事权利能力，就成为自然人之外的另一类民事权利主体——法人。[②]

一般认为，法人的形成可追溯到罗马法。[③] 在罗马法，认为国库、行政区域、都市、寺院为私法上权利之主体[④]，但是，当时还没有建立起关于法人的连贯理论。在罗马法学家的眼里，某种团体只不过是一定数量的、相互处于一定关系之中的个人，只有自然人才拥有权利，法律上的人也必然是自然人。[⑤] 因此，没有提出自然人和团体组织是两种"人"的结论，法律上也没有相应的法人制度。[⑥] 法人观念之发达，为中世纪以后的事，当时工商业勃兴，产生多数商事公司。又因公共事业发达之结果，产生多数公益法人。

---

① 龙卫球：《民法主体的一般理论》，中国政法大学博士论文，1998 年，第 77 页。转引自李文伟博士论文第 1 页。

② 梁慧星：《中国民法典草案建议稿附理由——总则编》，法律出版社 2004 年版，第 59 页。

③ 何秉松：《法人犯罪与刑事责任》（第二版），中国法制出版社 2000 年版，第 5 页。

④ 史尚宽：《民法总论》，中国政法大学出版社 2000 年版，第 138 页。

⑤ ［英］巴里·尼古拉斯：《罗马法概论》，黄风译，法律出版社 2000 年版，第 61、62 页，转引自马俊驹《法人制度的基本理论和立法问题之探讨》（上），《法学评论》2004 年第 4 期（总第 126 期）。

⑥ 何秉松：《法人犯罪与刑事责任》（第二版），中国法制出版社 2000 年版，第 5 页。

迄至近代资本主义成熟时期，大规模事业几为公司所独占，而永久的公益事业，非依法人组织，亦难以达成，故法人制度在近代极其发达。[①] 法人由此作为法律所确认的"人"，具有独立的人格，具有权利能力和行为能力，并以自己的名义独立进行经济活动和社会活动，以自己的名义在法院起诉和应诉。它甚至可以被认为具有自己独立的生命，可以出生（即法人的设立）和死亡（即法人的解散、清算）。

对于"法人"的概念，学者们有不同的认识和主张。如前所述，史尚宽先生认为，"法人是自然人以外之得为权利义务主体之组织。原来人之权利能力，无论其为自然人或为法人，皆基于法律之赋予"。[②] 王泽鉴先生认为："法人指自然人以外，由法律创设，得为权利义务的主体。其主要机能为：①使多数的人及一定的财产得成为权利义务主体（社团、财团），便于从事法律交易；②将法律的责任限定于法人的财产，避免个人的财产因此而受影响。③使法人能超越个人而长期存续。法人乃一种目的性的创造，而非自然人的拟制，在社会实际生活中有其自我活动作用的领域，在此意义上亦具有社会的实体性。"[③] 德国学者卡尔·拉伦茨认为，"除作为'自然人'的人外，法律还认可所谓'法人'有权利能力，即他们也能成为权利的所有者和义务的承担者。……这种组织同其他任何组织一样，有明确的期限，并通过建立各种机关，在法律交往中作为独立的单位出现，特别是能独立地取得权利和承担义务。将一个联合体成员或组织认可为'法人'须有一定的前提条件"。[④] 江平先生则从法人的本质特征入手，认为"法人的本质特征有二：一是它的团体性，二是它的独立人格性。这两个特征汇合在一起，就可以用最精练、最概括的语言给法人下一个定义：法人者，团体人格也"。[⑤] 梁慧星先生认为，"法人是指由法律赋予主体资格，具有民事权利能力和行为能力，依法独立享有民事权利和承担民事义务的组织体"。[⑥]

在 Black 法律词典中，法人 legal person 被认为与 artificial person 的含义相同，而对 artificial person 的解释是，"它包含这样几种含义：①是指一个实体，

①　史尚宽：《民法总论》，中国政法大学出版社 2000 年版，第 138 页。

②　同上。

③　王泽鉴：《民法概要》，中国政法大学出版社 2003 年版，第 56—57 页。

④　［德］卡尔·拉伦茨：《德国民法通论》（上），王晓晔、邵建东、程建英、徐国建、谢怀拭译，法律出版社，第 178—179 页。

⑤　江平主编：《法人制度研究》，中国政法大学出版社 1994 年版，第 1 页。

⑥　梁慧星：《中国民法典草案建议稿附理由——总则编》，法律出版社 2004 年版，第 59 页。

比如公司，通过法律创造出来并赋之以人的特定权利和义务（An entity, such as a corporation, created by law and given certain legal rights and duties of a human being.）②指为了法律推理的目的，被或多或少地当作一个自然人对待的、现实存在的、真实的或虚拟的人（a being, real or imaginary, who for the purpose of legal reasoning is treated more or less as a human being.）"。①

　　对此，笔者认为，法人和自然人都是在社会中真实存在的，但是它们成为了承受权利义务的主体，也就是说具有法律人格，都来自法律的赋予。就权利之观念言之，凡得享有权利能力的实体之存在者，即得以之为权利主体，法人亦具有此实体之存在。② 因此，法人是自然人以外之得为权利义务主体之组织。其权利能力基于法律之赋予。③ 其所承受的权利义务也来自法律的规定。

　　既然法人的权利能力基于法律的赋予，那么对什么组织赋予法律人格，赋予的权利义务内容和范围如何都来自各国国内法的规定。因此，不同国家对具有法律人格的组织、社团的类型及其承受的权利义务的规定也不同。

　　比如，《德国民法典》将法人成员责任限于有限责任，不承认无限公司和两合公司的法人地位。④ 又如，《中华人民共和国民法通则》第 36 条规定"法人是具有民事权利能力和民事行为能力，依法独立享有民事权利和承担民事义务的组织。法人的民事权利能力和民事行为能力，从法人成立时产生，到法人终止时消灭"。第 37 条规定，"法人应当具备下列条件：（一）依法成立；（二）有必要的财产或者经费；（三）有自己的名称、组织机构和场所；（四）能够独立承担民事责任"。其中对法人如何独立承担民事责任，第 48 条做了一定诠释，"全民所有制企业法人以国家授予它经营管理的财产承担民事责任。集体所有制企业法人以企业所有的财产承担民事责任。中外合资经营企业法人、中外合作经营企业法人和外资企业法人以企业所有的财产承担民事责任，法律另有规定的除外"。

　　由此可见，在我国，作为民事主体的"法人"只限定为具备法律规定的法人资格的组织。而一些具体的企业法则规定了能取得企业法人资格的具体的组织类型。如，全国人民代表大会常务委员会 2005 年 10 月 27 日通过

---

① see *Black's Law dictionary*, explanation of *artificial person*, p.1178，中文意思为笔者译。

② 史尚宽：《民法总论》，中国政法大学出版社 2000 年版，第 139—140 页。

③ 同上书，第 138 页。

④ 马俊驹：《法人制度的基本理论和立法问题之探讨》（中），《法学评论》2004 年第 5 期（总第 127 期）。

修订的《中华人民共和国公司法》第 2 条规定，"本法所称公司是指依照本法在中国境内设立的有限责任公司和股份有限公司"。第 3 条接着明确 "公司是企业法人，有独立的法人财产，享有法人财产权。公司以其全部财产对公司的债务承担责任。有限责任公司的股东以其认缴的出资额为限对公司承担责任；股份有限公司的股东以其认购的股份为限对公司承担责任"。《中华人民共和国私营企业暂行条例》第 6 条规定，"私营企业分为以下三种：（一）独资企业；（二）合伙企业；（三）有限责任公司"。而第 10 条则只规定 "有限责任公司依法取得法人资格"。这样看来，有限责任公司、股份有限公司、具备法人条件的全民或集体所有制企业、联营企业、在中国境内设立的外商投资企业（包括中外合资经营企业、中外合作经营企业、外资企业）和其他企业和实行企业化经营、国家不再核拨经费且具备法人条件的事业单位和从事经营活动的科技性社会团体①，以及有独立经费的机关在我国是有法人资格的组织，而独资企业、合伙企业、个体工商户、农村承包经营户②等便是没有法人资格的组织。③

　　那么，为什么个人独资企业和合伙企业就不具备法人资格呢？根据《中华

---

　　① 《中华人民共和国企业法人登记管理条例施行细则》（2000 年第二次修正）第 2 条规定，"具备企业法人条件的全民所有制企业、集体所有制企业、联营企业、在中国境内设立的外商投资企业（包括中外合资经营企业、中外合作经营企业、外资企业）和其他企业，应当根据国家法律法规及本细则有关规定，申请企业法人登记"。第 3 条规定，"实行企业化经营、国家不再核拨经费的事业单位和从事经营活动的科技性社会团体，具备企业法人条件的，应当申请企业法人登记"。

　　② 《中华人民共和国民法通则》第三章 "法人" 专门对法人地位、人格进行规定，但对个体工商户、农村承包经营户的相关规定则在第二章 "公民（自然人）" 中，由此可见，立法者并没有将这两者视为组织，更不是法人。但是，这两者在我国现实的经济活动中并不都是以 "自然人" 的身份而行为的，而是作为一类组织——权且称为 "户" ——来从事经营活动的。

　　③ 《中华人民共和国个人独资企业法》第 12 条规定，"登记机关应当在收到设立申请文件之日起 15 日内，对符合本法规定条件的，予以登记，发给营业执照……"《中华人民共和国合伙企业法》第 16 条规定，"企业登记机关应当自收到申请登记文件之日起 30 日内，作出是否登记的决定。对符合本法规定条件的，予以登记，发给营业执照；对不符合本法规定条件的，不予登记，并应当给予书面答复，说明理由"。而根据我国《企业法人登记管理条例施行细则》（2000 年第二次修正）第 4 条规定，"不具备企业法人条件的下列企业和经营单位，应当申请营业登记：第 36 条登记主管机关应当对申请单位提交的文件、证件、登记申请书、登记注册书以及其他有关文件进行审查，核实开办条件，经核准后分别核发下列证照：（一）对具备企业法人条件的企业，核发《企业法人营业执照》；（二）对不具备企业法人条件，但具备经营条件的企业和经营单位，核发《营业执照》……"可见，对符合条件的个人独资企业和合伙企业登记机关只发给营业执照，因此，个人独资企业和合伙企业在我国现阶段还不是法人组织，不具有法人资格。

人民共和国合伙企业法》第 2 条，"本法所称合伙企业，是指依照本法在中国境内设立的由各合伙人订立合伙协议，共同出资、合伙经营、共享收益、共担风险，并对合伙企业的债务承担无限连带责任的营利性组织"。《中华人民共和国个人独资企业法》第 2 条规定，"本法所称个人独资企业，是指依照本法在中国境内设立，由一个自然人投资，财产为投资人个人所有，投资人以其个人财产对企业债务承担无限责任的经营实体"。相比公司而言，这两类企业在性质上的根本不同就是承担责任的形式不同。公司是以其全部财产对公司的债务承担责任，责任的范围限于公司的全部财产，因为公司的全部财产是有限的，所以公司对外承担的也是有限责任。同时，公司的成员（股东）以其认缴的出资额或认购的股份为限对公司承担有限责任。而个人独资企业是投资人以其个人财产对企业债务承担无限责任；合伙企业是各合伙人共同出资、合伙经营、共享收益、共担风险，并对合伙企业的债务承担无限连带责任。它们承担的不是有限责任。由此可见，我国法律确定法人资格的条件是对外承担独立责任、对内承担有限责任，具备这种条件的组织才能被称为法人。

正由于我国立法如此规定，许多人形成了一种观念：当谈到法人的时候，通常指的是具有法人资格的企业或组织，或法人资格，而不是一般意义上自然人之外得为权利义务主体的组织。显而易见，在我国，法人所涵盖的范围比"一般意义上自然人之外得为权利义务主体的组织"要小。那么，法人以其自身财产承担有限责任、其成员以其认缴的份额承担有限责任的形式是不是法人成立的条件或法人概念的应有之义呢？

马俊驹先生在考察了法人制度的历史变迁后，对这一问题做出了精辟的论述，"从本质上讲，法律赋予社会组织以法人地位，其功能在于赋予社会组织法人人格以便于从事社会活动，其责任形式应在法定主义的基础上给予组织成员更多的选择空间，以便在私法领域实现意思自治，更好地发挥自然人和法人的主观能动性。因此，从法人制度的历史变迁来看，法人人格的独立并不与法人成员有限责任有必然的联系。我们只能这样理解，以有限责任公司特别是股份有限公司为典型的法人形式，其股东承担的是有限责任，这是法人最基本、最重要的形式，但不应因此而否定其他责任形式的法人，因为这是社会生活的需要。实际上，法人最本质的就是法律赋予某些社会组织或特定财产的一种人格"。① 《德国民法典》将法人成员责任限于有限责任，

----

① 马俊驹：《法人制度的基本理论和立法问题之探讨》（中），《法学评论》2004 年第 5 期（总第 127 期）。

不承认无限公司和两合公司的法人地位。但在 1900 年新修订的《德国商法典》中，却将股份两合公司作为股份有限公司的一种特别形式加以规定，使其具有了法人资格。这就表明了德国法中是允许部分成员承担无限责任的法人形式存在的。①

不仅在德国，在美国一号法典第一部分规定，"在美国国会通过的法案中，出现的用语'人'和'任何人'包括企业（corporations）、公司（companies）、合伙商号（firms）、联合体（associations）、合伙企业（partnerships）、社团或协会（societies）和股份公司（joint stock companies）以及个人（individuals）"。另如，1978 年英国解释法案也要求，"在任何法案中，除非有明显的相反意图，本法案第一部分（Schedule 1）所列举的用语和表述都按照该部分（that Schedule）来解释"，而该部分中规定，"'人'包括社团或非社团的人的实体（'Person' inclueds a body of persons corporate or unincorporate）"。② 由此可见，美国、英国的法律中除个人之外赋予法律人格的组织或实体范围很广，不仅仅包括承担有限责任的公司、企业。

因此，不管从一般意义上讲，还是就本书研究而言，"法人"这一术语不是指作为民事主体的组织的资格，而是由法律赋予人格以便于从事社会活动的组织。但是，鉴于各国对法人赋予的法律内涵和范围不同，管辖法人的国际刑法公约做了比较宽泛和灵活的规定。

如，欧洲委员会部长会议 1988 年 10 月 20 日通过的 No. R（88）18《关于具有法律人格的企业在其活动中从事的犯罪行为的责任的建议》申明"本建议所规定的内容适用于不管公共或私营的企业，只要它们具有法律人格并从事经济活动（They apply to enterprises, whether private or public, pro-

---

① 托马斯·莱塞尔：《德国民法中的法人制度》，张双根译，《中外法学》2001 年第 1 期。转引自马俊驹《法人制度的基本理论和立法问题之探讨》（中），《法学评论》2004 年第 5 期。

② The US Title 1 Code, section 1 states that 'in Acts of Congress, the word "person" and "whoever" include corporations, companies, associations firms, partnerships, societies, and joint stock companies, as well as individuals.

The UK Interpretation Act 1978, demands that 'in any Act, unless the contrary intention appears, words and expressions listed in Schedule 1 to this Act are to be construed according to that Schedule', the Schedule states that: "Person" inclueds a body of persons corporate or unincorporate'.

Above all Quoted by Andew Clapham, "The Question of Jurisdiction Under International Criminial Law Over Legal Persons: Lessons from the Rome Conference on an International Criminial Court", Menno T. Kamminga and Saman Zia-Zarifi (eds) *Liability of Multinational Corporations under International Law*, p. 194, 2000 Kluwer Law International Printed in Netherlands.

vided they have legal personality and to the extent that they pursue economic activities）"。①

又如，1998 年 12 月 22 日欧盟委员会《关于打击在私营部门中腐败行为的联合行动》第一条规定②，"'法人'是指在可适用的国内法上有这样地位的任何实体，国家或其他行使国家权力的公共团体和公共国际组织除外"。这个定义并不是解释法人概念、揭示法人本性的实质性定义，而是主要强调本文件所指的法人是根据可适用的国内法，有这样地位的实体。而可适用的国内法主要是对本文件有条约义务和执行义务的国家的国内法。不过，它指明了法人是实体。也就是说，作为一个具有条约性质的国际法律文件，《关于打击在私营部门中腐败行为的联合行动》并没有强求成员国接受一个一致的"法人"的实质性定义，而是指出主要按照成员国国内法的不同规定来确定法人的具体概念，但它要在可适用的国内法中有法律人格的实体。这样的规定就有很大的灵活性和包容性，既考虑到各成员国国内法对法人犯罪的不同态度和制度，又为它们打击在私营部门中法人的腐败行为设置了一个最低的标准。③

第二节　侵权法中的法人民事责任理论

法人既然是自然人之外最重要的民事主体，那么，它就和自然人一样能在社会经济生活中进行各种活动，其行为也不仅限于为侵权、不法或犯罪行为，还可以为不履行契约的行为等。但是，如前所述，本书主要研究的是国际法中法人的责任，那么，我们所说的法人责任也就主要是法人对其不法或

---

①　Council of Eeurope Committee of Ministers Recommendation No. R（88）18 f the Committee of Ministers to Member States Concerning Liability of Enterprises Having Legal Personality for Offences Commuted in the Exercise of Their Activities, adopted by the Committee of Ministers on 20 October 1988.

②　JOINT ACTION of 22 December 1998 on corruption in the private sector, adopted by the Council on the basis of Article K. 3 of the Treaty on EuropeanUnion,（98/742/JHA）, Article 1: "legal person" means any entity having such status under the applicable national law, except for States or other public bodies acting in the exercise of State authority and for public international organizations.

③　对"法人"采用此方法界定的，还有 1999 年《欧洲委员会反腐败刑法公约》、2001 年《欧洲委员会打击网络犯罪公约》、2005 年《欧洲委员会防止恐怖主义公约》以及欧盟理事会《打击在私营部门中腐败行为的联合行动》、《打击欺诈和伪造非现金支付凭证的框架决定》等欧盟框架内的法律规定。

犯罪行为所承担的相应的民事、行政和刑事责任。以下所有的有关论述恕不一一做如此解释，均简称为法人的民事责任、法人的行政责任和法人刑事责任。

侵权法中的法人民事责任主要包括两类责任：法人侵权行为的责任和雇用人的责任。

一　法人侵权行为的责任

对于法人侵权行为的责任，许多国家和地区的立法都做了规定，如，我国台湾地区民法第 28 条："法人对于其董事或其他有代表权之人因执行职务所加于他人之损害，与该行为人连带负损害之责任。"又如，《中国民法典草案建议稿》第 1594 条［法人和其他社会组织的责任］规定："法人和其他社会组织对其机关给他人造成的损害承担民事责任。法人和其他社会组织的职能部门以其名义进行活动给他人造成损害的，准应前款的规定。法人和其他社会组织的代理人以其名义进行活动对他人造成损害的，由法人或其他社会组织承担民事责任。"[1] 再如，《德国民法典》第 32 条，"社团对于董事会、董事会中的一员或依章程任命的其他代理人由于执行属于权限以内的事务，发生应负损害赔偿责任的行为，致使第三人受损害时，应负赔偿的责任"。[2]

这些立法肯定了法人的侵权能力，而法人侵权责任的成立，需要具备以下要件：

1. 须为法人机关（organ）之行为。[3] 这里的法人机关是指法人的代表机关、意思机关、执行机关、监察机关，如董事、法定代表人或其他有代表权之人以及公司的股东大会、董事会或理事会、监事会。其中，主要是董事会或理事会。这些机关是法人组织的构成部分。其中，具有决策、控制或代表地位的机关是法人这个组织的"大脑"，法人的行为来自它们的意志，因此，它们的行为就可以认为是法人的行为。

2. 须为职务上之行为。[4] 虽然上述立法例中对此的表述不尽相同，但是都将其限制在法人机关职务上之行为或权限范围内的行为。为这些行为时，

---

① 梁慧星：《中国民法典草案建议稿附理由——侵权行为编·继承编》，法律出版社 2004 年版，第 75—77 页。

② 同上。

③ 史尚宽：《民法总论》，中国政法大学出版社 2000 年版，第 160—162 页。

④ 同上。

法人机关是以法人的名义，或为法人的利益，或为了实现法人的目的，因此，应归于法人。然而，何谓职务上之行为？史尚宽先生认为，其标准有二，即：（1）外观上足认为机关之职务行为。例如运输公司之机关，发行不正确之提单。（2）与职务行为在社会观念上有适当牵连关系之行为。如机关代表法人进行诉讼，为使法人获有利之条件而进行赠贿，从外观上看，这虽然不是职务行为，但不是与诉讼之职务行为没有适当牵连关系的。①

3. 须具备一般侵权行为的要件。② 包括主观要件和客观要件。客观要件要求有侵权行为、损害事实以及它们之间的因果联系。主观要件要求行为人——机关，如董事、法定代表人、董事会等主观上有过错，包括故意或过失。而法人则承担无过错责任，即不论法人对其机关或职能部门的设立、章程约束及代表人、董事等的选任、监督是否有过错，均应承担责任，以充分保护交易对方及督促法人和其他社会组织慎重选任代理人。③

以上关于法人侵权行为的责任基于法人机关行为理论，因为，"法人团体是一种拥有意思和欲望、能够通过由个人组成的机关自主从事行为的活的组织体"。④ 也就是说，法人有自己的意思，而法人机关的意思能体现法人的意思，法人机关的行为就是法人本身的行为。

对于法人机关行为理论，在大陆法系国家，认为"法人（persones mo-rales）像自然人一样具有主观方面的意志，法人亦可实施过错行为，法人应对此承担侵权责任。⑤ 然而，法人的意志和过错只不过是那些对法人予以管理的人的意志和过错，是由自然人实施的。这些自然人并非是一般的自然人，而是法人的机关（organes），是法人的团体（corps），和法人具有同一性，因此，他们的过错也就是法人的过错"。⑥ 我国台湾学者史尚宽先生也认为，"董事非由外部代理法人而行动，乃于法人内部为其机关，代表法人

---

① 史尚宽：《民法总论》，中国政法大学出版社 2000 年版，第 160—162 页。

② 王泽鉴：《民法概要》，中国政法大学出版社 2003 年版，第 61 页。

③ 梁慧星：《中国民法典草案建议稿附理由——侵权行为编·继承编》，法律出版社 2004 年版，第 75—77 页。

④ 马俊驹：《法人制度的基本理论和立法问题之探讨》（上），《法学评论》2004 年第 4 期。

⑤ 这一理论建立在《法国民法典》第 1382 条基础上。该条规定，"任何人为致他人受到损害时，因其过错致行为发生之人，应该对他人负赔偿之责任"。——参见《法国民法典》，罗结珍译，第 330 页，中国法制出版社 1999 年 10 月出版。

⑥ Jean Carbonnier, p. 411. 转引自张民安《过错侵权责任制度研究》，中国政法大学出版社 2002 年版，第 369 页。

的行动。董事之行为，即为法人之行为，故亦可认为法人本身之行为"。①

在英美法系国家，公司董事会在大多数情况下都被看作是公司的代理人和受托人，而很少像大陆法系公司法那样被看作是公司的机关。由于公司的日益强大使它们完全可以对工人、雇员、股东、消费者和广大社会公众的生活产生强大影响，而这从根本上取决于公司董事会。② 因此，英美判例法改变了过去不使公司对董事具有精神因素的过错行为负责的传统，责令对董事代表公司所实施的诸如侵权行为、犯罪行为等不法行为承担法律责任，这就是英美公司法中的公司机关理论（the organic theory）。根据此种理论，公司某些代理人的行为和意思被看作是公司的行为和意思（thoughts），即在效果上，将这些代理人看作是公司机关的有机组成部分。③ 这些代理人就是公司的董事会。"公司董事会是公司的大脑，并且仅仅是公司的大脑，而公司则是其身体（body），公司仅能通过他们也的确是通过他们来行为的"。④

二　雇用人责任

法人侵权行为的责任主要基于法人机关的行为可以被视为法人本身的行为，所以法人应为自己本身的行为承担责任。这些可以被视为法人机关的可能是一些自然人，如董事、法定代表人，也可能是由自然人组成的机关，如董事会，但它们都是在法人中具有代表权、决策权、控制权或实际控制地位的。那么，法人中不具有此权力和地位的一般雇员所为之侵权或不法行为能否由法人来承担责任呢？这就牵涉到民法中的雇用人责任，或称使用人责任，也有人称其为替代责任。⑤

许多国家立法中都规定有法人对其一般雇员侵权行为的雇用人责任。如，《法国民法典》第1384条，"主人与雇主，对其仆人及受雇人因执行受

---

① 史尚宽：《民法总论》，中国政法大学出版社2000年版，第158页。

② See Bobert W. hamillton, *The law of Corporations*, West, 1990, pp. 9—11. 转引自张民安《过错侵权责任制度研究》，中国政法大学出版社2002年版，第369页。

③ L. C. B. Gowerl s *Principles of Moden Company Law*, （4th ed）, Stevens, 1979, p. 205. 转引自张民安《过错侵权责任制度研究》，中国政法大学出版社2002年版，第370页。

④ Bate v. Scandard Land Co. ［1910］2 Ch. 408. 转引自张民安《过错侵权责任制度研究》，中国政法大学出版社2002年版，第370页。

⑤ 此在大陆法系本来称为雇用人责任，须以雇用合同关系的存在为前提，后来扩大适用范围，只须构成使用与被使用的关系，无论是否有雇用合同，因此改称使用人责任。同一制度在英美法系称为替代责任。梁慧星：《中国民法典草案建议稿附理由——侵权行为编·继承编》，法律出版社2004年版，第76页。

雇的职务所造成的损害，应负赔偿的责任"。《德国民法典》第831条，"（1）雇用他人执行事务的人，对受雇人在执行事务时不法地施加于第三人的损害，负赔偿的义务。（2）雇用人在受雇人的选任，并在应提供设备和工作器械或应监督事务执行时，对装备和监督已尽相当的注意，或纵然已尽相当的注意也难免发生损害者，不负赔偿责任"。《荷兰民法典》第6：171条，"如果一个非下属的人在他人指示下实施了执行他人之事务的行为，他对在实施那些行为时因过错给第三人造成的损害负有责任。该他人也对第三人负有责任"。《日本民法典》第715条，"（一）因某事业雇用他人者，对受雇人因执行职务而加于第三人的损害负赔偿责任。但是，雇用人对受雇人的选任及其事业的监督已尽相当注意时，或即使尽相当注意损害仍会发生时，不在此限。（二）代雇用人监督事业者，亦负前款责任。（三）前二款规定，不妨碍雇用人或监督人对受雇人行使求偿权"。《瑞士债务法》第55条规定，"使用人对自己的被用人或劳动者在劳务或执行事业中产生的损害承担责任。但是，使用人能够证明为防止此种损害在当时情况下已尽必要的注意，或虽已尽必要注意仍然发生损害的，不在此限"。《阿尔及利亚民法典》第136条，"委托人对其雇员因执行职务或基于其职务的原因实施的违法行为的致害结果，承担赔偿责任。当委托人虽无法自由选择其雇员，但对其具有监督、管理的实际能力时，适用前款规定"。① 我国台湾地区的民法第188条也规定："①受雇人因执行职务，不法侵害他人之权利者，由雇用人与行为人连带负赔偿责任。但选任受雇人及监督其职务之执行已尽相当之注意，或纵加以相当之注意而仍不免发生损害者，雇用人不负赔偿责任。②如被害人依前项但书之规定，不能受损害赔偿时，法院因其声请，得斟酌雇用人与被害人之经济状况，令雇用人为全部或一部之损害赔偿。③雇用人赔偿损害时，对于为侵权行为之受雇人，有求偿权。"梁慧星先生在其《中国民法典草案建议稿》第1595条也提出了替代责任，即使用人责任，"使用人对被使用人在执行职务活动中给他人造成的损害承担民事责任。侵权行为之构成要件以过错为要件而被使用人在执行职务中没有过错的，使用人不承担民事责任"。②

雇用人责任须具备如下构成要件：

---

① 以上列举的有关雇用人责任的立法例均转引自梁慧星《中国民法典草案建议稿附理由——侵权行为编·继承编》，法律出版社2004年版，第76—77页。

② 梁慧星：《中国民法典草案建议稿附理由——侵权行为编·继承编》，法律出版社2004年版，第76—77页。

第一，行为人与责任人之间存在雇佣关系，也就是，行为人须为受雇人。这种关系的存在不以他们之间订有雇佣或其他书面契约为限，凡客观上被他人使用为之服务而受其监督者，均系受雇人。①

第二，行为人在行为时须因执行职务或与执行职务有关。这不仅指行为人之行为是受雇用人之命令或委托而执行职务本身，或系执行该职务之必要的行为，而不法侵害他人之权利，即受雇人之行为。那些在客观上足认为与其执行职务有关而不法侵害他人权利的行为，即使其是为自己利益所为，也应包括在内。②

第三，行为人在行为时须具有故意或过失，且其行为构成一般侵权行为。一般侵权行为的构成要求行为人主观上要有故意或过失，客观上要为侵权行为，并有损害后果，且行为和损害后果之间有因果关系。但并不是指雇用人对侵权行为也要有故意或过失。

在法人侵权行为责任中，法人为其机关承担的是无过错责任。但是，对雇用人责任各国立法则不全是规定的无过错责任。有些国家规定的是过错责任或推定过错责任，即雇用人如果不能证明对为侵权行为之雇员的选任及其执行职务或从事事业的监督已尽到适当注意义务，或即使加以适当注意仍不能避免损害的发生，那么，就推定雇用人对该雇员之侵权行为存有过错而承担责任。但是，也有一些国家实行的是无过错责任。因为，"在现代市场经济条件下，使用人（雇用人）多数为现代化企业，对雇员之招聘、选任及监督、管理，往往有严格制度，因此在雇员执行职务时造成他人损害的情形，使用人（雇用人）易于证明自己无选任、监督过错而逃脱责任，使遭受损害之他人常常不能获得赔偿"。③

综上所述，雇用人责任牵涉到法人责任是因为雇用人也包括法人。对法人而言，这一责任的设立主要是针对那些非法人机关的雇员或机构，比如在法人中没有代表权的机构，如工会，在执行职务或执行与职务相关的事业时而为的侵权行为。这些人或机构在法人中不具有代表权和控制地位，所以它们的行为不能当然认定是法人本身的行为。它们可以执行在法人中的职务，或为法人利益服务，也可以打着法人的旗号或以法人的名义而未按照法人中

---

① 王泽鉴：《民法概要》，中国政法大学出版社 2003 年版，第 217—218 页；林诚二：《民法债编总论——体系化解说》，中国人民大学出版社 2003 年版，第 174 页。

② 参见台湾"最高法院"1953 年台上 1224 判例，转引自前注王泽鉴、林诚二书。

③ 梁慧星：《中国民法典草案建议稿附理由——侵权行为编·继承编》，法律出版社 2004 年版，第 77 页。

有关行为程序的要求让法人机关知道，从而实际上为自己利益而为侵权行为，等等。它们的行为是否应由法人来承担责任主要看在具体案件中法人对这些一般雇员或机构是否已经尽到选任和监督的适当注意以及侵权行为和损害后果的防止是否为不可避免。

如前所述，由于现代化企业，对雇员之招聘、选任及监督、管理，往往有严格规定，对雇员执行职务而造成他人损害的情形，易于证明自己无选任、监督过错而逃脱责任，笔者认为，可以通过推断雇用人对受雇人之侵权行为知道或应该知道，来推定雇用人未尽到适当注意和选任、监督义务。比如，从类似侵权行为在法人内频发的次数和法人的处理态度来推定法人在选任、监督上未尽到注意义务而有过错；从依类似侵权行为发生时法人环境条件或报告、监督程序，来推断作为雇用人的法人知道或应该知道。避免法人轻易地找到开脱理由而逃避责任，更有利于保护交易安全和受害人的利益。

第三节　法人行政责任理论

由于罗马法中"社团不可能犯罪（Societas delinquere non potest）"的原则流传已久，许多国家的法律传统和文化中认为法人没有刑事责任能力，不能承受刑罚，特别是在大陆法系国家。但是，对于在社会经济生活中不断发展壮大的法人、企业越来越多地牵涉进违法、犯罪行为，在民法之外至少将它们归于行政法规、经济刑法、经济法规以及行政秩序法等来调整也成为许多国家的普遍做法。① 这样一来，法人违反行政秩序、经济管理秩序的行为承担的违反秩序责任，属于在伦理上无可非难的"行政抗命"。② 与刑事犯罪要承担以伦理也即道义谴责为基础的刑事责任区别开来，回避了与刑法学

---

① 如德国以行政秩序法来调整，日本在行政取缔法等行政法规，我国台湾地区可以以行政刑法来调整等。参见王世洲《德国经济犯罪与经济刑法研究》，北京大学出版社1999年版，第105页；〔日〕芝原邦尔：《经济刑法》，金光旭译，法律出版社2002年版，第114页；洪家殷，"行政制裁"，翁岳生编《行政法》（二版，2000年），中国法制出版社2002年版，第877页。

但有的国家在商法如公司法中也有规定法人违背该法应受到的处罚，这些法律法规虽然不属于行政法规，但是依照该法对违反者进行的处罚也可以是具有行政制裁的性质，因为，它们违背了国家依照该法所形成的秩序和制度，国家可以赋予行政机关一定的管理权力来维护这些秩序和制度，当然，类似违法行为中程度比较严重的还可以由刑法调整，如我国对法人违法行为管辖的立法体系。

② 王世洲：《德国经济犯罪与经济刑法研究》，北京大学出版社1999年版，第105页。

传统观念在这一点上不可调和的矛盾。再者，对法人给予的违反秩序罚法各国多采用罚金、没收追缴等措施，而罚金本身亦不具伦理道德非价之判断，纯系价值中立之制裁，因此作为制裁法人之手段，亦无不可。①

　　然而，对于法人成为行政秩序罚法的对象，也有看法认为，法人是借由其机关行为的，故不应由法人对机关之行为负责，否则将有抵触"无责任不受刑罚"原则之顾虑。虽然现行通说认为，法人之机关所为之意思表示及行为，其所生之法律效果应归属于法人，因此对该意思表示及行为所产生之责任自应视为法人本身之责任，就机关之行为处罚法人，应不致抵触"无责任不受刑罚"原则。②③ 但是，对于如何将个人或机关的违法行为归责于法人，各国立法中应做翔实、具体规定，以符合"无责任则无处罚"理念以及"一事不再理"和不得双重处罚的原则。如此便应解决两个主要问题：

　　1. 什么人的行为可以归责于法人？对此，如奥地利行政罚法规定：对公司或团体违反行政上义务之行为，以处罚其章程上所定之代理人或代表人

---

　　①　vgl. Goheler, OwiG, Vor 29a Rn. 7；德国在修正其刑法时，曾考虑到是否对法人科以刑罚，唯基于如此将与以伦理之非难为前提之刑法基础有所违背，故被排除。而将其置于违反秩序罚法，科以所谓"价值中立"之罚金。同时，依该国违反秩序罚法第一条第二项之规定，"得科处罚金之行为，系指符合前项所谓法律规定之构成要件，纵使不受非难亦包括在内之行为"。亦可见受罚金科处之行为，与是否应受非难无必然之关系。但有学者对此有不同意见，其以对于法人之罚金，基于可归责机关之犯罪行为或违反秩序行为，以及从属于"机关可责性"而视为独立之制裁，如同在刑法上并不正确，因为罚金仍以个人之责任能力为要件，而且表现出非价之判断。因此，罚金只适合对自然人，不得单纯为个别刑罚，而未遭受"礼仪"上之非难。vgl. H. -H. Jescheck, aaO., S 205f. ——上述均转引自洪家殷，"行政制裁"，翁岳生编：《行政法》（二版，2000年），中国法制出版社 2002年版，第877页。

　　②　参阅许宗力，《行政秩序罚的处罚对象》，收于廖义男主持之研究计划，《行政不法行为制裁规定之研究》，第37页以下（1990）。又陈朴生亦以法人系社会的存在体，并非单纯的拟制，故议题其决议而决定意思，为机关之自然人本于法人所决定之意思，而实施相当于构成要件要素行为时，此项犯罪行为之责任，自得归属于法人；参阅氏著，《法人刑事责任与台湾立法之趋向》，《刑事法杂志》第21卷第2期，第11页。——转引自洪家殷，"行政制裁"，翁岳生编《行政法》（二版，2000年），中国法制出版社 2002年版，第877页。

　　③　德国对于此种法人之"组织刑罚性"之处罚可能性，新近有不同之确信，认为可以由"组织统治"及"组织责任"引导出犯罪，并单独地确定。因此，法人所有违背法律之行为，皆可视为犯罪；vgl. Goheler, OwiG, Vor 29a Rn. 12. ——上述均转引自洪家殷，"行政制裁"，翁岳生编《行政法》（二版，2000年），中国法制出版社 2002年版，第877页。

为主，仅在法规另有规定时，从其规定。①

德国经过 1968 年修改和 1987 年重新公布的《违反秩序法》第 30 条对法人的责任进行了完整的规定：

"任何人作为：

①法人代表机构的代表或者该机关的成员；

②非法人机构的领导人或领导成员；

③合伙商业公司有代表权的股东；

④法人或在②③中提到的人合团体的总代表或处在领导地位的代理人或商业代表，实施犯罪行为或者违反秩序行为，因而违反法人或者人合团体承担的义务，或者使法人或人合团体获得或将获得不法利益的，得以对法人或人合团体处以罚款。"②

由此可见，法人或人合团体在这里成为了可以直接承受责任——罚款——的行为主体，而可归责于法人或人合团体的犯罪和违法秩序行为只能是法人机构的代表或在法人中有代表权、领导地位的成员的行为。笔者认为，它基本上属于我们在上一节中提到的法人机关，也就是说法人机关的行为就是法人的行为，它违反法人或人合团体的义务或获得不法利益就是法人或人合团体违反了义务，因此，法人或人合团体要为自己违反义务的行为承担责任——罚款。不同的是，这里不再需要被视为法人机关的自然人的行为作为法人承担责任的连接行为，而是法人因其本身的行为（就是这些行为代表人的行为）和本身这个"组织体的过错"③而直接承担责任。

那么，对于法人中非法人机关的成员的行为，法人是否应该承担责任并如何承担责任呢？《德国违反秩序法》通过对法人等雇用人施以监督义务来使其为非法人机关的一般雇员的行为承担责任。该法第 130 条规定了法人等

---

① 公司或团体之责任奥地利行政罚法规定于第 9 条，该法自 1950 年以来多次修改，第 9 条则维持不变，该国学者对该条在立法政策上是否完全妥当，颇有评论：盖以章程所定之法定代理人或代表人（直译应为：依章程有对外代表权之机关），有时并非行为人或真正之可归责者（Die eientliche Schuldigen），且有将行政罚法上之责任与民事法律行为之效果混淆之嫌，参照 H. Meyer, Die Uebertragung der verwaltungsstrafrechtiichen Verantwortlichkeit, Zeitschrift fur Verwaltung, 1979, S. 443ff. 上述均转引自吴庚《行政法之理论与实用》（增订第八版），中国人民大学出版社 2005 年版，第 305 页。

② 参见《德国违反秩序法》第 30 条第 1 款，转引自王世洲《德国经济犯罪与经济刑法研究》，北京大学出版社 1999 年版，第 106 页。

③ 德国刑法学界如替得曼教授提出了这个观点。转引自王世洲《德国经济犯罪与经济刑法研究》，北京大学出版社 1999 年版，第 109 页。

的机关违反监督义务时，可以根据本条第 2 款第 2 项科处罚款。但是，仅对法人的机关施加制裁是不公正的，因此，法人等在其机关违反监督义务时，可以对法人等科处罚款。据此，在违反义务的行为即便是由法人机关以下的从业人员（即法人中非法人机关的成员）实行时，也能对法人科处罚款，违反监督义务便成了将法人中非法人机关的成员的行为归责于法人的重要的"连接行为"。[①]

2. 法人作为行政秩序罚的主体是否需要具备如同刑法一样的处罚要件？也就是刑法上所要求的责任能力、责任条件等责任要件是否皆得适用在法人身上？

所谓的责任条件，主要系指行为人之主观犯意，即行为人能对其行为有一定之意思决定，因此若决定为法益之侵害，即得对其非难、要求其负责。此种责任条件有两种，即故意与过失。是以在行政秩序罚中，若以行为人具有责任条件为前提时，则必须在行为人有故意或过失时，始得处以行政秩序罚，因此，责任条件之具备与否，影响甚大。[②]

大陆法系中，德国的法律将犯罪行为和违反秩序行为视为同样必须具备构成要件的违法性和有责性等形式要件的行为。[③] 德国"违反秩序罚法"第 10 条规定："违反秩序行为之处罚，以出于故意行为为限，但法律明文规定对过失行为处以罚金者，从其规定。"[④] 而专门针对法人违反秩序行为的第 30 条规定："罚款数额：（1）故意犯罪的，处 100 万马克以下罚款；（2）过失犯罪的，处 50 万马克以下罚款。"[⑤] 由此可以清楚地看出，德国法中对法人违反行政秩序行为要求具备故意或过失的构成要件，并区分了这两种心态下不同的责任后果。

---

① 黎宏、单民：《德国的法人刑事责任论述评》，《国家检察官学院学报》2000 年 5 月第 8 卷第 2 期。

② 洪家殷，"行政制裁"，翁岳生编：《行政法》（二版，2000 年），中国法制出版社 2002 年版，第 850 页。

③ 王世洲：《德国经济犯罪与经济刑法研究》，北京大学出版社 1999 年版，第 105 页。

④ 本条立法目的有二，一方面可以澄清，是否只处罚故意之行为，或者有过失之行为亦可受到处罚。另一方面，虽然本条规定以处罚过失行为为例外，与行政法规往往以处罚过失行为为主之情形有所不同；尽管如此，其亦具有保护功能，即强迫立法者，必须审查每一罚金之构成要件，是否对该行为处以罚金为必要的及正确的；vgl. Gohler, OwiG, 10 Rn. 1. 转引自洪家殷，"行政制裁"，翁岳生编：《行政法》（二版，2000 年），中国法制出版社 2002 年版，第 850 页。

⑤ 参见《德国违反秩序法》第 30 条第 2、1 款，转引自王世洲《德国经济犯罪与经济刑法研究》，北京大学出版社 1999 年版，第 104 页。

　　但是，有些国家和地区的有关行政立法则认为行政秩序罚与刑罚具有质的不同，不仅对于法人，就是自然人违反行政秩序的行为都不论有无故意、过失，只要行为符合法规上所规定之客观构成要件，即可加以处罚，如我国台湾地区在 1991 年 3 月 8 日"司法院大法官"释字第 275 号解释之前的有关行政秩序法规①和我国有关经济管理法律法规和行政法规的规定。②

　　这种做法使得行政机关在采取行政处罚的制裁手段时过于容易，相对的，造成行为人承受过重的责任，因而受到一些质疑。③ 从行政罚理论发展之趋势来看，所要求的责任条件越来越严格。如 1925 年奥地利行政罚法第 5 条第 1 项规定："于行政法规无关责任条件之特别规定时，过失行为已足为处罚之理由，仅系违反禁止或作为命令之行为，而无须以引起损害或危险作为违反行政义务行为之构成要件者，如行为人不能证明其无法避免行政法规之违反，应认为有过失。"④ 此规定中，行政罚之责任形态有故意、过失及推定过失三种。其中"推定过失"系指，若行为人不能举证证明其违反行政法规之行为为无可避免时，则推定其有过失。此系一种举证责任倒置之立法方式，其目的在配合行政法规之特性及有利于行政目的之达成。⑤ 而该法中所指的对象是行为人，并没有排除法人或社团，因此可以看成对法人进行

---

　　① 　参见吴庚《行政法之理论与实用》（增订第八版），中国人民大学出版社 2005 年版，第 296 页；洪家殷，《行政制裁》，翁岳生主编：《行政法》（二版，2000 年），中国法制出版社 2002 年版，第 853 页。

　　② 　我国关于行政机关可以对相对人采取行政处罚的规定散见在一系列经济管理类的法律法规中，如《反不正当竞争法》、广告法等，商法如公司法、商标法等以及行政法规如《行政处罚法》等。在此不一一列举。但这些法律法规中大多数不以被处罚主体应具备的故意或过失的责任条件为必要，一般是采取不论故意、过失，只要他们一有违反行政法上义务的行为，即应加以处罚。我国有学者对规定行为人主观过错条件与否的法律法规的数目和比例做了一番统计：截止到 1991 年底，现行有效的法律、行政法规（不包括规范性文件）中，4.4% 的法律、法规规定，公民、法人或者其他组织实施违反行为，还应具有主观过错才受到行政处罚——参见胡锦光、杨建顺、李元起《行政法专题研究》，中国人民大学出版社 1998 年版，第 233 页。

　　③ 　洪家殷，"行政制裁"，翁岳生主编：《行政法》（二版，2000 年），中国法制出版社 2002 年版，第 850 页。

　　④ 　该法于 1987 年 10 月 21 日修正公布，又关于奥国行政处罚法进一步之说明，可参阅城仲模，"奥国行政罚制度析论"，收于氏著《行政法之基础理论》一书，第 38 页以下（1970）。——转引自洪家殷，"行政制裁"，翁岳生：《行政法》（二版，2000 年），中国法制出版社 2002 年版，第 850 页。

　　⑤ 　参阅吴庚《行政法之理论与实用》（增订第八版），中国人民大学出版社 2005 年版，第 298 页。

行政秩序罚时也应要求推定过失的责任。

综上所述，笔者认为，行政罚和刑罚都是国家对个体行使公权力的结果，相对于这些个体来说，国家具有地位上的强势，因此，对于这些处罚的使用应该非常慎重，对得受处罚的行为应规定同样严格的归责原则和责任条件，以符合"无责任则无处罚"的原则，在保证国家行使公权维护社会经济秩序的同时也能保障个体的利益和人权，特别是对于法人的处罚。如前所述，各国规定的归责原则和责任条件不尽一致。在行为可归责于法人的问题上，笔者觉得可借鉴民法上的法人责任理论，对法人机关实施的违反行政秩序行为直接作为法人的行为科以行政处罚，而对于法人中一般雇员的违反行政秩序行为则应在法人对其雇员的选任、监督方面未尽到适当注意义务时由法人来负担责任、承受行政处罚，并且对这些可归责为法人的违反行政秩序行为应如同刑罚一样规定严格的责任条件，即行为人的主观犯意——故意、过失或推定过失。但是，法人毕竟不是有生物意义上之生命的自然人，它的行为要通过自然人的行为表现出来，即使该行为可视为法人本身的行为，因此，如何认定法人行为时的主观犯意即主观心态就成为一个比较困难和复杂的问题。

由于法人实在说现在已成为通说，那些可视为法人机关的机构和成员——在法人中有代表权可以代表法人行事、在法人中具有领导地位或即使没有领导地位但实际上拥有领导的权限、在法人中具有决策权或表面上没有但实际上有决策的权力、在法人中有控制权或实际上处于控制地位的机构和成员——他们的行为就是法人本身的行为，他们行为时的主观心态就是法人的主观意思。而对于法人中的一般雇员，法人只有选任、监督和适当注意义务，只是在不能证明自己已尽到选任、监督和适当注意义务时才被推定为有过失而承担责任。这其实是法人通过一般雇员行为的"连接"而承担责任的，那么能否直接以法人为基础来通过一般雇员的行为判断法人是属于故意或是过失，从而作为对法人科以处罚的条件来确定法人的责任呢？

笔者认为，如果这些一般雇员的行为不证自明是为了法人的利益或以法人的名义，或法人实际上将从中获得利益，而且从法人的管理制度或对以往此类事件的处理态度来推定法人知道或应该知道这些一般雇员的违反行政秩序的行为，或推定其默许或怂恿其下属或雇员有意而为违反行政秩序的行为，从而将其视为该法人的故意或过失予以行政处罚。这种规定结合法人的选任、监督义务就可能比推定过失更严格，有利于防止法人逃避责任。

第四节　法人刑事责任理论

由于罗马法"社团不可能犯罪"原则在欧洲大陆影响深远，大陆法系国家的传统观念认为只有个人才能承担刑事责任，法人及法律实体没有犯罪能力，不能承担刑事责任。而在英美法系的刑法中，以法人亦能成为犯罪主体的思想为原则。[①] 因此，在英美法系中，法律实体可能会被处以罚金或没收财产，而这些实体的决策者也可能会因实体造成的损害而承担个人责任。这种刑事责任形式既可以依赖于延伸的共谋观念，也可以依赖于犯罪组织范畴的依据。[②]

一　英美法系国家的法人刑事责任理论

目前，在英美法系国家早已适用了法人刑事责任。但是，传统的替代责任和同一原则理论建筑于个人责任原理之上，不可能真正解决法人刑事责任的理论要求，也不可能解决由于法人这个自然人的集合体作为犯罪的主体给传统的刑法理论带来的冲击和矛盾。而且随着社会经济的发展，现代公司的规模越来越大，结构也日益复杂，其思想、意志和行为与自然人的思想、意志和行为间缺乏可比性基础。法人有自己自身的特性，在刑法中的法人也有自己本身的特性。应当在刑事责任中对法人另眼看待，而不是继续从自然人的视角看法人。

下面是目前英美法系国家流行的法人刑事责任模式的介绍。

1. 替代责任原则。替代责任（vicarious liability）借用的是民事侵权法上的代理责任，如前所述，是指雇用人对其受雇人于从事职务时，因侵权行为致使他人遭受损害的应负赔偿责任。[③] 将它引入犯罪领域，是指法人为其代理人或雇员的不法行为承担相应的刑事或行政责任的原则。

2. 同一责任原则。同一责任原则又称法人自身的责任（personal liabil-

---

① ［日］川端博：《刑法总论讲义》，成文堂，1997 年，第 123—124 页。转引自马克昌《比较刑法原理》，武汉大学出版社 2002 年版，第 152 页；及卢建平、杨昕宇《法人犯罪的刑事责任理论——英美法系与大陆法系的比较》，《浙江学刊》2004 年第 3 期。

② ［美］M. 谢里夫·巴西奥尼：《国际刑法的渊源和内涵——理论体系》，王秀梅译，法律出版社 2003 年版，第 23 页。

③ 王泽鉴：《民法学说与判例研究（1）》，中国政法大学出版社 1997 年版，第 2 页。

ity）、直接责任（direct liability）或者法人机关理论（theory of corporate organs），是指法人对它自己的犯罪行为承担刑事责任。同一原则依托法人化身（personification of the legal body）的概念，将法人内部中某些自然人的行为视为法人本身的行为。

同一原则的基本目的是为了解决法人犯罪的犯罪心态问题。以前，在要求犯罪心态的犯罪中，英国刑法并不情愿将刑事责任加诸法人，因为法人没有思想，也不具有犯罪心态。后来，根据公司法中确立的公司的人格——公司是法律上的"人"，能够以自己的名义起诉和应诉，刑法也对这个拟制的人规定了刑事责任。法庭开始"揭开法人的面纱"（lifting the evil）寻找是否有存在犯罪心态的实施犯罪行为的自然人，如果该自然人在法人结构中处于充分重要的地位，他的行为即可被认为是法人本身的行为。[①]

3. 集合责任原则。近数十年来，英美国家受社会学和管理学理论的影响，出现了研究法人刑事责任的新方法——集合原则（aggregation doctrine）。集合原则的实质是替代责任的变化和发展。它从替代责任出发，努力扩展法人责任原则，将每个代理人的单独意志的综合归结为法人意志。

集合责任是一个两层结构：一方面，替代责任和同一原则中可以归因于法人的代理人、雇员的行为，在集合责任中也是犯罪的组成要件。另一方面，集合原则通过将不同的元素组合，以其独特的方式使法人承担刑事责任，可以使代理人或雇员的单个的无罪行为的综合构成法人的有罪的作为或不作为。此时，即使证据显示，没有一个实施行为的代理人或雇员有构成犯罪所需的犯意，但它们的合力也可以使法人被定罪。这一原则的优势是承认在很多案件中，不可能确定出单个个人实施了有犯意的犯罪。这一原则能够威慑那些将责任深藏于法人机构之中的法人。[②]

4. 法人反应责任原则（reactive corporate fault）认为，法人明示或暗示的政策可以表示法人的意思乃至犯罪意图。因此，由法人组织的政策所体现出来的犯罪意思就是法人的策略性犯罪意思。在反映法人预防犯罪政策的措

---

① 李文伟博士论文《法人刑事责任比较研究》，第45页，中国政法大学，2002年5月1日提交中国优秀博硕士学位论文全文数据库，网络来源路径 http://202.114.65.37/KNS50/download. aspx? filename = DG200301. 2002122486。

② Clarkson C. M. V., *Corporate Culpability*, Web Journal of Current Legal Issues in association with Blackstone Press Ltd 1998. 转引自李文伟博士论文《法人刑事责任比较研究》，第46—47页，中国政法大学，2002年5月1日提交中国优秀博硕士学位论文全文数据库，网络来源路径 http://202.114.65.37/ KNS50/download. aspx? filename = DG200301. 2002122486。

施不完善、未能防止犯罪发生时，可以以此为依据来判明法人策略性的犯罪意思。①

根据法人反应责任，当确定犯罪行为是由法人实施或代表法人实施时，法院有权命令法人自己进行调查，确定责任人员，并对确定的责任人员采取适当的惩戒措施，纠正程序中的问题，确保将来不会再犯。如果法人采取了适当的措施，将不再追究其刑事责任。只有当法人不充分遵守法院的命令时，才追究其刑事责任。法人的罪过是没有对雇员的犯罪采取适当反应的罪过。②

5. 法人犯意原则（corporate mens rea doctrine）。1995 年澳大利亚刑法典引进了这一概念。它认为法人组织的"组织程序、结构、目标、文化和权力层级的动力"可以联合构成允许或鼓励犯罪的法人的精神。根据这个观点，法人可以被设想为责任承担者，可以有行为（通过其雇员），有犯意（在法人运作或政策中）。它强调的不是是否有法人的雇员意识或预见到损害的发生，而是在一个适当组成和构建的法人中，危险是否明显。此时，只有一种情况可以使法人摆脱责任，即法人声称，虽然危险看上去是客观存在的，但它们有专门的专家能够排除危险，这样既否定了轻率也否定了故意的犯意。③

二　大陆法系国家的法人刑事责任理论

大陆法系近年来对法人刑事责任的观念也发生了一些变化，出现了由刑事处罚向法律实体延伸的现象，现代国家刑事立法明显涉及"有组织犯罪"和"白领犯罪"的处罚。④ 虽然，承认法人刑事责任的做法在部分国家占据优势，但是，由于大陆法系刑法理论根深蒂固的影响，否定法人刑事责任的

---

① 黎宏：《法人刑事责任论》，清华大学出版社 2001 年版，第 53 页。及 Fisse B. , Reconstructing Corporate Criminal Law: Deterrence, Retribution, Fault, and Saction Southern California L Rev. 56. 1983, page 1213. 转引自李文伟博士论文《法人刑事责任比较研究》，第 50 页，中国政法大学，2002 年 5 月 1 日提交中国优秀博硕士学位论文全文数据库，网络来源路径 http://202. 114. 65. 37/KNS50/download. aspx? filename = DG200301. 2002122486。

② Clarkson C. M. V. , *Corporate Culpability*, Web Journal of Current Legal Issues in association with Blackstone Press Ltd 1998. 转引自李文伟博士论文《法人刑事责任比较研究》，第 52 页，中国政法大学，2002 年 5 月 1 日提交中国优秀博硕士学位论文全文数据库，网络来源路径 http://202. 114. 65. 37/KNS50/ download. aspx? filename = DG200301. 2002122486。

③ 同上。

④ 同上。

学说仍然占了上风。①

　　由于法人的经济、社会活动在社会上的作用日益突出，与法人的业务活动有关的种种公害问题日益深刻，大陆法系国家一方面力图尽量维持现有基础理论体系的稳定，另一方面又不得不面对实践中越来越广泛的解决法人责任问题的要求。但是，以刑罚或变相刑罚的方式处罚法人严重危害社会的行为成为大陆法系国家的立法趋势。②

　　法国法律在过去很长一段时间不承认法人的刑事责任。1810 年的《法国刑法典》对此也未作出规定。但是在 1994 年的《法国新刑法典》中增加了法人刑事责任，并在第 121 - 2 条、第 131 - 37 至 131 - 49 条等相应条款做了详细规定。德国虽然在刑法中未确认法人刑事责任，但在违反秩序罚法中对法人违反秩序行为的责任进行了确认。日本刑法典中也没有法人刑事责任的规定，但在许多特别刑法和行政刑法中存在着"两罚规定"，用以规定当从业者违反有关此业务的法令时，对作为其业务主的法人或自然人予以处罚的场合③。

　　根据这些国家对法人刑事责任的立法，学者们将对法人进行刑事处罚的根据阐述为以下学说：

　　1. 无过失责任说。此说认为对于违反者的行为，业务主应承担的是无过失责任而并非是基于他本人的故意或过失。从业者的违反行为就是企业体所为的违反行为，作为主宰者以及利益和损失归属者的业务主，作为企业体的代表者而承受刑罚，将企业体责任说作为无过失责任的根据。④

　　此说的缺陷在于，"这种对行为主体和刑法主体不一致的例外场合予以承认是违反责任主义的。而且，从刑事政策的立场出发，对于无过失的业务主也予以处罚并不妥当"。⑤

　　2. 过失责任说。认为业务主负有要求从业人员回避违法行为的义务，

---

　　① 卢建平、杨昕宇：《法人犯罪的刑事责任理论——英美法系与大陆法的比较》，《浙江学刊》2004 年第 3 期。

　　② 同上。

　　③ ［日］野村稔：《刑法总论》，全理其、何力译，法律出版社 2001 年版，第 96、97 页。转引自前述卢建平、杨昕宇文。

　　④ ［日］中野次雄：《关于业务主的处罚规定的觉书》，《刑事法与裁判的诸问题》，第 23 页以下。转引自前述卢建平、杨昕宇文。

　　⑤ ［日］野村稔：《刑法总论》，全理其、何力译，法律出版社 2001 年版，第 96、97 页。转引自前述卢建平、杨昕宇文。

当业务主没有履行这种监督注意义务时，则应当承担过失责任。目前，日本刑法学界处于通说的地位是过失推定说。即，除非作为被告人的法人提出其为防止其代理人及其他从业人员的该违法行为而尽了足够的注意和监督的反证，否则即推定法人具有过失。这种学说既和近代刑法的基本责任原理相一致，又照顾到"两罚规定"所体现的行政管理的立法宗旨，同时又具有较大的可操作性。①

德国刑法学界有人根据"本身的非难"理论，提出了"组织的过错"理论，认为组织的过错是说明法人应当对在经营法人业务过程中自然人实施的违法行为负责的根据。因为，法人在这种情况下，并没有通过其组织或者其代理人，采取足以保障合法经营的必要措施，结果使法人中的个人实施了违法行为，因而法人也要承担相应的责任。这是一种事先的过错。② 也体现了对法人过失责任的要求。

但是，依据过错责任所产生的法人刑事责任无法脱离对于法人成员自然人责任的从属性，在过失责任中确定法人主观方面有无过错的关键在于确定法人的注意义务范围，而注意义务的内容十分广泛，而且并不确定，将其内容与程度具体化是一项复杂的工作。

3. 法人独立行为责任论。该说主张法人自身具有犯罪能力，可以不用考虑法人代表人的主观意思而独立地把握法人的犯罪行为，只要能判定存在客观违反义务的事实，便可以肯定法人违反义务的行为。③ 这种见解首先考虑到法人所负担的责任，而将实行违法行为的从业人员理解为辅助法人行为的第二位的犯罪主体，它和社会中法人的实际活动情况十分接近。同时，该理论在处理法人的过失时，采用恐惧感说，即对结果的发生只要有一种漠然的恐惧感，即抽象的可能性便足够④，根据这种理论，只要存在客观的义务违反时，便可对法人予以处罚。

4. 企业组织体责任论。它是在法人独立行为责任论的基础上发展起来

---

① ［日］三井诚：《法人处罚中法人的行为和过失》，《刑法杂志》1979 年，23（1、2），第15页。转引自黎宏《单位刑事责任论》，清华大学出版社 2001 年版，第82页。转引自前述卢建平、杨昕宇文。

② 王世洲：《德国经济犯罪与经济刑法研究》，北京大学出版社 1999 年版，第 109 页。

③ ［日］田中利幸：《企业体的刑事责任》，载［日］西原春夫等编《判例刑法研究1》，有斐阁 1980 年，第 109 页。转引自前述卢建平、杨昕宇文。

④ ［日］藤木英雄：《刑法各论》，有斐阁 1972 年，第 109 页，载黎宏《单位刑事责任论》，第 100 页。转引自前述卢建平、杨昕宇文。

的，同样以承认法人的责任能力为前提。因为法人是作为组织体进行活动的，所以在追究法人的责任时，应将从法人代表人到最低层的所有行为人的行为作为一个整体，并按此来把握法人的行为责任。各个层次的行为人只要其行为客观上与法人的业务活动有关，能够看作是企业组织体活动的一环，便应看作是企业组织体自身的行为。①

三 中国学者关于法人刑事责任的理论

在中国，主张法人刑事责任的代表人物何秉松教授立足于"法人有独立人格"这种"法人有机体说"，阐述了法人的刑事责任。他的理论与日本板仓宏教授的《企业组织体责任论》一脉相承，论点有如下：

1. 法人是一个人格化的社会系统，法人的刑事责任就是这个人格化社会系统的刑事责任。

2. 法人刑事责任的本质是整体责任，即法人系统整体的刑事责任，这是因为法人是作为一个系统整体实施犯罪的，因此也应当作为一个整体承担刑事责任。

3. 法人是一个人格化社会系统，它具有自己的整体意志行为，从而具有自己的犯罪能力和刑事责任能力。不能把法人整体的意志和行为归结为任何个人的意志和行为，也不能把法人犯罪归结为个人犯罪。

4. 法人是一个由自然人组成的有机整体，法人的活动是通过自然人的自觉活动实现的；对法人犯罪，除了必须追究法人整体的刑事责任外，在法人系统内部，对那些法人犯罪中起重要作用和负有重大责任的法人成员，也要追究其刑事责任。

5. 在法人犯罪中，实际是一个犯罪（法人整体犯罪）、两个犯罪主体（法人和作为法人构成要素的自然人）和两个刑罚主体（两罚制）或者一个刑罚主体（单罚制）。

6. 在法人整体犯罪中，法人成员是否负刑事责任并不是追究法人刑事责任的必要条件，恰恰相反，法人构成犯罪才是追究法人内部成员（自然人）刑事责任的依据和必要前提。

7. 法人是一个多层次的社会系统，在法人犯罪中，必须概括法人犯罪活动所涉及的时空范围，来确定由哪一个层次的法人作为犯罪主体，承担刑

① ［日］板仓宏：《刑法总论》，劲草书房1994年版，第98—100页。转引自前述卢建平、杨昕宇文。

事责任。①

第五节　小结

从以上的介绍中我们可以看出，不管是大陆法系还是普通法系的民事侵权法都规定有法人侵权行为责任和替代责任。但是，由于哲学、文化和法律传统观念的不同，并不是所有国家的立法都承认法人具有犯罪能力并承担刑事责任，特别是大陆法系国家。而为了应对现代经济社会中法人违法和犯罪日益增多的现实，这些国家多采用对违法的法人施以行政罚之责任来打击和遏制法人犯罪。

但是，随着法人经济、社会活动在社会上的作用日益突出，它作为活跃的社会活动主体，对社会产生的影响越来越显著、越来越重大；特别是法人组织自身的结构、规模、运行机制等素质较之以往有了很大变化，法人的个人化色彩越来越小，逐渐脱离少数人的控制，成为更为独立的主体，法人作为犯罪主体之一逐渐成为社会发展的现实。同时，也有国际组织在推动利用刑法手段遏制法人违法和犯罪行为的努力的影响，一些原来拒绝接受法人刑事责任的国家开始确立法人刑事责任，如法国。还有一些国家虽然没有明确在刑法中确认法人刑事责任，但其经济刑法或行政秩序法对法人的处理也越来越像刑法一样规定严格的构成要件，而且对法人责任理论的研究日趋活跃，越来越丰富和完善。

民事、行政和刑事的本质不同，达到的社会目的和造成的社会后果也不同，当然其责任的实现途径也不一样。在确立了法人民事责任、行政责任的基础后，还要设立法人刑事责任，最主要就是因为刑罚手段可以达到更严厉惩戒的目的，并且对受罚人声誉的不利影响更大，而这对于法人来说可能更有威慑作用。因为，相对自然人来讲，法人的声誉对它的生存更为重要。确立法人刑事责任也是弥补对法人违法犯罪行为施以民事、行政责任的不足，使打击法人犯罪的手段更加齐全，在遏制法人犯罪方面更加有效。

---

① 何秉松：《人格化社会系统责任论——论法人刑事责任的理论基础》，《中国法学》1992 年第 6 期，第 70 页以下。本部分转引自〔日〕铃木敬夫《中、日、韩三国的法人刑事责任论》，李文译，《东北亚论坛》1999 年第 1 期。

第二章

法人跨国犯罪与国际犯罪的责任：
演变中的国际法律框架

第一节 概论

通过国际公约协调国家之间合作、打击跨国犯罪的做法由来已久。但是，在国际法上对法人的犯罪行为进行管辖并追究其责任（包括民事责行政责任和刑事责任），特别是刑事责任的做法却并没有太长的历史。如前所述，对法人能否犯罪、是否有犯罪能力和责任能力、能否承担刑事责任等问题，各国的传统、观念、看法差异很大，要在国际公约中取得一致并非易事。从国际法上来看，1945 年纽伦堡《国际军事法庭宪章》有关犯罪组织的规定是国际法上最早确认集团、组织犯罪的责任的条约文件。而且纽伦堡国际军事法庭的审判从普通法系的"共谋"理论出发，正是根据这一观念首次论证了团体刑事责任的存在。《国际军事法庭宪章》在第 6 条第 1 款对"破坏和平罪"进行界定时，使用了"密谋"的概念。并在第 9 条中提出了一种特殊的共同犯罪的形式，即所谓的组织犯罪或集团犯罪。根据条例的规定，国际军事法庭将犯罪团体或组织类比为共同犯罪，并指出，犯罪组织"一定是紧密结合在一起的、并为某一共同目的而组织起来的团体，且该团体的形成或运作必须与宪章规定的罪行有关"。法庭据此将纳粹党领袖集体、盖世太保和保安勤务处（SD）以及德国民族社会主义工人党党卫队（S.S）认定为犯罪团体。[①] 从而提供了国际法上确认集团、组织可从事国际犯罪并直接追究其国际刑事责任的先例和实践。

但是，自纽伦堡审判后，团体国际刑事责任并未从国际刑法的理论上真

---

① 林灵：《恐怖组织在国际法上的刑事责任问题初探》，《甘肃行政学院学报》2004 年第 4 期（总第 52 期），第 83 页。

正得以确立，因为，此后国际社会设立的如纽伦堡法庭一样是具有国际性司
法机构性质的国际刑事法庭，如，前南斯拉夫国际刑事法庭和卢旺达国际刑
事法庭以及新近成立的国际刑事法院，都没有确立法人、团体、组织犯罪的
责任。而纽伦堡审判所确立的团体或组织的国际刑事责任，实际上是"针
对由国家授权成立的或者以国家权力为后盾的团体或组织，其行为的后果可
以归属于国家的这一类主体"，并没有包括私营部门中的法人、公司、社
团。在纽伦堡和远东国际军事法庭的审判实践中，对于商业组织或私营性法
人、社团、公司帮助提供杀人毒气、奴役劳动、非法在战争中获取被占领国
公私财物等行为，都没有把这些公司、法人当成被告进行审判和惩罚，而是
只对其领导人、董事等定罪并处以刑罚。而且，当时犯罪组织和集团的团体
刑事责任之所以得以被国际军事法庭宪章确认，"是由当时德国作为战败国
接受审判和全世界人民希望彻底清除纳粹余毒的特殊背景所决定的。这也正
是纽伦堡审判后，团体国际刑事责任并未从国际刑法的理论上真正得以确立
的原因"。①

　　随着法人在社会经济生活中的不断发展和壮大，特别是商业性公司、私
营部门中的法人、组织参与国际犯罪、跨国犯罪的现象日益增多，行为越来
越猖獗，加上法人特有的合法组织形式给犯罪带来隐蔽性以及各国立法的差
异使法人得以以自然人的责任来逃避自身应负的罪责。有组织犯罪经常需要
法人的结构和形式来从事洗钱挣取最初收益的活动，并将洗钱的犯罪收益融
合到合法的商业活动中。比如，设立离岸金融公司从事洗钱犯罪，使犯罪收
益合法化。法人、公司等越来越多地被利用来进行犯罪并成为犯罪的保护
伞。正如 1997 年欧洲委员会关于有组织犯罪形式的报告中所指出的，"有组
织犯罪的一个重要方面——不管是欺诈还是洗钱——是将商业实体用作有组
织犯罪的一个掩蔽物和媒介。然而，当罪犯是躲在幕后的法人的领导者甚或
是真正的所有权人或收益人时，公司一般不会自己主动地揭开面纱：这使得
犯罪者能通过表面合法实质虚假的契约与其商业受害人做生意"。② 根据欧
洲委员会所做的调查，大多数欧洲委员会成员国存在三种利用法人、公司犯

---

　　① 林灵：《恐怖组织在国际法上的刑事责任问题初探》，《甘肃行政学院学报》2004 年第 4 期
（总第 52 期），第 83 页。

　　② See document PC-CO（1999）7，pages 28—29，Quoted by Council Of Europe Explanatory Mem-
orandum to the Recommendation Rec（2001）11 of the Committee of Ministers to member states concerning
guiding principles on the fight against organised crime，Adopted by the Committee of Ministerson 19 Septem-
ber 2001at the 765th meeting of the Ministers' Deputies，Para. 70.

罪的类型：（1）属于已经存在的合法公司，其中有一个或以上的雇员与有组织犯罪有关；（2）公司被犯罪集团操纵，合法生意和非法交易混杂在一起；（3）属于被利用的前台公司，包括离岸公司，不真正做生意。①

为了应对这些严峻的现实，国际社会开始研究并着手通过国际立法协调各国对法人犯罪及其责任的立场，以有效遏制利用法人进行犯罪的行为。一些国际组织在这方面进行了不懈努力，起了非常重要的作用。法人犯罪的责任列入这些国际组织的议程中已经很长时间了，比如欧洲委员会、欧盟，经济合作与发展组织，特别是在欺诈、环境犯罪和腐败犯罪领域。

自纽伦堡审判后，国际社会管辖法人犯罪责任的第一步是 1977 年由欧洲委员会在环境犯罪领域做出的，在某些国家，环境犯罪是有组织犯罪的一个主要利益来源。与纽伦堡审判不同的是，它主要针对私营部门中法人犯罪的行为和责任，也就是说，国际法上追究私营性法人、组织的犯罪责任是从 20 世纪 70 年代后期开始的。当时，欧洲委员会通过第（77）28 号《关于刑事责任对保护环境的作用的决议》提出重新审视法人刑事责任原则，特别是在公共或私营性法人实体的特定案件中，如果可能的话，应引入刑事责任（见该决议第 2 款）。但是，作为该《决议》附件的报告指出，大部分欧洲国家的刑事立法仍然坚持罗马法确立的这一原则：法人不能犯罪，不能承担刑事责任，只有作为它们的代表的自然人才能被追究责任。②

后来，在欧洲委员会的框架内，在环境犯罪、腐败犯罪、金融欺诈和犯罪、保护消费者权益、防止恐怖主义犯罪、非法贩卖人口以及有组织犯罪领域出现了越来越多专门性和有法律约束力的文件全面承认法人责任原则，尽管可以是刑事和非刑事的责任形式（比如，行政责任）。这些国际条约和国际法律文件由开始的建议发挥刑法在打击法人犯罪中的作用，发展到逐步在条约中规定包括法人在内的犯罪行为的构成要件以及定罪原则和处罚措施。并敦促成员国引入法人犯罪的责任。尤其是当有组织犯罪影响和依赖于法人组织机构时，对法人追究责任就显得更为重要，以确保法人能由它们实施的与犯罪有关的不法行为承担责任，并且受到适当的制裁。类似的做法和趋势也出现在欧盟、经济合作与发展组织（OECD）等

① Council Of Europe Explanatory Memorandum to the Recommendation Rec （2001）11 of the Committee of Ministers to member states concerning guiding principles on the fight against organised crime，Adopted by the Committee of Ministerson 19 September 2001at the 765th meeting of the Ministers' Deputies，Para. 71.

② Ibid.，Para. 72.

国际组织的框架内。

但是，直到 1997 年以前，打击跨国犯罪的国际刑法公约中还没有完全确立法人责任，只是在欧洲委员会、欧盟等国际组织的文件中以建议或决议的方式不断提出并建议加强法人与犯罪有关行为的责任，包括刑事责任，而注重实际确立的是法人犯罪的个人责任。如，1997 年 6 月 25 日欧盟《打击涉及欧共体官员或欧盟成员国官员腐败行为的公约》第 6 条就专门规定了企业负责人的刑事责任。可见在那时，公约的制定者已经注意到法人参与腐败犯罪的问题，只是着重于具体实施行为的企业领导者的责任，对追究其所代表的法人实体的责任尚未达成共识。

进而，在随后不到半年通过的经济合作与发展组织《禁止在国际商业交易中贿赂外国公职人员公约》中，开始出现法人责任。其第 2 条就是"法人责任"的规定："缔约方均须依其法律准则采取必要的措施，确立法人行贿外国公职人员应承担的责任。"但是，该公约还不算是全面确认了法人责任原则。因为，在同时通过的公约《注释报告》中指出："根据缔约方的法律制度，如果刑事责任不适用于法人，就不应当要求该缔约方设立这项刑事责任。"另外，《公约》第 3 条制裁措施规定：如果在缔约方的法律制度中，刑事责任不适用于法人，则该缔约方应当确保对行贿外国公职人员的法人给予行之有效的量刑或适当的非刑事制裁，以示劝诫，包括经济方面的制裁。可见，该公约虽然注意到法人涉及跨国腐败贿赂犯罪的现实，并首次在国际性公约中提出追究国际商业交易中法人贿赂外国公职人员行为的法人责任，但在是否应科以法人刑事责任的问题上，缔约国间尚有分歧。

此后，法人责任越来越多地出现在打击跨国犯罪的全球性、区域性国际条约中，并不断发展完善，逐渐形成了目前在国际刑法上承认法人责任的趋势。

除此之外，有关法人和其他非国家行为者的责任还有许多国际自律性规范予以规定。它们对公司、法人等非国家行为者而言虽没有必须遵守的法定义务，但是，这些自律性规范、行为准则的大量出现在国际社会上形成了日益强大的要求追究公司、法人直接或间接参与犯罪的责任的呼声，它们的力量推动着法人责任的国际刑法规范的确立，同时，在发展中，有些自律性规范，如欧盟关于在发展中国家从事经营活动的欧洲企业的行为准则就在欧盟框架下通过制定一个执行机制来监督欧洲企业的遵守，使其强制性日益增强。这些自律性规范在国际社会的实践中，已经同有关的国际刑法公约和法律文件一起组成有关法人犯罪责任的国际法律框架。因此，本书将从这些自律性规范着手，介绍国际法有关法人责任的法律框架。

第二节 国际自律性规范：法人和
非国家行为者的行为守则

利用制订行为守则来规范公司，特别是跨国公司行为的做法不是一个新的现象。早在 20 世纪 70 年代，作为对日益增长的对跨国公司干预东道国国内事务的反应，开始了在各种国际组织框架内制定有关跨国公司行为准则的第一波浪潮。在联合国内应运而生了跨国公司委员会，也就是 UNCTC，它被授权起草关于跨国公司行为的全面准则。1984 年，该委员会公布了跨国公司行为守则的草案。① 经济合作与发展组织在此方面更加成功，他们于1976 年制定出一个有关跨国公司行为的守则，并于 2000 年进行了修正。1977 年，国际劳工组织通过关于跨国公司和劳工权利的原则的宣言。传统上看，这些行为守则都是在由国家组成的国际组织的框架内形成的，比如，联合国跨国公司委员会、经合组织和国际劳工组织等。这些守则中提到的非国家行为者主要是公司。

虽然，类似的行为守则仍然越来越多的出现，规范的范围也超越了跨国公司涉及非政府组织等其他非国家行为者，它们起的作用也越来越大。但是，受篇幅和本书主题的限制，我们将主要介绍有关规范跨国公司行为的国际自律性准则。

一 联合国全球契约（UN Globe Compact）

联合国秘书长科菲·安南 1999 年 1 月 31 日在世界经济论坛的发言中首次提出全球合约。全球合约的行动阶段于 2000 年 7 月 26 日在纽约联合国总部正式发动。秘书长邀请企业界领袖参加一项国际倡议——全球合约；这项行动将使企业界与联合国机构、劳工和民间社会联合起来，支持人权、劳工和环境领域的九项普遍原则。

这九项原则是：

---

① See August Reinisch, *The Changing International Legal Framework for Dealing with Non-State Actors*, Non-State Actors and Human Rights, Edited by Philip Alston, Oxford University Press, New York, 2005. pp. 37—89, at 43. See also the United Nations Draft International Code of Conduct on Transnational Corporations, 23 ILM 626 (1984).

人权

原则 1. 企业应在其影响力范围内对保护国际人权给予支持和尊重。

原则 2. 企业应保证不与践踏人权者同流合污。

劳工

原则 3. 企业界应支持结社自由及切实承认集体谈判权。

原则 4. 消除一切形式的强迫和强制劳动。

原则 5. 切实废除童工现象。

原则 6. 消除就业和职业方面的歧视。

环境

原则 7. 企业应支持采用预防性方法来应对环境挑战。

原则 8. 采取主动行动，促进在环境方面采取更负责任的做法。

原则 9. 鼓励开发和推广不损害环境的技术。①

全球契约要求企业和公司支持和接受这些原则。其中前两项是要求企业在其影响的范围内支持和尊重对国际人权的保护，并保证不做出践踏和侵犯人权的行为。全球契约阐明，"虽然政府负有执行这些国际接受的价值的主要责任，公司自己的行为依然能在他们所能影响的范围内在很大程度上实际践行这些原则"。②

联合国全球契约的目的是通过集体行动的力量，推动企业负责任的公民意识，从而使企业界参与应对全球化的各项挑战。今天，世界各地已有几百家企业以及国际劳工团体和民间社会组织参与了全球合约。这也是联合国通过全球契约的方式使企业意识到践行以上原则的责任，从而在商业实践中约束自己的行为，不与违反人权者同流合污，实现良好行为。借助于联合国的影响力，它因此成为比较有效的企业自律性行为规范。

二 国际劳工组织关于跨国企业和社会政策的三方宣言（ILO Tripartite Declaration of Principles Concerning Multinational Enterprises and Social policy）

国际劳工组织 2006 年制定的这一由东道国政府、雇主和工人组织签订

---

① 参见全球契约概述，http：//www. un. org/chinese/partners/unglobalcompact/summary. html，2011 年 10 月 15 日访问。

② UN Sub-Commission on the Promotion and Protection of Human Rights，Sessional working group on the working methods and activities of transnational corporations，"Principles relating to the human rights conduct of companies"，p. 5，para 8，E/CN. 4/Sub. 2/2000/WG. 2/WP. 1，25 May 2000.

的三方声明，在 1976 年声明的基础上进一步细化了跨国公司在促进就业、保证就业者的劳工权利方面所要达到的目标和要求。

《声明》首先要求所有缔约方都应尊重国家主权、遵守国际法律和规范、充分考虑到当地惯例、尊重相关的国际标准。他们应该尊重普遍性的国际人权保护的宣言、联合国大会通过的相应条款以及国际劳工组织保护劳工权利的章程。他们应该采取有助于实现 1998 年通过的《国际劳工组织的基本原则和权利宣言》的措施，郑重履行已经生效的条约中他们所做出的承诺，以符合国家法律和公认的国际义务。①

《声明》中随后规定了跨国公司在促进就业、保证就业者机会均等和待遇、保证就业者就业安全、培训就业者以及就业者的工作和生活条件，包括就业者的薪水、福利与工作条件、最低就业年龄、就业者在工作中的健康与安全保证，还有劳资关系方面就业者的权利，包括结社自由和组织的权利、劳资磋商、就业者对雇主考核不满的权利，以及解决劳资纠纷等方面所应承担的义务和标准，从而通过要求跨国公司和企业在这些方面对自身行为进行约束，实现对劳工权利的保护。

三　经济合作与发展组织关于跨国公司行为的指导方针（OECD Guidelines for Multinational Enterprises）

1976 年经济合作与发展组织制定出的这一关于跨国公司行为的指导方针，对跨国企业和公司的经营行为做出了很多规定。

《指导方针》禁止跨国公司贿赂或给予任何政府官员其他直接或间接利益，非经法律许可，禁止资助公共机构和政治党派候选人；禁止跨国公司与当地政治活动的任何不适当牵连，禁止其滥用优势地位并用模糊的语言限制公司内部议定价格；禁止在东道国雇佣人员时因应聘人员的国籍而有所歧视；同时，《指导方针》还规定了跨国公司的信息披露义务，在单独的信息披露部分中，规定公司有责任公布依据其经营地国家的国内法要求披露的信息，包括财务状况，公司结构的相关信息、公司的定价政策、员工雇佣的地理分配等。②

经合组织的这一《指导方针》在 2000 年又进行了修订。虽然它对跨国

---

① See ILO Tripartite Declaration of Principles Concerning Multinational Enterprises and Social policy, Printed by the International Labour Office, Geneva, Switzerland, 2006.

② Danniel J. Plaine, *OECD Guidelines for Multinational Enterprises*, 11International Lawer 2 (1977)：pp. 339—346.

公司的行为规定了越来越细的禁止性规范和义务，但是，由于它只是一个指导性原则，不是条约，而且，它的规定中有很多涉及跨国公司经营的内部政策和制度，也许对跨国公司而言，是对它内部经营政策的干预，所以，起初，参与谈判的跨国公司并不多。由于它不是一个条约，因此，即使跨国公司不遵守它的规定也不构成违反国际法的义务，它对公司而言，仍然起着自律性行为守则的作用。

四　欧洲联盟关于在发展中国家从事经营活动的欧洲企业之行为标准：迈向欧洲企业行为守则（Resolution on EU standards for European enterprises operating in developing countries：towards a European Code of Conduct）

1999 年 4 月 14 日，欧洲议会通过了《欧盟关于在发展中国家从事经营的欧洲企业之标准：迈向欧洲企业行为守则的决议》（以下简称《欧洲企业在发展中国家的行为准则的决议》），规定了非强制性的欧洲企业行为准则。

《欧洲企业在发展中国家的行为准则的决议》严重关切投资和市场的激烈竞争，以及没有适用国际标准和国内法已经导致法人滥用不当手段从事违法行为的情况，特别是在基本人权未能得到保护和尊重的国家。强调禁止企业通过无视基本劳动法以及社会和环境标准来获取竞争优势。《决议》在企业的非强制性准则中，呼吁欧盟理事会制定一套企业自愿性行为守则，特别是对武器出口商的行为准则，并充分考虑"自律"并不总是解决问题的办法这一事实。认为必须特别重视企业对在非正式产业部门、分包商和自由贸易区工作的工人执行有关行为守则，特别是有关承认组成独立贸易区，以及打击公司共谋侵犯人权的权利。相信这一准则应该结合大赦国际关于公司的人权原则、人权观察关于公司的建议以及联合国行为守则的精神，承认在武装冲突地区从事经营活动的公司的责任。认为在非强制性行为准则之下，欧洲的公司应遵守欧盟的环境保护、动物保护和人类健康的标准。①

在这一套迈向欧洲企业行为守则的准则中，还提出建立一个监督企业执行这一行为准则的实施机制——欧洲监督平台的建议②，并呼吁欧

---

① EU Parliament Resolution on EU standards for European Enterprises operating in developing countries：towards a European Code of Conduct, *Official Journal C* 104，14/04/1999，Para1—10.

② Ibid.，Para14—15.

盟理事会在与社会工作者、南北方的非政府组织以及土著民族和地方社团的代表密切合作的情况下，研究建立这一实施机制的可能性。为此，《决议》还呼吁委员会与成员国在经合组织、国际劳工组织和其他国际论坛商讨采取一致行动，推动建立一个为世界所接受的真正完全独立、公正的监督实施机制。这一建立监督实施企业行为守则的建议正说明了欧盟企业行为准则正在超越非强制性自律规范的特性，向着逐步具有强制性方向迈进。这正是欧盟有关欧洲企业的行为准则不同于其他自律性国际行为规范的特点，因为，那些公司自律性行为守则一个最大的弱点就是没有强制性，许多跨国公司接受的自律性行为规范中没有监督实施机制或这一机制非常薄弱。因此，单纯的企业自律性行为规范常被认为不足以加强对跨国公司违反国际准则责任的有效追究。《欧洲企业在发展中国家的行为准则的决议》对建立监督实施机制的计划和建议，使我们看到了通过自律性规范约束公司行为，追究其直接从事或间接参与国际不法行为之责任的可能性。

第三节　国际法：国际刑法公约和法律文件中的法人责任规范

一　纽伦堡《国际军事法庭宪章》

第二次世界大战后，为贯彻英、美、法、苏四国政府于 1945 年 8 月 8 日在伦敦缔结的协定应设立国际军事法庭，地址在德国的纽伦堡，以对欧洲轴心国首要战犯进行公正而迅速的判决和惩处，而订立的《国际军事法庭宪章》对犯罪集团和组织进行了规定。其中：

第 9 条："在对任何集团或组织的个别成员进行审判时，法庭可以（在被告被判决与各该集团或组织的任何行为有关的情况下）宣告被告所属的集团或组织为犯罪集团。法庭在接受起诉之后，以其认为适当的形式宣布起诉当局准备提出申请，根据本条款第一节条文公布说明之。在此类情况下，该组织的任何成员均有权向法庭提出申请，听取有关该组织的犯罪性质问题。法庭拥有核准或驳回此项申请之权。申请如被核准，法庭可规定申请人应以何种方式代理申请和听取陈述。"

第 10 条："如某一集团或组织被法庭宣布为犯罪组织，任何签字国的国家主管当局均有权将从属于某一此类组织的人员交付其国家法庭、军事法庭或占领区法庭提出诉讼。在这类情况下，该集团或组织的犯罪性质应被认为已经证实，而不应有所异议。"

第 11 条："任何被法庭判决的个人均可以因其作为某一犯罪集团或组织的成员犯有另一罪行而受到本宪章第 10 条所称的某一国家法庭、军事法庭或占领区法庭的起诉，上述法庭可以在被告判决的情况下对被告补充判刑，并且不受法庭由于被告参与上述集团或组织的犯罪活动而判处的刑罚的限制。"①

二　联合国有关公约

（一）1999 年《制止向恐怖主义提供资助的国际公约》

公约第 5 条"法人责任"规定：

1. 每一缔约国应根据其本国法律原则采取必要措施，当负责管理或控制设在其领土内或根据其法律设立的法律实体的人在以该身份犯下了本公约第 2 条所述罪行时，得以追究该法律实体的责任，这些责任可以是刑事、民事或行政责任。

2. 承担这些责任不影响实施犯罪的自然人的刑事责任。

3. 每一缔约国特别应确保对按本条第 1 款负有责任的法律实体实行有效、相称和劝阻性的刑事、民事或行政制裁，这种制裁可包括罚款。

（二）2001 年《联合国打击跨国有组织犯罪公约》

公约第 10 条"法人责任"（Liability of legal persons）规定：

1. 各缔约国均应采取符合其法律原则的必要措施，确定法人参与涉及有组织犯罪集团的严重犯罪和本公约确立的犯罪时应承担的责任。

2. 在不违反缔约国法律原则的情况下，法人责任可包括刑事、民事或行政责任。

3. 法人责任不应影响实施此种犯罪的自然人的刑事责任。

4. 各缔约国均应特别确保使根据本条负有责任的法人受到有效、适度和劝阻性的刑事或非刑事制裁，包括金钱制裁。

第 18 条"司法协助"第 2 款规定：

对于请求缔约国根据本公约第 10 条可能追究法人责任的犯罪所进行的

---

① 上述《纽伦堡国际军事法庭宪章》节选引自［民主德国］P. A. 施泰尼格尔编《纽伦堡审判》（上卷），王昭仁、宋钟璜、关山、肖辉英、李兰琴、李国林译，商务印书馆 1985 年版，第 78 页。

侦查、起诉和审判程序，应当根据被请求缔约国有关法律条约、协定和安排，尽可能充分地提供司法协助。

在第 31 条"预防措施"第 2 款（d）项专门规定：

缔约国应根据其本国法律基本原则利用适当的立法、行政或其他措施努力减少有组织犯罪集团在利用犯罪所得参与合法市场方面的现有或未来机会。这些措施应着重于防止有组织犯罪集团对法人作不正当利用，这类措施可包括：

（1）建立关于法人设立、管理和筹资中所涉法人和自然人的公共记录；

（2）宣布有可能通过法院命令或任何适宜的手段，在一段合理期间内剥夺被判定犯有本公约所确立犯罪的人担任在其管辖范围内成立的法人的主管的资格；

（3）建立关于被剥夺担任法人主管资格的人的国家记录；

（4）与其他缔约国主管当局交流本款（d）项所述记录中的资料。

（三）2003 年《联合国反腐败公约》

第 26 条"法人责任"（Liability of legal persons）规定：

1. 各缔约国均应当采取符合其法律原则的必要措施，确定法人参与根据本公约确立的犯罪应当承担的责任。

2. 在不违反缔约国法律原则的情况下，法人责任可以包括刑事责任、民事责任或者行政责任。

3. 法人责任不应当影响实施这种犯罪的自然人的刑事责任。

4. 各缔约国均应当特别确保使依照本条应当承担责任的法人受到有效、适度和警戒性的刑事或非刑事制裁，包括金钱制裁。

三　欧洲委员会（Council of Europe）有关公约和法律文件

（一）1977 年 9 月 28 日欧洲委员会部长委员会第（77）28 号《关于刑事责任对保护环境的作用的决议》（Council Of Europe Committee of Ministers Resolution（77）28 On The Contribution Of Criminial Law To The Protection Of The Environment）

该决议是欧洲委员会最早的有关在刑法中引入法人责任的文件：

"考虑到刑法应该是这一领域最后被诉诸的手段，它必须在没有有效遵守其他措施和方法，或者这些措施和方法对遏制犯罪、保护环境的效果不大，或不充分时才可使用。"

"建议成员国政府仔细审查报告中提出的所有问题，并在考虑本国宪法和刑法根本原则的情况下，通过本决议所建议的一个或多个措施。这些措施应当如下：……再审查（成员国）的刑事责任原则，特别是在特定情况下引入不论公有还是私营的法人、公司实体责任的可能。"①

（二）1981 年 6 月 25 日欧洲委员会 R（81）12 号《关于经济犯罪的建议》（Council of Europe Committee Of Ministers RECOMMENDATION No. R (81) 12 To Member States On Economic Crime)

该《建议》指出，"首先，考虑到通过民事、商事和行政法措施预防经济犯罪的愿望；考虑到民事、商事和行政法在必要时，应通过刑法而加强或补充"。②

"建议成员国政府：……采取所有必需的措施确保在经济犯罪领域迅捷有效的刑事司法，特别是通过以下措施：1. ……2. 审查确立法人刑事责任概念的可能性，或者，至少要为打击经济犯罪的同样目的引入其他制度安排。3. ……剥夺专业资格应被引入作为对法人主要的处罚措施，而且，赔偿受害人也应在适当的案件中作为一种处罚"。③

该《建议》明确提出成员国应审视采纳法人刑事责任的可能性，而且第 3 项中提到的惩罚措施也可以适用于法人。《建议》的附件中列举的经济犯罪行为基本上都涉及法人的犯罪："1. 卡特尔犯罪；2. 欺诈以及滥用跨国公司的经济地位；3. 欺诈性获取利益或滥用国家或国际组织授权；4. 计算机犯罪；5. 虚假公司；6. 伪造公司资金平衡表和会计账簿记录；7. 伪造公司的财务、经济情况和注册资本；8. 违反公司对雇员的安全和健康标准；9. 欺诈以损害债权人利益；10. 欺诈和误导消费者；11. 不正当竞争；12. 财务犯罪和逃避企业应承担的社会花费；13. 海关犯罪；14. 有关金钱和货币管理的犯罪；15. 股票交易和银行犯罪；16. 环境

---

① Council Of Europe Committee Of Ministers Resolution（77）28 On The Contribution Of Criminial Law To The Protection Of The Environment, Adopted by the Committee of Ministers on 28 September 1977, at the 275th meeting of the Ministers' Deputies.

② Council of Europe Committee Of Ministers RECOMMENDATION No. R（81）12 To Member States On Economic Crime, Adopted by the Committee of Ministers on 25 June 1981, at the 335th meeting of the Ministers' Deputies.

③ Council of Europe Committee Of Ministers RECOMMENDATION No. R（81）12 To Member States On Economic Crime, 第 III 条, Adopted by the Committee of Ministers on 25 June 1981。

犯罪。"①

（三）1982 年 9 月 24 日欧洲委员会部长委员会 R（82）1 号《关于刑法在消费者权益保护方面的作用的建议》（Council of Europe Committee Of Ministers RECOMMENDATION No. R（82）1 to Member States On The Role Of Criminal Law In Consumer Protection）

该文件建议成员国政府采取如下措施：

"1. 重新检查其国内立法，并考虑需要以刑事制裁来补充与消费者保护有关的民事、商业和行政法规范。

2. 考虑将法人刑事责任的概念引入成员国立法中的明智之处，或者采用其他机制来达到与此相同的目的。

3. 评估在消费者保护方面适用的处罚措施，如果必要的话，引入特别的惩罚措施或适用传统处罚措施的新方法。"②

（四）1988 年 10 月 20 日欧洲委员会部长委员会 No. R（88）18《关于具有法律人格的企业在其活动中的犯罪行为的责任的建议》（Council of Europe Committee of Ministers RECOMMENDATION No. R（88）18 To Member States Concerning Liability Of Enterprises Having Legal Personality For Offences Commited In The Exercise of Their Activities）

该《建议》指出，"考虑到日益增长的企业在开展经营活动中实施的犯罪给个人和社会带来极大的危害；考虑到对从非法活动中获得的利益施以责任的愿望；考虑到由于企业中经常很复杂的管理结构而造成识别为犯罪承担责任的个人身份的困难；考虑到植根于多数欧洲国家法律传统中的，让企业，也就是团体组织休承担刑事责任的困难"。

"希望克服这些困难，使企业为其行为承担责任，同时又不免除具体涉入犯罪的自然人的责任，并规定对企业适用适当的制裁和处罚，以期达到对不法行为给以正当（公正）惩罚，防止进一步犯罪，并使其对所引起的损害进行赔偿的目的。"

"考虑到在国内法中对具有法律人格的企业给以刑事责任的原则不是解

---

① See List of Economic Offences, in Appendix to Recommendation No. R（81）12, Adopted by the Council of Europe Committee of Ministers on 25 June 1981.

② Council of Europe Committee Of Ministers RECOMMENDATION No. R（82）1 To Member States On The Role Of Criminal Law In Consumer Protection, para 1, para 6, para 10, Adopted by the Committee of Ministers on 24 September 1982, at the 350th meeting of the Ministers' Deputies.

决这些困难的唯一方法，所以不排除为达到这些目的而采取其他解决办法"。①

该文件还在附件中阐明：

以下的建议是为了促进和提高使企业为其在经营活动中实施的犯罪行为承担责任的标准。这些标准超越了现存的企业民事责任机制，本《建议》不适用于企业的民事责任。

本《建议》所规定的内容适用于所有公共或私营的企业，只要它们具有法律人格并从事经济活动。

I. 责任（Liability）

1. 企业应当为其在经营活动中实施的不法行为承担责任，即使这些不法行为与企业的目的背道而驰。

2. 不管是否能确定具体实施行为或因疏忽构成不法行为的自然人，企业应当承担责任。

3. 为使企业承担责任，特别应考虑：

a. 对企业适用刑事责任和制裁，当犯罪的性质、企业的过错程度、对社会造成的危害后果和预防进一步犯罪的需要如此要求时；

b. 适用其他责任形式和处罚措施，比如由行政机关施加的责任和服从司法控制，特别是对不将行为人当作刑事犯罪分子处理的不法行为；

4. 当企业的管理层没有涉入犯罪并采取了所有必要的措施预防犯罪时，企业应当被免于责任。

5. 对企业施加的责任不应免除涉入犯罪的自然人责任。特别是行使管理职能的人应为其失职而导致的犯罪承担责任。

Ⅱ. 制裁（Sanctions）

6. 为给予企业适当的制裁，除了惩罚以外还应特别关注制裁的目的，比如防止进一步犯罪和给犯罪行为受害人所遭受的损害以赔偿。

7. 应考虑引入适合于企业的制裁和惩罚措施。这可能包括以下措施：

——警告、申诉、在特定时间内向司法机构保证不再犯；

——决定公布责任（a decision declaratory of responsibility），但不惩罚；

——罚款或其他金钱制裁；

---

① Council of Europe Committee Of Ministers RECOMMENDATION No. R（88）18 To Member States Concerning Liability Of Enterprises Having Legal Personality For Offences Commited In The Exercise Of Their Activities，Adopted by the Committee of Ministers on 20 October 1988，at the 420th meeting of the Ministers' Deputies.

——没收用于犯罪的财产或非法活动的收益；

——禁止进行特定的活动，特别是与公共机构进行商业交易；

——剥夺获得财政优惠和补贴的权利；

——禁止对其商品或服务做广告；

——取消执照和许可证；

——免除管理者职务；

——由司法机关任命临时监管者进行管理；

——关闭企业；

——解散企业；

——赔偿或补偿受害人，也可以两者并用；

——恢复原状；

——公开受处罚或制裁的决定。

这些处罚和制裁措施可以单独或合并使用，不管是否产生威慑的效果（with or without suspensive effect），都可以作为主要或补充的手段。

8. 当决定在一个特定的案件适用什么制裁或处罚措施，特别是具有金钱性质的处罚时，应考虑企业从非法行为中获得的经济利益，必要时可以通过评估来评定。

9. 当存在预防持续犯罪或进一步犯罪，或保证执行处罚和制裁措施的必要时，权力机关应考虑适用临时措施。

10. 为使权力机关在作出决定时能充分了解先前该企业所受任何制裁或处罚的情况，应考虑建立违法记录，或在登记注册处建立登记簿将所有此类制裁或惩罚的情况记录下来。①

（五）1997 年 11 月 6 日欧洲理事会部长委员会《关于打击腐败犯罪的 20 项指导原则的决议》（Council Of Europe Committee Of Ministers RESOLUTION（97）24 On The Twenty Guiding Priciples For The Fight Against Corruption）

《决议》中第 2 条原则规定，确保将国内和国际腐败行为犯罪化，并保持它们之间的协调性。第 5 条原则规定，采取适当措施防止法人被用于保护和掩盖腐败犯罪行为。并且，为了推动有效防止和打击腐败犯罪的动态进程，部长委员会请成员国国内权力机关在他们的国内立法和实践中适

---

① See Appendix to Recommendation No. R （88）18, Adopted by the Council of Europe Committee of Ministers on 20 October 1988.

用这些原则。①

（六）1998 年《欧洲委员会保护环境的刑法公约》（Council of Europe Covention on the Protection of the Enviornment Through Criminal Law）

1998《欧洲理事会保护环境的刑法公约》在要求各缔约国采取适当可能必要的措施在其国内立法中规定为刑事犯罪或行政性违法行为的破坏环境的行为后，对环境犯罪主体，则仅规定了自然人责任，还规定了公司责任。《公约》第二章第 8 条规定："缔约国应采取可能必要的适当措施，当代表法人的机关、成员或代表从事环境犯罪时，能够对法人进行刑事或行政制裁或采取有关措施。公司责任并不排除对自然人的刑事诉讼。缔约国可以对上述规定提出保留或在保留中宣布公司责任仅适用某些特定的环境犯罪。"②

（七）1999 年《欧洲委员会反腐败刑法公约》（Council of Europe Criminal Law Convention on Corruption）

该《公约》在第 1 条有关"术语的使用"中，对"法人"的概念进行了界定。该条规定："法人，是指除了国家或其他行使国家权力的公共机构，以及公共国际组织的机构以外，任何在可适用的法律下有此地位的实体。"③

《公约》第 18 条则对"法人责任"（Corporate liability）做了规定。

1. 各缔约国应采取必要措施，确保法人对任何在该法人中有代表权，或代表法人进行决策或在法人内部行使控制权而具有领导地位的自然人，为该法人的利益实施或煽动、共谋实施本公约确立的主动贿赂罪、在贸易中施加影响罪和洗钱罪承担责任，不管该人是单独行事还是作为法人组成部分的某一机关行事。

2. 除了第 1 款规定的情形外，各成员国还应采取必要措施，确保法人由于对第 1 款所述某个人缺乏监督或控制，从而使该法人管辖下的某人

---

① Council Of Europe Committee Of Ministers RESOLUTION（97）24 On The Twenty Guiding Priciples For The Fight Against Corruption, para 2, para 5, Adopted by the Committee of Ministers on 6 November 1997 at the 101st session of the Committee of Ministers.

② See Council of Europe Convention on the Protection of the Enviornment Through Criminal Law, Council of Europe Treaty Series-No. 172. 所引用条约约文的中文翻译参见邵沙平《环境犯罪的法律控制与国际法的新发展》，见邵沙平、余敏友主编《国际法问题专论》，武汉大学出版社 2002 年版，第 250—252 页。

③ See Council of Europe Criminal Law Convention on Corruption, Article 1, Council of Europe Treaty Series-No. 173.

（一般雇员或下属）得以为该法人利益实施前款所述犯罪而被追究责任。

3. 前二款规定的法人责任不应排除实施、教唆或以从犯身份参加上述犯罪的自然人的刑事责任。①

《公约》在第19条"制裁和处罚措施"中，规定了对法人犯罪的处罚原则："各缔约国应确保按第18条第1、2款规定承担刑事责任的法人受到有效、适度和劝阻性刑事和非刑事处罚，包括金钱制裁。"②

（八）2001年9月19日欧洲委员会部长委员会2001年第11号《关于打击有组织犯罪的指导原则的建议》（Council of Europe Recommendation Rec (2001) 11 of the Committee of Ministers to member states concerning guiding principles on the fight against organised crime）③

该《建议》在附件中规定了有关法人犯罪的原则。在"一般预防原则 (Principles relating to general prevention)"中，建议"成员国应采取措施防止自然人和法人通过利用实质性现金支付和现金货币交易。将犯罪收益转化为其他财产。……成员国应鼓励建立在对非法行为的责任和零忍耐基础上的公司文化。特别是，成员国应建立保护报告腐败或其他可疑刑事犯罪活动的举报人的标准，当这些犯罪活动是代表法人或在法人内部实施时"。④

在"刑事司法体系的原则 (Principles relating to the criminal justice system)"中，建议"成员国应惩罚银行和非银行金融机构以及其他依法具有报告义务的行业故意不报告可疑金融交易的行为"。⑤

由于这些机构和行业基本上都是法人、公司或企业，或者是以法人形式出现的，因此，对它们的惩罚就是对法人的惩罚。

同时，在该原则中，还建议"成员国应确保法人为以其名义实施的犯罪和与有组织犯罪有关的罪过承担责任"。⑥ 这是追究法人犯罪责任的最根

---

① See Council of Europe Criminal Law Convention on Corruption, Article 18, Council of Europe Treaty Series-No. 173.

② See Council of Europe Criminal Law Convention on Corruption, Article 19, Council of Europe Treaty Series-No. 173.

③ Council of Europe Recommendation Rec (2001) 11 of the Committee of Ministers to member states concerning guiding principles on the fight against organised crime, Adopted by the Committee of Ministers on 19 September 2001 at the 765th meeting of the Ministers' Deputies, 2006 - 1 - 15 11：42：15, http://cm. coe. int/ta/rec/2001/2001r11. htm.

④ See Appendix to Recommendation Rec (2001) 11, Chapter II, para 1 and 7.

⑤ Appendix to Recommendation Rec (2001) 11, Chapter III, para 10.

⑥ Appendix to Recommendation Rec (2001) 11, Chapter III, para 12.

本规定。

在"国际合作的原则（Principles relating to international co-operation）"中，文件建议"成员国应为便利调查有组织犯罪集团经济背景的目的，使有权力对法人和其他法律实体进行注册登记和监管的部门，以及在法人和其他法律实体的组建设立、所有权分配、领导管理和投资方面有权力进行监管登记的部门之间能进行合法的、具有可操作性的信息交流"。① 这是对交流法人和其他法律实体的信息的规定。查询法人和其他法律实体的有关登记注册和监管方面的资料、获取相关信息是追究法人责任必不可少的步骤。

（九）2001 年《欧洲委员会打击网络犯罪公约》（Council of Europe Convention on Cybercrime）

该《公约》在第 12 条明确规定了"法人责任"（Corporate liability）。

1. 各缔约国应采取可能必要的立法和其他措施，确保法人对任何在该法人中有代表权，或代表法人进行决策或在法人内部行使控制权而具有领导地位的自然人，为该法人的利益实施本公约确立的犯罪承担责任，不管该人是单独行事还是作为法人组成部分的某一机关行事。

2. 除了第 1 款规定的情形外，各成员国还应采取必要措施，确保法人由于对第 1 款所述具有领导地位的自然人缺乏监督或控制，从而使其他下属得以在该法人的授权下，为该法人的利益实施本公约确立的犯罪而被追究责任。

3. 在遵守缔约国法律原则的情况下，法人责任可以是刑事、民事或行政责任。

4. 上述法人责任不应排除实施此种犯罪的自然人的刑事责任。②

同时，《公约》第 13 条第 4 款还规定了对法人的制裁原则："缔约国应确保按第 12 条规定应负责任的法人受到有效的、适度和劝阻性的刑事或非刑事制裁，包括金钱制裁。"③

（十）2005 年《欧洲委员会预防恐怖主义公约》（Council of Europe Convention on the Prevention of Terrorism）

2005 年 5 月 16 日，欧洲委员会在华沙通过了《预防恐怖主义公约》。

---

① Appendix to Recommendation Rec（2001）11，Chapter Ⅳ，para 22.

② See Council of Europe Convention on Cybercrime，Article 12，Council of Europe Treaty Series-No. 185.

③ See Council of Europe Convention on Cybercrime，Article 13（4），Council of Europe Treaty Series-No. 185.

该《公约》一如以往打击犯罪的国际公约，承认并确定了法律实体的责任及制裁和处罚原则。

对于"法律实体的责任"（Liability of legal entities），《公约》第 10 条规定：

1. 各缔约国应在符合其国内法律原则的情况下，采取可能必要的措施，确立参与本公约第 5 条至第 7 条和第 9 条犯罪的法人实体承担责任。

2. 为本公约的目的，法律实体的责任可以是刑事、民事或行政责任。

3. 上述法律实体的责任不影响实施犯罪的自然人应承担的责任。

而有关对犯罪的法律实体的制裁和处罚，该《公约》和以往的国际刑法公约一样，要求："各缔约国应确保依据第 10 条承担责任的法人受到有效、适度和劝阻性刑事或非刑事制裁，包括金钱处罚。"①

（十一）2005 年《欧洲委员会关于打击贩卖人口的公约》（Council of Europe Convention on Action against Trafficking in Human Beings）

2005 年 5 月 16 日，在波兰首都华沙，欧洲委员会通过了《关于打击贩卖人口的公约》。公约从犯罪预防、保护和促进受害人权利，保证性别平等以及实体刑法、调查、起诉的程序法、国际合作及与市民社会的合作等方面规定了成员国所应采取的措施。② 在将贩卖人口行为犯罪化的刑法实体法（Substantive Criminal Law）一章中，《公约》规定了实施此行为的法人实体的责任：

1. 各缔约国应采取可能必要的立法和其他措施，确保法人对任何在该法人中有代表权，或代表法人进行决策或在法人内部行使控制权而具有领导地位的自然人，为该法人的利益实施本公约确立的犯罪承担责任，不管该人是单独行事还是作为法人组成部分的某一机关行事。

2. 除了第 1 款规定的情形外，各成员国还应采取必要措施，确保法人由于对第 1 款所述具有领导地位的自然人缺乏监督或控制，从而使其他下属得以在该法人的授权下，为该法人的利益实施本公约确立的犯罪而被追究责任。

3. 在遵守缔约国法律原则的情况下，法人责任可以是刑事、民事或行

---

① See Council of Europe Convention on the Prevention of Terrorism, Article 10 and 11, Council of Europe Treaty Series-No. 196, http：//conventions. coe. int/Treaty/Commun/QueVoulezVous. asp？ NT = 196&CM = 8&DF = 3/5/2008&CL = ENG.

② Council of Europe Convention on Action against Trafficking in Human Beings, Council of Europe Treaty Series-No. 197, Enter into force at 1 Feb. , 2008.

政责任。

4. 上述法人责任不应排除实施此种犯罪的自然人的刑事责任。①

《公约》随后在"制裁和处罚措施"中要求,缔约国应采取必要的立法和其他措施以确保本公约第 18 条至第 21 条所确立的犯罪能受到有效、适当和劝阻性的制裁。按照《公约》规定应负责任的法人也应受到有效的、适度和劝阻性的刑事或非刑事制裁,包括金钱制裁。缔约国应采取必要的立法或其他措施,使其能没收或剥夺本公约所确立的罪行的犯罪收益、犯罪工具和与此收益价值相应的财产。②

(十二) 2005 年《欧洲委员会关于洗钱、搜查、扣押、没收犯罪收益及资助恐怖主义的公约》(Council of Europe Convention on Laundering, Search, Seizure and Confiscation of the Proceeds from Crime and on the Financing of Terrorism)

2005 年 5 月 16 日,同样在波兰首都华沙,欧洲委员会还通过了《关于洗钱犯罪,搜查、扣押、没收犯罪收益及资助恐怖主义的公约》。《公约》对洗钱、资助恐怖主义行为的犯罪化,以及搜查、扣押、没收犯罪收益的措施作了规定。③《公约》第 10 条规定了从事本公约所述洗钱和资助恐怖主义犯罪的法人责任:

1. 各缔约国应采取可能必要的立法和其他措施,确保法人对任何在该法人中有代表权,或代表法人进行决策或在法人内部行使控制权而具有领导地位的自然人,为该法人的利益实施本公约确立的犯罪承担责任,不管该人是单独行事还是作为法人组成部分的某一机关行事。

法人作为具体行事的自然人的从犯或唆使者,也应承担责任。

2. 除了第 1 款规定的情形外,各成员国还应采取必要措施,确保法人由于对第 1 款所述具有领导地位的自然人缺乏监督或控制,从而使其他下属得以在该法人的授权下,为该法人的利益实施本公约确立的犯罪而被追究责任。

3. 在遵守缔约国法律原则的情况下,法人责任可以是刑事、民事或行

---

① See Council of Europe Convention on Action against Trafficking in Human Beings, Article 22, Council of Europe Treaty Series-No. 197.

② See Council of Europe Convention on Action against Trafficking in Human Beings, Article 23, Council of Europe Treaty Series-No. 197.

③ Council of Europe Convention on Laundering, Search, Seizure and Confiscation of the Proceeds from Crime and on the Financing of Terrorism, Council of Europe Treaty Series-No. 198, Enter into force at 1 May, 2008.

政责任。

4. 上述法人责任不应排除实施此种犯罪的自然人的刑事责任。①

（十三）2011 年《欧洲委员会打击伪造医疗产品和其他危害公共健康的类似犯罪的公约》（Council of Europe Convention on Counterfeiting of Medical Products and Similer Crimes Involving Threats to Public Health）

2011 年 10 月 28 日，欧洲委员会在莫斯科通过了《打击伪造医疗产品和其他危害公共健康的类似犯罪的公约》。它是欧洲委员会第一个有关打击伪造医疗产品和危害公共健康犯罪的专门性公约，旨在欧洲委员会范围内制定一个有关预防伪造医疗产品和其他危害公共健康犯罪、保护受害人以及打击此类犯罪的刑法规范的国际文件，建立后续行动机制，加强欧洲委员会成员国和非成员国之间的国际合作，以共同应对制售假药和其他危害公共健康的犯罪的威胁。②

《公约》通过将某些特定行为犯罪化、保护此类犯罪的受害人、加强国际和国内合作的规定，预防和打击在欧洲危害公共健康的威胁。

在 "实体刑法"（Substantive Criminal Law）一章中，《公约》要求缔约国应采取必要的立法和其他措施，在其国内法中将制造、供应、贩卖假冒医疗产品以及伪造有关医疗文件的行为规定为犯罪。同时，《公约》还规定：

1. 各缔约国应采取必要的立法和其他措施，确保法人对任何在该法人中有代表权，或代表法人进行决策或在法人内部行使控制权而具有领导地位的自然人，为该法人的利益实施本公约确立的犯罪承担责任，不管该人是单独行事还是作为法人组成部分的某一机关行事。

2. 除了第 1 款规定的情形外，各成员国还应采取必要措施，确保法人由于对第 1 款所述具有领导地位的自然人缺乏监督或控制，从而使其他下属得以在该法人的授权下，为该法人的利益实施本公约确立的犯罪而被追究责任。

3. 在遵守缔约国法律原则的情况下，法人责任可以是刑事、民事或行政责任。

4. 上述法人责任不应排除实施此种犯罪的自然人的刑事责任。③

---

① See Council of Europe Convention on Laundering, Search, Seizure and Confiscation of the Proceeds from Crime and on the Financing of Terrorism, Article 10, Council of Europe Treaty Series-No. 198.

② Council of Europe Convention on Counterfeiting of Medical Products and Similer Crimes Involving Threats to Public Health, Council of Europe Treaty Series-No. 211.

③ Council of Europe Convention on Counterfeiting of Medical Products and Similer Crimes Involving Threats to Public Health, Chapter Ⅱ, Council of Europe Treaty Series-No. 211.

　　小结：通过上述列举，我们可以看出，从欧洲委员会 1977 年第一个涉及法人犯罪责任的法律文件到 2011 年最新的《打击伪造医疗产品和其他危害公共健康的犯罪的公约》，法人责任在欧洲委员会打击跨国犯罪的法律体系中确定下来，并从最初的立法建议发展成为欧洲委员会打击犯罪的国际公约的实质性条款之一。就其规定本身而言，从最开始的只是规定建立法人责任的原则，即只要求缔约国采取必要措施追究从事相关犯罪的法人的责任，并对其进行适当的制裁和处罚，发展到在公约专设"法人责任"一条，并规定了法人责任的归责原则，即，任何在该法人中有代表权，或代表法人进行决策或在法人内部行使控制权而具有领导地位的自然人，为该法人的利益实施公约确立的犯罪的，不管其是单独行事还是作为法人组成部分的某一机关行事，法人都应对其行为承担责任，而且，如果法人内部对具有领导地位的管理人员监督控制机制不足，从而使得其他下属得以取得该法人的授权，为该法人的利益实施犯罪的，法人也应对其行为承担疏于监管的责任。由此可见，虽然是国际性法律文件，欧洲委员会框架下的国际刑法公约中关于法人责任的规定日趋完善和严谨，从而对成员国国内相关立法也提出了更加细致的要求。

　　但是，由于欧洲委员会成员国大多是欧洲大陆法系国家，它们中的许多秉承了罗马法中"团体不能犯罪"的格言，在其国内刑法中不承认法人犯罪和法人的刑事责任。随着经济的发展，公司涉入经济活动越来越多，公司参与违法、犯罪行为的事实也日益清晰。面对公司、法人犯罪的威胁，一些国家修改了国内刑法，将法人犯罪的责任包括其中，如法国。还有一些国家则坚持不承认法人刑事责任的立场，对国际刑法公约中的法人责任条款持谨慎态度，比如，德国一直没有批准上述所列举的欧洲委员会国际刑法公约，直到 2009 年和 2011 年才先后批准了《网络犯罪公约》[①] 和《预防恐怖主义公约》。[②] 这也反映了法人责任在国内法中日益被承认的趋势，这也是欧洲委员会所制定的国际刑法公约对缔约国国内法的影响之一。

---

　　① See Current status of the Convention on Cybercrime, fromhttp：//www. conventions. coe. int/Treaty/Commun/ChercheSig. asp？ NT = 185&CM = 8&DF = 03/08/2012&CL = ENG, visited at August 6, 2012.

　　② See Current status of the Convention on the Prevention of Terrorism, from http：// www. conventions. coe. int/Treaty/Commun/ChercheSig. asp？ NT = 196&CM = 8&DF = 03/08/2012&CL = ENG, visited at August 6, 2012.

四　欧洲联盟有关公约和法律文件

（一）1997 年《打击涉及欧洲联盟共同体官员或欧盟成员国官员腐败行为的公约》（Convention drawn up on the basis of Article K. 3（2）（c）of the Treaty on European Union on the fight against corruption involving officials of the European Communities or officials of Member States of the European Union）

1997 年 6 月 25 日，欧盟通过了《打击涉及欧洲联盟共同体官员或欧盟成员国官员腐败行为的公约》。《公约》对积极的腐败行为（active corruption）和消极的腐败（passive corruption）行为做了规定，并要求成员国采取必要措施在其国内刑法中将上述行为定为犯罪，使在履行职责过程中行贿、受贿，从事腐败行为的国内政府官员、选举产生的议员、最高法院成员、审计院官员等与从事该类行为的欧洲联盟官员一样受到惩罚。[①]

该《公约》没有直接处理法人责任的问题，而只是在第 6 条规定了"企业负责人的刑事责任"（Criminal liability of heads of businesses）。要求欧盟各成员国应采取必要措施使企业的负责人或任何在企业中有权做出决策或行使控制权的人，以及在自己的职权范围内以企业名义行事的人，当犯有公约所规定的腐败行为时，在符合其国内法原则的情况下承担刑事责任。[②] 这一规定的目的是确保商业企业的负责人或企业中实际拥有法定权力或执行权力的人员，当其下属以该企业的名义从事积极的腐败行为时，他们也应为此承担刑事责任。

尽管《公约》只规定了以企业名义从事腐败行为的企业负责人和拥有决策权的自然人的责任，但正如在公约《解释性报告》中所指出的那样，公约提请成员国注意，欧盟《保护欧洲共同体金融利益的公约》（第二附加议定书）第 3 条要求成员国制订针对法人行为的不同形式的责任，包括在涉及共同体金融利益的活动中行贿的责任。经济合作与发

---

① See Convention drawn up on the basis of Article K. 3（2）（c）of the Treaty on European U-nion on the fight against corruption involving officials of the European Communities or officials of Member States of the European Union, Article 1, Article 2, Article 3, Article 4, *Official Journal* C 195, 25/06/1997, pp. 0002—0011.

② See Convention drawn up on the basis of Article K. 3（2）（c）of the Treaty on European Union on the fight against corruption involving officials of the European Communities or officials of Member States of the European Union, Article 6, *Official Journal* C 195, 25/06/1997.

展组织（OECD）最近的公约中也包含了类似的规定。因此，要求成员国根据这些条约的义务考虑对从事腐败行为的法人施以不同形式的责任。①

（二）1998 年欧盟理事会《打击在私营部门中腐败行为的联合行动》（Joint Action of 22 December 1998 On Corruption In The Private Sector）

1998 年，欧盟理事会通过《打击在私营部门中腐败行为的联合行动》，对打击私营部门中的腐败行为做了原则性规定。

该文件首先在第 1 条就文中所涉及的 "法人" 做了界定："指在可适用的国内法律下，除了国家或行使国家权力的公共机构以及公共国际组织以外有如此地位的任何实体。" 随后，又在第 5 条规定了 "法人的责任"（Liability of legal persons）：

1. 每一成员国应采取必要措施确保：为了法人的利益，行使该法人的代表权或以该法人名义行使决策权，或在该法人中行使控制权的个人或作为该法人组成部分的机关，从事本文件所规定的主动腐败行为以及作为共犯或煽动者实施主动贿赂行为的，该法人应承担责任。

2. 每一成员国应采取必要措施，确保法人因其对上述享有权利的个人或机关在其职责权利下以该法人名义从事本文件所规定的主动腐败行为监管和控制不力而承担法律责任。

3. 上述两款规定的法人责任不排除具体从事、参加、煽动、共谋主动腐败行为的自然人的法律责任。

文件接着规定了对法人的制裁措施，要求各成员国采取必要的措施以确保根据本文件承担责任的法人通过有效、适当和劝阻性的制裁而受到惩罚，这些制裁措施应包括刑事或非刑事性罚款，也可包括其他制裁措施，比如：排除其获得公共利益或援助的权利；暂时或永久地剥夺其从事商业活动的资格；置于司法监管之下；令其司法解散。

文件还要求各成员国应采取必要措施，当所规定的犯罪行为是为了总部在一成员国领土内的私营法人的利益时，确立对犯罪的管辖权。②

---

① Explanatory Report on the Convention on the fight against corruption involving officials of the European Communities or officials of Member States of the European Union, Official Journal C 391, 15/12/1998.

② See Joint Action of 22 December 1998 On Corruption In The Private Sector, Article 1, Article 5, Article 6, Article 7, 98/742/JHA, adopted by the Council of EuropeanUnion on the basis of Article K. 3 of the Treaty on European Union.

（三）1999 年欧盟委员会《打击欺诈和伪造非现金支付凭证的框架决定的建议》（Proposal for a Council Framework Decision on combating fraud and counterfeiting of non-cash means of payment）

该文件在"前言"中即阐明，有必要在所有成员国内将本文件所述行为规定为犯罪，并且使从事这些行为或对这些行为应负责任的任何自然人或法人受到有效、适度和劝阻性的惩罚。

随后，文件在第 1 条对所涉及的"法人"概念做了与前一个文件相同的界定，并在第 3 条"国内层面采取的措施"中规定了法人责任。要求成员国规定，"法人应为任何为其利益从事本决定确定的犯罪行为承担相应刑事责任，不管是个人行为还是作为法人机关的行为，只要从事上述行为的人基于以下理由在法人内占有领导地位：（a）拥有代表法人的权力，或（b）代表法人采取决策的权力，或（c）在法人中有权行使控制权"。同时，还要求成员国依照如下原则对上述行为规定惩罚措施：

（a）使所涉及的自然人受到有效、适当和劝诫性的刑事处罚，至少在严重案件中受到剥夺人身自由和能够引起引渡的处罚。

（b）各成员国应采取措施，使承担责任的法人受到有效、适当和劝诫性制裁，包括刑事或非刑事性的罚金，还可以包括其他处罚措施，如：（i）排除其获得公共利益或援助的权利；（ii）暂时或永久性剥夺其进行商业经营活动的资格；（iii）使该法人的活动置于司法监管之下；（iv）勒令停止经营活动。①

（四）2002 年《打击非法贩运人口的框架决定》（Council Framework Decision On Combating Trafficking In Human Beings）

2002 年 7 月 19 日，欧盟理事会通过了《打击非法贩运人口的框架决定》，对非法贩运人口的行为予以犯罪化，并做了规定。《框架决定》在第 4 条规定了从事此类行为的法人的责任。其要求：

1. 各成员国应采取必要措施，确保法人由于在法人内担任领导职务的任何人为了法人利益实施本决定所述犯罪而被追究责任，无论该人是单独行事还是作为法人的机关行事，只要从事上述行为的人基于以下理由在法人内占有领导地位：（a）拥有代表法人的权力，或（b）代表法人采取决策的权力，或（c）在法人中有权行使控制权。

---

① Proposal for a Council Framework Decision on combating fraud and counterfeiting of non-cash means of payment，1999/C 376 E/03.

2. 除了第一款规定的情形外，各成员国还应采取必要措施，确保法人由于对第一款所述某人缺乏监督或控制，从而使该法人管理的下属得以为该法人利益实施本决定确立的犯罪而被追究责任。

3. 第一款和第二款规定的法人责任不应排除对作为本决定所述任何犯罪的行为人、教唆者或从犯的自然人的刑事责任。

4. 为此框架决定的目的，法人应指除了国家或其他行使国家权力的公共机构和公共国际组织的机构以外，任何在可适用的国内法律下有此地位的实体。①

随后，在第5条中又规定了对法人的处罚措施。要求"各成员国应采取必要措施，确保根据第4条被追究责任的法人受到有效、适度和劝诫性的处罚，这种处罚应包括刑事或非刑事罚款，以及其他处罚，如：（a）取消享有公共福利或援助的权利；（b）暂时或永久取消从事商业活动的资格；（c）置于司法监督之下；（d）发布司法解散公司令；（e）暂时或永久关闭被用来实施犯罪的设施"。②

（五）欧盟理事会《关于打击恐怖主义的框架决定》（Council Framework Decision on Combating Terrorism）

2003年，欧盟理事会通过了《打击恐怖主义的框架决定》，规定了某些特定的行为应被视为恐怖主义犯罪并予以惩罚，以及对犯罪设立管辖权的原则。

《框架决定》在第7条规定了法人的责任，同样要求：

1. 各成员国应采取必要措施，确保法人由于在法人内担任领导职务的任何人为了法人的利益实施本决定所述犯罪而被追究责任，无论该人是单独行事还是作为法人的机关行事。领导职位基于以下情形之一：

（a）具有代表法人的权力；

（b）具有代表法人做出决策的权力；

（c）具有在法人内行使控制的权力。

2. 除了第1款规定的情形外，各成员国还应采取必要措施，确保法人由于对第1款所述某人缺乏监督或控制，从而使该法人管辖下的某个人为该法人利益实施本决定所述任何犯罪成为可能而被追究责任。

---

① Council Framework Decision of 19 July 2002 On Combating Trafficking In Human Beings, Article 4, 2002/629/JHA.

② Ibid.

3. 第 1 款和第 2 款规定的法人责任不应排除对作为本决定所述任何犯罪的行为人、教唆者或从犯的自然人的刑事责任。

紧接着，《框架决定》在第 8 条规定了对法人的处罚措施和原则：

各成员国应采取必要措施，确保根据第 7 条被追究责任的法人受到有效、适当和劝诫性的处罚，这种处罚应包括刑事或非刑事罚款，以及其他处罚，如：

（a）取消享有公共福利或援助的权利；

（b）暂时或永久取消从事商业活动的资格；

（c）置于司法监督之下；

（d）发布司法解散公司令；

（e）暂时或永久关闭被用来实施犯罪的设施。

在对法人犯罪的司法管辖问题上，《框架决定》规定当本决定所述犯罪是为了在其领土上设立的法人的利益而实施时，各成员国应采取必要措施以确立对犯罪的司法管辖权。

（六）欧洲议会和欧盟理事会《关于修改 91/308/EEC 预防利用金融系统洗钱的指令》（Directive 2001/97/EC Of The European Parliament And Of The Council of 4 December 2001 amending Council Directive 91/308/EEC On Prevention Of The Use Of The Financial System For The Purpose Of Money Laundering）

在美国"9·11"恐怖袭击发生后，欧盟也行动起来，修改了其有关反洗钱的指令。2001 年 12 月 4 日，欧洲议会和欧盟理事会通过了《关于修改 91/308/EEC 预防利用金融系统洗钱的指令》。在这一指令中，欧盟理事会在第 91/308/EEC《关于预防利用金融系统洗钱的指令》的基础上，添加了第 2a 条的规定。该条是这样规定的：

成员国应当保证本指令中的义务在以下机构得以履行：

1. 信用机构如第 1 条第 1 款所界定的。

2. 金融机构如第 1 条第 2 款所界定的。

以下法人或自然人实施专业活动时，也应履行本指令中的义务：

3. 审计人员、外部会计师和纳税咨询师。

4. 实物资产代理机构。

5. 公证人和其他独立法定专业人员参与以下活动时：

（a）在计划和实施交易当中帮助客户：

（i）买卖实物财产或营业法人；

（ii）管理客户的资金、有价证券和有价证券账户；

（ⅲ）经营或管理银行存款或有价证券账户；

（ⅳ）组织公司股份的发起、经营和管理；

（ⅴ）创建、经营或管理托拉斯、公司或类似的组织。

（b）或在所有金融和实物资产交易中为客户的利益服务。

6. 经营宝石或贵金属的贵重商品经销商或艺术品拍卖商，其交易以现金付款且款项超过 15000 欧元。

7. 赌博场所。①

由此可见，该条专门规定了从事特定专业活动的法人或自然人，负有履行本指令中预防洗钱的义务。而该条规定的负有履行该《指令》中义务的"信用机构"和"金融机构"等，本身就是法人。

同时，该《指令》第 11 条还规定：

1. 成员国应当保证指令下的机构和人员：

（a）建立内部控制和联络的适当程序，以预防洗钱及相关活动；

（b）采取适当的措施让这些机构的员工知道本指令中规定的内容。

这些措施包括：让相关员工参加特别培训项目，以便于帮助他们辨别确认可能与洗钱相关的活动，并告知他们在这种情况下如何做。

自然人作为法人的雇员实施第 2a 条第（3）款至（7）款的专业活动时，本条款中的义务由该法人而不是该自然人承担。"

该《指令》的第 3 条还规定了执行本指令的有关问题：

成员国应当最晚在 2003 年 6 月 15 日前使为实施本指令而制定的法律、法规和行政条例生效。并应当立即通知委员会。

成员国采取这些措施时，应当包括本指令的指南或在官方出版物上特别刊登指南。成员国制定这些指南的方法应列出。

2. 成员国应当与委员会交流涉及本指令领域内的国内法律的主要条款。

（七）2003 年欧盟理事会《打击私营部门中腐败行为的框架决定》（Council Framework Decision of 22 July 2003 on combating corruption in the private sector）

2003 年 7 月 22 日，欧盟理事会通过了《打击私营部门中腐败行为的框架决定》。该文件的内容与 1998 年欧盟理事会《打击在私营部门中腐败行

---

① 2001/97/EC，Directive 2001/97/EC Of The European Parliament And Of The Council of 4 December 2001 amending Council Directive 91/308/EEC On Prevention Of The Use Of The Financial System For The Purpose Of Money Laundering.

为的联合行动》一样，规定了主动的腐败行为和被动的腐败行为，将其犯罪化，并规定了相同的法人责任和惩罚措施①，只是将其上升到了《框架决定》的等级。

根据欧盟法，对于欧盟理事会"框架决定"类的文件，要求成员国在一定期限内予以执行，并将其在国内法中转化实施《框架决定》规定的情况以及具体条文提交给欧盟理事会秘书处，理事会在数月内对成员国在其国内法中实施《框架决定》的情况进行评估。② 比如，2003 年 7 月 22 日，欧盟理事会通过了《打击私营部门中腐败行为的框架决定》，其中，规定，在两年后即 2005 年 7 月 22 日之前，成员国应采取措施执行该《框架决定》的规定，并在这一期限前将其在国内法中转化实施《框架决定》的具体条文提交到理事会秘书处，理事会在 3 个月后，即 2005 年 10 月 22 日对其实施情况进行评估。③ 相比之下，"联合行动"类文件对成员国执行力度的要求就低一些。比如，1998 年欧盟理事会《打击在私营部门中腐败行为的联合行动》就规定，"各缔约国应在本联合行动成效后的两年内，提出由国内相应的部门来执行本框架决定的建议。理事会在此基础上，将在本框架决定生效后三年内，对成员国执行本《联合行动》下的义务的情况进行评估"。④

因此，虽然上述欧盟包含有法人责任的打击跨国犯罪的文件不是国际条约，但是可以看出，这些文件有关实施义务的规定对成员国的执行还是很有强制力的，使得这些欧盟法律文件的规定得以切实落实到成员国的国内立法和行动上，不会成为纸上的空谈。它们中关于跨国犯罪中法人责任的规定也将通过转化实施的途径成为成员国国内立法，不管其追究法人的是刑事责任、行政责任还是民事责任，法人应对其内部具有一定地位的自然人的不法行为承担责任，已经在这些国际刑法的影响下成为欧盟成员国国内立法的趋势。这也是我们研究和列举欧盟打击跨国犯罪的法律文件中有关法人责任的意义。

---

① Council Framework Decision on combating corruption in the private sector, 2003/568/JHA.

② See *Council Framework Decision on combating corruption in the private sector*, Article 9, 2003/568/JHA; *Council Framework Decision of* 19 *July* 2002 *On Combating Trafficking In Human Beings*, Article 10, 2002/629/JHA; *Proposal for a Council Framework Decision on combating fraud and counterfeiting of non-cash means of payment*, Article 7, 1999/C 376 E/03.

③ Council Framework Decision on combating corruption in the private sector, Article 9, 2003/568/JHA.

④ Joint Action of 22 December 1998 On Corruption In The Private Sector, Article 8, 98/742/JHA.

五　其他国际组织有关公约

（一）1997 年经济合作与发展组织公约（OECD）《关于打击在国际商务交易中贿赂外国公职人员的公约》（Convention on Combating Bribery of Foreign Public Officials in International Business Transactions）

1997 年，经济合作与发展组织在巴黎通过《关于打击在国际商务交易中贿赂外国公职人员的公约》。这是国际社会第一个打击国际商务交易活动中贿赂行为的公约。《公约》规定了"贿赂外国公职人员罪"和法人犯此罪的责任，以及他们的处罚原则。

关于"法人的责任"（Responsibility of Legal Persons），《公约》第 2 条规定："缔约方均须依其法律准则采取必要的措施，确立法人行贿外国公职人员应承担的责任。"① 由于认识到当时大多数成员国为大陆法系国家，而它们中很多尚未承认法人犯罪的刑事责任，《公约》接着在第 3 条第 2 款规定："如果在缔约方法律制度中，刑事责任不适用于法人，则该缔约方应当确保对行贿外国公职人员的法人给以行之有效、量刑适当的非刑事制裁，以示劝诫，包括经济制裁。"②

该公约在其《注释性报告》中，又对法人的处罚措施做了补充性说明（第 24 条）。认为，在对实施行贿外国公职人员行为的法人处以非刑事性罚金以外，还可以对其给以民事或行政处罚，包括剥夺其享受公共福利或援助的权利、临时或永久地取消其参与公共采购或其他商业活动的资格、强制给以其司法监督或下达停业清算司法令。③

（二）1996 年 3 月 29 日美洲国家组织《美洲国家间反腐败公约》

1996 年 3 月 29 日美洲国家组织通过《美洲国家间反腐败公约》。《公

---

①　Convention On Combating Bribery Of Foreign Public Offcials In International Bussiness Transactions，Article 2，in Convention On Combating Bribery Of Foreign Public Offcials In International Bussiness Transactions and Related Documents，Working Group on Bribery in International Business Transactions （CIME），p. 4. From www. oecd. org/Publications & Documents ＞ Legal Instruments and Related Documents/anti-bribery.

②　Convention On Combating Bribery Of Foreign Public Offcials In International Bussiness Transactions，Article 3 （2）.

③　Commentaries On The Convention On Combating Bribery Of Foreign Public Officials In International Business Transactions，Adopted by the Negotiating Conference on 21 November 1997，Para 24，in Convention On Combating Bribery Of Foreign Public Offcials In International Bussiness Transactions and Related Documents.

约》第 8 条规定："在遵守宪法和其法律体系根本原则的前提下，每一个缔约国应禁止和惩罚其国民、在其领土内有惯常居所和商业居所（by its na-tionals，persons having their habitual residence in its territory，and bussiness do-miciled①there）的人向另一个国家的政府官员直接或间接提供或授意提供任何金钱利益，或其他利益，如礼物、好处，或承诺给予好处，以便在任何经济或商业交易中换取该官员在履行其公共职责时去做某些行为，或故意懈怠自己职责的犯罪行为。"

其中，"domiciled"指由于取得居住权而属于某一国家或管辖区域。②而前面加上了 bussiness，是指由于商业上的居住而属于某一国家或管辖区。这种情况应当是针对有商业上的住所或经营场所的法人。因此，从这一规定来看，该公约所管辖的"persons"包括法人。

---

① 术语"domicile"可以适应立法国的立法或法律用语的表达要求（比如，在国家已经建立居所的法人；在国家的国内法规定下结合成为法人组织的（incorporated）法人；或"其总部或高层管理层在某一国家或管辖区内的法人"）。

② 参见薛波主编《元照英美法词典》，"domicile"之解释，法律出版社 2003 年版，第 433 页。

第三章

法人跨国犯罪与国际犯罪的责任：
国际法律规范的特点

第一节 "法人"术语的定义和范围

从国际条约和国际法律文件对"法人"的定义和范围来看，"法人"有广义和狭义之分。广义的"法人"是指自然人以外之得为权利义务主体之组织。就国际法而言，国家、公共主体和国际组织等也能承担权利义务，因此也可以算做法人。而狭义上的法人则仅指私营部门或商业领域的法人、组织。现在国际公约中对法人的定义排除了国家、公共主体和国际组织。特别是我们所说的国际刑法规范都明确排除了这些公共主体，也就是说，目前，国际刑法上有关法人犯罪的责任基本上是私营性法人或法律实体犯罪的责任。而国家、国际组织这些公共主体的责任由专门的国际法规范来处理。比如，联合国国际法委员会已经二读通过了《关于国家责任的条款草案》，而且将"国际组织的责任"也列入国际法委员会的工作专题，并任命了特别报告员，到 2005 年国际法委员会第五十七届会议时，已经通过了第 1—16 条的条款草案。

另外，在国际法上也将法人归为"个人"，只是区别于自然人。① 比如，1947 年 8 月 14 日到 1948 年 7 月 29 日，纽伦堡的美国军事法庭在 I. G Farben Trial 中明确指出："国际法上的刑事制裁适用于私人性个人（private in-

---

① 在国际法委员会一读通过的《外交保护条款草案》，A/59/10，第 1 条规定，"外交保护是指一国针对其国民因另一国国际不法行为而受到的损害，以国家的名义为该国民采取外交行动或其他和平解决手段"。而根据该条款草案后面的内容，这里可以受到国家外交保护的"国民"包括自然人和法人。因此，从这里也可以看出，国际法将法人视为非国家、非公共主体的个人性主体。

dividuals）不再有什么疑问①。……私人性个人，包括法人……"② 又如，国际法委员会一读通过的《外交保护条款草案》，第 1 条规定，"外交保护是指一国针对其国民因另一国国际不法行为而受到的损害，以国家的名义为该国民采取外交行动或其他和平解决手段"。而根据该条款草案后面的内容，这里可以受到国家外交保护的"国民"包括自然人和法人。从这里也可以看出，国际法将法人视为非国家、非公共主体的私人性主体。③

在国际刑法规范中，"法人"的表述也不同。有"legal persons"（法人）、"legal entities"（法律实体）和"corporate"（法人的、团体的）。corporate 有"团体，法人组成团体的、与法人有关的、集体的、团结或连接为一体的"含义。

有的国际法律文件对"法人"作了界定，如 1998 年 12 月 22 日欧盟委员会《关于打击在私营部门中腐败行为的联合行动》第一条规定，"'法人'是指在可适用的国内法上有这样地位的任何实体，国家，或其他行使国家权力的公共团体和公共国际组织除外"。如前所述，笔者认为这并不是一个解释法人概念、揭示法人实质的实质性定义，而主要是强调本文件所指的"法人"是根据可适用的国内法上有这样地位的实体。而可适用的国内法主要是对本文件有条约义务和执行义务的国家的国内法，但它指明了法人是实体，并排除了国家、行使国家权力的公共主体和公共国际组织。也就是说，作为一个具有条约性质的国际法律文件，它考虑到成员国国内法在法人刑事责任观念、传统和立法上的差异，没有强求成员国接受一个一致的"法人"的实质性定义，而是指出按照成员国的国内法的不同规定来确定法人的具体定义和范围，但它应是在可适用的国内法中有法律人格的实体，且主要是私营部门中的法人。

就私营部门中的法人而言，法人是指具有人格的法律实体。这个范围应该不仅仅包括在法律上能独立承担有限责任的组织、团体。但是，由于各国法律传统、观念和理论上的差异，对法人的理解也不尽相同，表现在立法上就是"法人"这个术语所代表的确切内涵和外延都不太一样。而规定有法人责任的国际刑法公约或文件是面向各个成员国、缔约国的，从国际公约的全局来看，legal persons 可能比 legal entities 和 corporate 的所指范围略窄。但

---

① Case No 57, The I. G. Farben Trial, Us Military Tribunal, Nurember, 14 Aug. 1947-29July 1948, Law Reports of Trials of War Criminals, Vol. X, p. 47.

② Trials of War Criminals before the Nuremberg Military Tribunals, Vol. Ⅷ, p. 1153.

③ 《国际法委员会第五十六届会议报告》（2004），A/59/10，第 14 页。

是，上述国际刑法规定法人责任的目的和本意是使"法人"指代最宽泛含义上的法律实体，打击那些利用实体形式从事国际犯罪的行为，而不仅仅是具有法人资格的实体。

比如，欧洲理事会《打击网络犯罪公约》之《注释报告》第 123 段就指出："（本公约）第 12 条是处理法人的责任。它符合当前承认法人责任的法律趋势，试图给公司、社团和类似法人因其有领导地位的自然人为该法人的利益实施的犯罪行为而承担责任。"① 虽然该公约条文中使用了 Corporate liability 的表述，但在此《注释报告》中清楚地看出它等同于 liability of legal persons，不仅指具备法人资格的公司，还指社团、协会以及类似的法人实体。

又如，欧洲委员会《反腐败刑法公约》之《注释报告》第 84 条也指出：公约第 18 条"Corporate liability"处理法人责任（Article 18 deals with the liability of legal persons）。

再如，欧洲委员会《防止恐怖主义公约》之《注释报告》第 134 段指出：公约第 10 条"Liability of legal entities"处理法律实体或法人的责任，它是与《联合国打击跨国有组织犯罪公约》第 10 条相类似的规定，虽然这里使用"法律实体"代替"法人"，但主要考虑其范围更广（This article deals with the liability of legal entities or persons and is based on a similar provision of the United Nations Transnational Organized Crime Convention（Article 10），although it uses the term "entity" instead of "persons" as it was considered to have a wider scope.）。

从国际刑法对法人责任的规定来看，欧盟、经合组织、联合国公约基本使用的是 liability of legal persons，而多采用 corporate liability 和 liability of legal entities 表述的欧洲委员会公约又在其注释报告中指出，不管怎样表述，处理的都是 liability of legal persons。因此，可以认为，打击跨国犯罪中的法人责任普遍使用 liability of legal persons 的表述，它所指的是更广泛意义上的法律实体，不仅包括公司，还包括公司、社团、协会或类似的法人。

---

① It reads as follows: "Article 12 deals with the liability of legal persons. It is consistent with the current legal trend to recognise corporate liability. It is intended to impose liability on corporations, associations and similar legal persons for the criminal actions undertaken by a person in a leading position within such legal person, where undertaken for the benefit of that legal person."

第二节　确定法人责任的条件

一　国际刑法上的有关规定

对于国际刑法上使法人为其犯罪承担责任的条件，也就是法人在什么情况下承担责任，不同国际法律文件的规定不同。越是普遍性、全球性的国际公约规定得越笼统、一般。而区域性、准区域性或缔约国显示文化价值同源性或地域特征的国际组织的法律文件则规定得比较具体、详细。

例如，《联合国反腐败公约》、《联合国打击跨国有组织犯罪公约》规定"各缔约国均应当采取符合其法律原则的必要措施，确定法人参与根据本公约确立的犯罪应当承担的责任"。而欧盟法律文件在对法人行为和责任的规定上，非常清楚、一致地体现了法人机关行为理论和法人为其一般雇员行为因为选任、监督义务上的疏忽而承担雇用人责任的理论体系。它们一般都以以下形式表述，"每一成员国应采取必要措施，确保为了法人的利益，行使该法人代表权或以该法人名义行使决策权，或在该法人中行使控制权的个人或作为该法人组成部分的机关，从事本文件所确立的犯罪时，该法人应承担责任"。"除了前款规定的情形外，各成员国还应采取必要措施，确保法人由于对第一款所述某个人缺乏监督或控制，从而使该法人管辖下的某人（一般雇员或下属）得以为该法人利益实施前款所述犯罪而被追究责任"。

欧洲委员会也有公约规定"各缔约国应采取可能必要的立法和其他措施，确保法人对任何在该法人中有代表权，或代表法人进行决策或在法人内部行使控制权而具有领导地位的自然人，为该法人的利益实施本公约确立的犯罪承担责任，不管该人是单独行事还是作为该法人组成部分的某一机关行事"。[①] 而这些公约的定罪条款也规定了故意，或过失实施公约所述的行为，各缔约国应采取措施在国内立法中规定为犯罪。由此可见，法人涉及这些行为时也应具备主观要件。

从上述国际刑法规范对法人责任的规定来看，欧洲委员会和欧盟框架内

---

① 《欧洲委员会反腐败刑法公约》第 18 条，European Treaty Series-No. 173，from www.coe.org；《欧洲委员会打击网络犯罪公约》第 12 条，European Treaty Series － No. 196，from www.coe.org。

的法律文件规定法人为犯罪承担责任的两种情况:

1. 当法人中有权力代表法人或以该法人名义行使决策权,或在该法人中行使控制权的个人或作为该法人组成部分的机关实施了公约所确立的犯罪行为时,要追究法人的责任,不管是民事、行政或刑事的责任。在这一情况下,只有在法人中有领导地位的人或机关所做出的犯罪行为才能归责于法人。而这一领导地位的取得来自它们在法人中拥有一定权力可以代表法人、或可以以该法人名义进行决策、或在该法人中具有控制权。

这体现了我们前面所说的法人机关行为理论。这些拥有代表权、控制权、决策权的个人或机关在法人中有领导地位和决定性影响,法人的行为由它们来决定,因此,他们就是法人的机关,他们的行为和意思就是法人的行为和意思,法人的行为和机关的行为是同一的,所以,法人为他们的行为承担责任。在法人犯罪的归责原则上采用的是同一原则。

另外,从公约的表述中,我们发现它采用了 organ 一词,如 "…committed for their benefit by any person, acting either individually or as part of an organ of the legal person"①,如我们在第一章中所介绍的,法人机关理论中的"法人机关"就是由 organ 这个词翻译而来,(法国学者表述的法语对应词为 organes)。这里 organ 具有生物学上的"人体组织"的含义,笔者认为,这里面也隐含着将法人实体比喻为自然人的肉体,其中的机关就是构成其人体生命所不可缺少的器官和组织的意思,那么这些机关代表法人实体所从事的行为当然要由法人实体来承担责任。

2. 在法人中的一般雇员、下属、职员,他们从事了公约所确立的犯罪行为时,法人因对具有领导地位的机关和个人未尽到监督义务致使一般雇员得以实施不法或犯罪行为而承担责任。在这种情况下,法人未尽到选任、监督义务时,才承担责任。如果法人能证明自己已尽到此义务,则不承担责任。这实际上是一种推定过失责任。

由此可见,法人中不同地位的人实施的行为是否能归责为法人,条件是不一样的。

要明确的是,在这两种情况下法人要承担责任还要符合以下共同的条件:①公约所确立的犯罪行为已经实施。②行为人的行为是为了该法人利益或者是以该法人名义实施的。也就是说,这些人或机关的行为应是在法人职

① Joint Action of 22 December 1998 On Corruption In The Private Sector, adopted by the Council on the basis of Article K. 3 of the Treaty on European Union, Article 5, para. 1, 98/742/JHA.

务范围内的行为，以区别于他们与法人无关的私人行为，私人行为不应由法人来承担责任。③行为人在行为时要有故意或过失的主观心态。

二 特点

（一）国际法和国内法的互动影响

从这些国际刑法规范对法人责任条件的规定中可以看出，它们显然不是基于"共谋"的理论。"共谋"是普通法系的理念。由于欧盟和欧洲委员会的成员国多是欧洲国家，它们的公约受欧洲大陆法系法律传统和文化的影响很深，特别是这套将犯罪归责于法人的归责原则、条件和体系明显带有很重的大陆法系国家法人责任理论和立法思想的影响。

比如，1994 年法国新刑法典确定了法人的刑事责任，法人可作为既遂罪或未遂罪的正犯或共犯承担责任，但所涉及的犯罪应当是"为法人利益"并且由"其机关或代表"所实施（法典第 121 - 2 条）。

又如，德国行政秩序法也规定：

任何人作为：

①法人代表机构的代表或者该机关的成员；

②非法人机构的领导人或领导成员；

③合伙商业公司有代表权的股东；

④法人或在②③中提到的人合团体的总代表或处在领导地位的代理人或商业代表，实施犯罪行为或者违反秩序行为，因而违反法人或者人合团体承担的义务，或者使法人或人合团体获得或将获得不法利益的，得以对法人或人合团体处以罚款。

由此可见，法人犯罪的行为人应是法人、非法人机构和合伙商业公司及人合团体的领导人或有代表权的机关或成员。与上述欧洲委员会、欧盟公约和法律文件规定的法人责任条件相似。由此可见，在法人犯罪的责任方面，国际法受到了国内法的影响。

然而，这些国际法在受到国内法深刻影响的同时，也对国内法逐步接受和确立法人犯罪的责任产生了影响。如前所述，大陆法系国家传统上是不承认法人有犯罪能力及法人刑事责任的。像法国 1810 年刑法典中就没有法人刑事责任。但是，1994 年法国新刑法典就开始确立法人刑事责任，成为刑法典最引人注目的一个变化。再比如，德国 1813 年《巴伐利亚刑法》第 71 条中，明文规定法人不受惩罚，对德国其他各邦产生很大影响。1871 年德意志帝国成立后颁布的德意志联邦刑法典也坚持团体的不可处罚性。这部刑法典直到 1975 年新刑法典的生效施行，其间历时近 100 年，这一原则一直未改变。① "二战"以后，德国的立法机关在经济刑法和附属刑法中规定了许多有关对法人的制裁。1987 年重新公布的行政秩序法对法人的责任有了完整的规定②。这些立法上的变化虽然有随着经济发展、法人在社会经济中作用增强而带来的法人犯罪现实的影响，但是，国际法的影响也不能忽略。如前所言，自 20 世纪 70 年代起，欧洲大陆上的国际组织如欧洲委员会等就努力推动成员国用刑法手段打击经济领域内的法人犯罪现象。另外，在欧洲一体化的过程中，为统一经济秩序，作为其一环，便开始制定在欧洲经济共同体范围之内适用的、规制经济活动的条约和法规。其中包括有以企业等为对象的罚款规定和有关法人犯罪的责任的规定。所有这些都对欧洲大陆的国家立法产生了影响。因此，法人犯罪的责任的演变和发展，充分体现着国际法与国内法不可分割的互动作用。

（二）存在的问题

尽管如此，欧盟和欧洲委员会的国际刑法公约和文件所确立的法人责任条件还存在一些问题。

首先，现在的公司越来越发达，规模越来越大，公司的内部组织结构也越来越复杂，管理越来越科学，权力也不像原来简单的公司那样呈金字塔形集中在顶层，而是分散到各个部门，有时候，也许是公司的一个一般普通雇员就有权在其自己的职责范围内实施如商业行贿等不法行为或犯罪，但是，行为的目的或后果却是为了公司的利益或实际上使公司受益或即将受益，而公司要举证证明自己尽到选任、监督义务很容易，因为这些大公司往往有完备的选任和管理制度。

其次，现实中还存在一些在法人中不出现，但实际上幕后操纵或实际控制法人的人，用公约中所确定的这些责任条件无法使法人为他们的行为承担责任，而他们恰恰是法人真正的既得利益者。因此，如何将行为归责于法人、如何使法人承担责任特别是刑事责任是非常复杂的问题，尤其是在当今法人结构日益庞大复杂，法治、人权观念渐入人心的时代。像联合国公约一样的全球性公约所面向的几乎是国际社会所有成员，其间在法人责任的问题上的认识和立法差异可想而知，因此，它只强调对法人犯公约所述犯罪追究责任，且不限于刑事责任以及不因此排除具体实施犯罪的自然人责任等原

---

① 何秉松主编：《法人犯罪与刑事责任》，中国法制出版社 2000 年版，第 123 页。

② 王世洲：《德国经济犯罪与经济刑法研究》，北京大学出版社 1999 年版，第 106 页。

则，至于如何归责、采纳何种责任形式则留待缔约国依照其国内法原则解决，只要能产生有效、适当、惩戒效果的措施遏制法人犯罪。

最近，在 2005 年联合国国际法委员会第五十七届会议通过的《关于国际组织的责任》条款草案中，第二章第 4 条规定："1. 一国际组织的一个机关或代理人履行该机关或代理人的职务的行为，依国际法应视为该国际组织的行为，不管该机关或代理人相对于该组织而言具有何种地位。2. 为第 1 款的目的，'代理人'一词包括该组织行事时所借助的官员和其他人或实体。"① 这里已经提出了国际组织中自然人或机关的地位不影响国际组织为其行为承担责任，也就是，组织、实体中的自然人的地位和官衔不再是将其行为归责于法人的决定条件。虽然，本书所研究的国际刑法上的法人责任明确排除了公共国际组织，但是，它与法人一样都是组织体，所以，这是否意味着在断定组织体责任方面开始出现的一个趋势？我们拭目以待。

第三节　法人责任的双罚制

从第二章列举的国际刑法公约和文件来看，大部分包括了法人责任的双罚制规定，即，在追究按照公约或法律文件规定为犯罪行为的法人的责任时，如此的责任不能排除法人中具体实施犯罪行为的自然人的刑事责任。

在国内法体系中，对法人追究违法行为或犯罪的责任时采行双罚制的并不少见。但这并不是唯一的处罚方式，除此之外，还有转嫁制或曰代罚制、法人责任制、三罚制。

转嫁制，或称代罚制，即，只处罚法人中参与法人犯罪的自然人而不处罚法人；法人责任制，即，只处罚法人，不处罚法人中参与法人犯罪的自然人；② 三罚制，即，对公司（法人）的从业者、法人以及法人代表（总经理等）三者都加以处罚。

其中，对法人犯罪实行双罚制，乃是惩罚法人犯罪的世界各国之通例。只是有些国家并不单纯使用这一种方式，而是分别混合使用。比如，我国 1997 年刑法典第 31 条规定对单位犯罪的处罚原则作了明确的规定，即：

---

① 《国际法委员会第五十七届会议报告》（2005），A/60/10，第 68 页。

② 赵秉志、刘志伟：《海峡两岸法人犯罪立法的比较研究》（下），《河北法学》1998 年第 5 期。

"单位犯罪的，对单位判处罚金，并对其直接负责的主管人员和其他直接责任人员判处刑罚。本法和其他法律另有规定的，依照规定。"可见，我国1997 年刑法典对单位犯罪的处罚是采取以双罚制为原则、以单罚制为补充的原则的。在刑法典分则规定的百余种单位犯罪中，对绝大多数单位犯罪规定的是双罚制，只有极少数规定的是单罚制，即：不处罚单位，只处罚直接负责的主管人员和其他直接责任人员。

实行三罚规定的国家很少，有三罚规定的法律也极为少见，日本经济刑法中的《反垄断法》是一例。

日本《反垄断法》第 95 条之二规定，"当存在违反第 89 条第一款第一项行为（不正当限制交易罪）的场合，如果该法人代表明知该违反行为的计划，却不采取必要措施加以阻止，或者明知该违反行为正在实施，却不采取必要措施加以纠正时，对该法人代表也科处各罚条所规定的罚金刑"。应注意的是，这一规定并不是处罚选任或监督过失行为的规定。只有当认识到了违反行为却没有采取阻止或纠正措施的场合，即只有在故意犯罪成立的场合，才能适用三罚规定进行处罚。但是，《反垄断法》中的三罚规定没有被实际适用过。①

由于各国国内法对法人犯罪或不法行为的处罚方式并不一致，因而上述国际刑法公约和文件在这方面力求统一。

如果从世界各国对法人犯罪处罚的历史进程看，目前，注重以双罚制处罚法人犯罪的做法，较之仅处罚法人，或仅处罚法人中具体实施犯罪的自然人或负责人的做法，无疑是一种进步。因为，单罚制不符合罪责自负的刑法基本原则、有失刑法公平。② 而且仅处罚法人中具体实施犯罪的自然人或负责人的做法实际上是"法人无犯罪能力的理论，与控制法人犯罪的客观需要，在刑事政策上调和的一种表现"。③ 因此，既然立法上已承认法人可以成为犯罪主体，就没有必要再对法人犯罪实行转嫁制即单罚制，而应该对法人犯罪一律实行既有利于贯彻罪责自负原则，又有利于实现刑罚目的的双罚制。这样，在打击法人犯罪时，能够防止法人和法人中的领导人或其他雇员互相以另一方为掩护，借此逃避自己应负的责任，从而起到全面惩戒的

---

① 　[日] 芝原邦尔：《经济刑法》，金光旭译，法律出版社 2002 年版，第 116—117 页。

② 　赵秉志、刘志伟：《海峡两岸法人犯罪立法的比较研究》（下），《河北法学》1998 年第 5 期。

③ 　顾肖荣等：《法人犯罪论》，远东出版社 1992 年版，第 104 页。转引自赵秉志、刘志伟《海峡两岸法人犯罪立法的比较研究》（下），《河北法学》1998 年第 5 期。

效果。

第四节　法人责任的形式

国际刑法上法人责任的形式多样，不仅可以是刑事责任，还可以是民事或行政责任。

这可能和我们在国内法中的通常理解不一样。因为我们所谈的法人责任是国际刑法规定的法人犯罪的责任，与它对应的应是刑事责任，怎么还会有民事和行政责任呢？

如前所述，对于法人能否犯罪、能否成为犯罪主体、有没有犯罪能力、能否承担刑事责任等问题，各国国内立法、法律传统、刑法理论的做法和认识有很大差异。大部分欧洲国家的刑事立法仍然坚持法人不能犯罪，不能承担刑事责任，只有作为它们的代表的自然人才能被追究责任的原则。因此，如果所有现存的国际公约和法律文件都承认统一确立法人刑事责任并要求将其引入缔约国国内法体系，在某些国家会遇到概念性和法律性的困难，尤其是对某些只有自然人才能具有犯罪意图的刑事犯罪。

再就是，许多国家对刑法、行政法和民商法的分类标准也不同，比如，德国、日本、意大利等国除统一的刑法典之外，还有行政刑法或经济刑法，而且有一些对法人行为进行处罚的规定还出现在商法中。

对民事责任、行政和刑事责任所对应的承担责任的形式也不一样，有的国家民事责任主要由具有平等主体地位的一方通过民事诉讼请求对方承担赔偿或停止侵权行为等的责任。而在有的国家，则可以由国家权力机关发起，进行民事罚款。

例如，在美国违反《谢尔曼法》或其他反托拉斯法的民事三倍赔偿行动可能是从政府、私人或公司发起的。民事行动是通过刑事和民事行动附加的政府执行，比如，禁止非法交易。政府的刑事行动导致对公司及其职员的罚款以及适当时对公司职员的监禁。还有就是允许私人当事人提出起诉来补充政府执法，这实际上是私人当事人被允许作为私营性审计人进行活动。由此可见，重大的制裁也能通过私人性代理人实施。[①]　又如，美国的《海外反

---

① Theodor Meron, *Is International Law Moving towards Criminalization?*, EJIL Vol. 9 （1998） No. 1, pp. 18—32.

腐败法案》（*Forgien Corrupt Practices Act*）中也规定美国司法部负责法案反贿赂规定中涉及国内联系的公司、外国公司和国民的刑事和民事执法，证券交易委员会负责反贿赂规定中对证券发行者的民事执法。法案还在"制裁"一章中规定了刑事性处罚和民事性处罚以及其他政府行动和私人行动。违反该法案（FCPA）将受到下列刑事制裁：公司和其他商业实体可被处以最高可达 200 万美元的罚款；官员、董事或主管、股东、雇员和代理人可被处以最高可达 10 万美元的罚款和 5 年监禁。司法部长和证券交易委员会在适当时可以采取民事性行动，对任何公司、企业和其违反该法案反贿赂规定的官员、董事或主管、雇员，或其代理人，或代表企业公司行事的股东，处以最高可达 1 万美元的罚款。证券交易委员会可以暂停或禁止他们进行证券交易，并对在证券交易中违反本法案规定的人予以民事性处罚。另外，违反该法案反贿赂规定的行为也可以产生私人在"反组织犯罪侵害合法组织法"（RICO）下采取的要求三倍损害赔偿的法律行动，或在其他联邦或州法下的行动。例如，可能由声称由于被告行贿而在竞争中受损失去外国合同的竞争者在 RICO 下采取的行动。从这些规定中可以看出，政府可以采取民事和刑事的制裁措施，民事责任不是我们认为的仅仅是侵权损害赔偿和违约责任的形式，它也可以包括由政府机关采取的具有惩罚性的制裁措施。这些发展影响了一般法律原则和多数情况下的一般刑法原则。因此，在一些法律领域民事和刑事行动之间的分界线可能变得模糊。

　　国际公约和文件作为国际法渊源的一部分，有别于中央集权式的国内立法，为了在国际层面上建立一种基本的标准和法治，就必须最大限度地求得缔约方的协商一致，因此，国际公约和文件就将这一问题留给缔约国自由裁量，使不同的缔约国结合本国法律原则，视公约规定应确定为犯罪的行为的情节和危害程度，灵活选择刑事、民事或行政责任之一或全部形式，只要符合公约确立的"有效、适当和劝诫性"的制裁标准，以示惩戒。[①]

第五节　对法人采取的制裁措施

　　由于法人本身的特殊性，有些仅对自然人才有意义的刑罚不适用于法

[①]　"Council of Europe Criminal Law Convention on Corruption Explanatory Report"，para. 86；"Council of Europe Convention On Cybererime Explanatory Report"，para. 126.

人，如剥夺人身自由的刑罚、剥夺政治权利的刑罚。但是，法人虽然没有生物意义上的肉体和生命，不可能受到像自然人那样被监禁，或处以死刑，却可以通过法律强制其解散、剥夺从事社会和经营活动的资格或财产。通过司法命令强制解散法人是非常严厉的处罚。对法人来说，这无疑是令其消亡、剥夺法人"生命"的处罚，犹如对自然人处以死刑。

　　国际刑法公约和法律文件对有效惩戒法人的惩罚措施做了规定。一般主要包括刑事或非刑事的罚金、没收财产或犯罪收益或用于犯罪的资金，而具体采取什么措施留给缔约国国内法自由裁量，只要是有效、适当并具有劝诫性的效果。相比全球性国际条约，区域性国际组织如欧盟的法律规范还详细规定了成员国应采取的具体措施，如剥夺享受公共福利或援助的权利、临时或永久地取消参与公共采购或其他商业活动的资格、勒令停止经营活动、强制给以司法监督、下达司法解散、清算令、暂时或永久关闭被用来实施犯罪的设施等处罚措施。

第四章

法人跨国犯罪与国际犯罪的责任：
在国际性刑事法庭直接实施

第一节　二战后国际法庭对犯罪组织和
企业负责人进行审判的实践

一　纽伦堡国际军事法庭和远东国际军事法庭对犯罪集团和组织的审判

第二次世界大战期间，针对希特勒及其法西斯同伙对人类犯下的滔天罪行，1942 年 1 月 18 日，九个被希特勒占领的国家的流亡英国的政府，在伦敦发表了《圣·詹姆斯宣言》，表示要惩处战犯，得到美国、英国和苏联的赞同。1943 年 10 月 25 日，联合国家战犯委员会成立，同年发表了惩处战犯的《莫斯科宣言》。为执行这一宣言，英、美、法、苏四国政府于 1945 年 8 月 8 日在伦敦缔结了《控诉和惩处欧洲轴心国主要战犯的协定》①，提出应设立国际军事法庭对欧洲轴心国首要战犯进行公正而迅速的判决和惩处，并在所附的《国际军事法庭条例》中制定了《国际军事法庭宪章》，规定了其权限和任务。根据这一协定，在德国纽伦堡建立起来的国际军事法庭对二次世界大战中的欧洲轴心国首要战犯及犯罪集团和组织进行了公正的审判。其中，在《国际军事法庭宪章》第 9 条、第 10 条、第 11 条对犯罪集团和组织进行了规定（具体条文内容在第二章已做节选，在此略）。这是作为国际性刑事司法机构裁判之法律基础和依据的国际法第一次直接规定犯罪集团和组织的团体刑事责任。

对于这种新的责任形式，在纽伦堡法庭上，被告的辩护人做了很多分析和抗辩。但是，国际军事法庭根据英美法系中的"共谋"理论明确指出："犯罪的组织和犯罪的密谋在这一点上是一致的，即两者之间的合作在本质

---

① 国际法网络课件《纽伦堡审判》，来自 http：//zy. tjrtvu. edu. cn/inlaw/ReadNews. asp？ News-ID = 339，2006 年 3 月 7 日访问。

上都是为了犯罪的目的。前提是要有一个严密结合在一起并为了某一共同目的而组织起来的集团。另一个前提是，该集团的形成或对它的利用应与条例所谴责的罪行有关。"①

如果依照国际军事法庭条例第 9 条已宣布该组织为犯罪组织，那么依照第 10 条规定，任何签字国均有权对从属于某一犯罪组织的人员以其非被迫参加该组织，以及了解该组织的犯罪目的为由提出诉讼。但是，在个人的诉讼案件中，法庭只审查个别组织所属成员的个人责任，根据国际军事法庭的裁决，该组织本身的犯罪性质不变。同时，国际军事法庭根据本身的任务，只考虑那些组织参与的、与战争有关的罪行。也就是说，在 1939 年之前这些组织在德国国内所犯下的违反人道罪，如果与战争无关，均不在国际军事法庭审理权限之内。因此，纽伦堡国际军事法庭在经过一些非常慎重的甄别工作之后，考虑到前面提到的种种限制，决定只宣布德国纳粹党政治领袖集体、秘密警察、保安勤务处（SD）和德国民族社会主义工人党党卫队（SS）为犯罪组织，驳回了德国内阁、参谋总部和国防军最高统帅部是犯罪组织的起诉。②

第二次世界大战后设立的、与纽伦堡的国际军事法庭属同一性质的远东国际军事法庭是根据《波茨坦公告》、《日本投降文书》和莫斯科外长会议的决议授权远东盟军最高统帅部设立的。1946 年 1 月 19 日，远东盟军最高统帅部颁布了《设置远东国际军事法庭的特别通告》，正式在日本东京设立了远东国际军事法庭，对战争中的日本战犯进行审判。③ 作为远东国际军事法庭审判依据的《远东国际军事法庭宪章》中虽然没有像《国际军事法庭宪章》那样专条规定了犯罪集团和组织的责任，但是，其第 5 条（丙）项规定了"凡参加上述任何罪行之共同计划或阴谋之领导者、组织者、教唆者与共谋者，对于任何人为实现此种计划而做出之一切行为，均应负责"。④从法庭所采用的英美法规则和纽伦堡审判以共谋理论对犯罪集团和组织定罪的实践来看，这一规定实际上也可认为是使犯罪集团和组织承担刑事责任的依据。

虽然，国际军事法庭和远东国际军事法庭规定犯罪组织和集团的团体责

---

① ［民主德国］P. A. 施泰尼格尔编《纽伦堡审判》（上卷），王昭仁、宋钟璜、关山、肖辉英、李兰琴、李国林译，商务印书馆 1985 年版，第 22—23 页。

② 同上书，第 23 页。

③ 梅汝傲：《远东国际军事法庭》，法律出版社 1988 年版，第 6—7 页。

④ 同上书，第 277 页。

任是国际法上的一个创举和发展，但是，我们注意到，被法庭宣判为犯罪组织的都是由国家授权成立或者以国家权力为后盾的团体或组织，其行为的后果可以归属于国家①，而并不涉及私营部门或商业领域以营利为目的或不以盈利为目的的、作为民事主体的法人、组织、实体。这与我们前面所列举的、在现代国际社会里不断出现的打击国际犯罪的公约中所确立的法人责任主要涉及私营性主体是不同的。

二　纽伦堡国际军事法庭和主要战胜国在德国占领区的军事法庭审判德国大企业家的实践

（一）纽伦堡国际军事法庭及美国军事法庭对德国工商业巨头审判的实践

纽伦堡审判是二战后由战胜的同盟国组织的一系列军事法庭的审判，它主要是对战争中纳粹德国最主要的政治、军事和经济领导人的指控和审判。这些审判于1945—1946年在德国巴伐利亚州纽伦堡的正义宫举行。这些审判中第一个也是最著名的审判是纽伦堡国际军事法庭对纳粹主要战争罪犯的审判，如前段所述，它审判了24个被抓获的最主要的纳粹德国的领导人和6个犯罪组织。

第二阶段对较次要的战争罪犯的系列审判是根据"管制委员会法"第10条（Control Council Law No. 10）在纽伦堡的美国军事法庭举行的，它们也被称为随后的纽伦堡审判（Subsequent Nuremberg Trials），其中包括了对在战争期间利用集中营中被关押的囚犯进行人体试验的医生的审判、对法官的审判以及对纳粹德国发动战争提供重要财力支持的三个德国大公司克虏伯（Krupp Trial）、弗里克（Flick Trial）和法本（IG Farben Trial）的审判。

1. 对审判德国工商业巨头的争论

实际上，在第一阶段对第二次世界大战主要战争罪犯的审判中，国际军事法庭曾有是否将在战争中从经济上发挥重要资助和帮助作用的德国大企业家收入受审的被告人名单中的打算和争论。根据希特勒宣扬的荒谬政治理念，他设计的外交政策基于四个原则：废除《凡尔赛公约》；将德意志民族统一为一个单一民族国家，以保护雅利安文化（"folkish State"）；拓展德国

---

① 林灵：《恐怖组织在国际法上的刑事责任问题初探》，《甘肃行政学院学报》2004年第4期（总第52期），第83页。

在东部的"生存空间"（living space）；以及建立一个强大的、能威慑法国和俄罗斯入侵的国家。这一外交政策需要一个由强大经济实力支持的强有力的军事力量。[①]

事实上，在希特勒执政后，纳粹德国的国家社会主义体制将工业置于纳粹帝国经济委员会的控制之下。商业也进一步划分为区域性工业集团（Regional Industry Groups），它们按照"国家社会主义国家的原则被组织起来……并考虑到……工业的商业利益以及保卫国家的利益"[②]，这些工商业企业从军事经济中获利。1928—1939 年间，主要企业未分配的利润从 13 亿德国马克（Reichsmark）上升到 50 亿德国马克（5 billion）。[③]

战后，同盟国决定对德国侵略战争的发动者以及战争暴行的作恶者进行审判，在起草纽伦堡国际军事法庭宪章时，法国教授 André Gros 就极力主张："一些商人也应该被包括进主要战争罪犯的名单中，法国检察官将呈上一份德国的银行家及其他企业家的名单……"尽管 Gros`的建议被温和地接受了，但是同盟国还是没有将任何（在战争中发挥作用的）企业家的包括进最初的（纽伦堡审判）被告的花名册里。法国和苏联后来劝说英国和美国将克虏伯军备和军火公司的头儿——古斯塔夫·克虏伯加进去作为附加被告。美国法官罗伯特·杰克逊后来建议将另外的企业家也加进被告人名单审判。但是，其他盟国害怕这会导致审判一再拖延，就拒绝了杰克逊的建议。[④]

虽然同盟国的调查者们发现在战后的困难和混乱时期，大量能够充当证据的重要文件被毁损或在战争接近尾声时被德国人掩埋。但即使从残存文件中，他们还是发现了堆积如山的证据，虽然他们几乎没有时间浏览和整理，但是，这些未拣选的材料和证据越来越多地显示，德国大公司不管以这种或

---

①　Matthew Lippmann, War Crimes Trials of German Industrialists: The Other Schindlers, 9 *Temp. Int'l & Comp L. J.* 175 （1995）.

②　Ⅰ Nazism 1919—1945 A History in Documents and Eyewitness Accounts 14 （J. Noakes &G. Pridham eds. , 1983）, at 310—312. Matthew Lippmann, War Crimes Trials of German Industrialists: The Other Schindlers, 9 *Temp. Int'l & Comp L. J.* 176 （1995）.

③　Ⅰ Nazism 1919—1945 A History in Documents and Eyewitness Accounts 14 （J. Noakes &G. Pridham eds. , 1983）, at 315. Matthew Lippmann, War Crimes Trials of German Industrialists: The Other Schindlers, 9 *Temp. Int'l & Comp L. J.* 176 （1995）.

④　Matthew Lippmann, War Crimes Trials of German Industrialists: The Other Schindlers, 9 *Temp. Int'l & Comp L. J.* 176—177 （1995）.

那种方式都应与其他最主要的战犯一道属于第一个纽伦堡审判的对象。当四个同盟国审判团队的负责人一起为第一个审判即国际军事法庭的审判筛选被告时，法国和苏联的负责人都将克虏伯加进了美国人的名单中。这四个团队很容易地达成一致将克虏伯加进被告名单，指控其犯第一项罪名（共谋参与战争罪和反人类罪）——就像对 24 个被告所做的一样——以及其他三项罪名。① 于是，在战后纽伦堡国际军事法庭对战争主要罪犯进行审判时，最终加进了唯一一个德国企业家的被告——古斯塔夫·克虏伯。

2. 纽伦堡国际军事法庭对德国工商业巨头审判的实践

（1）国际军事法庭对德国克虏伯公司集团首席执行官克虏伯的审判（Gustav Krupp，CEO of Krupp，Nuremberg Trial before Intrernational Military Tribunal）

在纽伦堡国际军事法庭的审判中涉及的唯一一个可能对私营性公司审判的机会是对纳粹德国期间担任德国克虏伯公司集团（Krupp）首席执行官的古斯塔夫·克虏伯的审判。② 他是纳粹时期德国主要的大企业家，1912—1945 年任克虏伯集团的首席执行官 CEO、德国经济计划总委员会委员、德国工业全国联合会主席、德国经济部下属的煤、铁和金属生产组组长。起诉理由就有"推动了如起诉书所列理由之第一项的战争准备；参与了如起诉理由之第一项和第二项所列举的纳粹密谋分子对侵略战争以及对违反国际条约、国际协定和国际保证的战争的军事和经济计划和准备；批准和领导了如起诉理由之第三项所列举的战争罪和起诉理由之第四项所列举的违反人道罪，特别是为进行侵略战争而剥削和滥用人的劳动"。③

克虏伯公司集团是一个商业性公司，而克虏伯本人是该公司的最高领导人，像对他起诉的理由中之"为进行侵略战争而剥削和滥用人的劳动"事实上就是通过其公司实现的，从另一个角度说，这个公司也是从事这一犯罪行为的主体。检控方的起诉书显然意识到了这一点，并通过追究其负责人的刑事责任来达到惩罚犯罪的目的，只是没有追诉该公司。

---

① Jonathan A. Bush, The Prehistory of Corporations And Conspiracy in International Criminal Law: What Nuremberg Really Said, 109 *Colum. L. Rev.* 1111（2009）.

② 在纽伦堡国际军事法庭的审判中还有一个被告也是经济界人士，关于对他的审判的具体情况本书将在随后接下来的部分详细介绍。

③ ［民主德国］P. A. 施泰尼格尔编：《纽伦堡审判》（上卷），王昭仁、宋钟璜、关山、肖辉英、李兰琴、李国林译，商务印书馆 1985 年版，第 62 页。

　　但遗憾的是，由于身体健康状况不适于受审的原因①，1945 年 11 月 15 日和 17 日，国际军事法庭裁定："所有针对古斯塔夫·克虏伯的指控应被保留在本法庭待判决的案件列表上……如果被告的生理和精神健康方面的条件允许的话。"② 而要求将其子阿尔弗雷德·克虏伯作为被告的请求也随之被法庭拒绝。紧随这一决定，法国和英国都宣布他们打算将阿尔弗雷德·克虏伯和其他德国企业家放到稍后时候举行的另一个多国法庭进行审判。③

　　法庭的该决定导致对古斯塔夫·克虏伯的审判被推迟，直至 1950 年 1 月 16 日古斯塔夫·克虏伯去世。④ 虽然，检察官曾努力试图让他的儿子艾尔弗雷德·克虏伯取而代之，特别是美国检察官杰克逊建议推迟审判的开始时间，请求法庭允许由克虏伯之子来替代其父受审，因为他在大部分战争期间继承他父亲参与克虏伯集团的实际经营管理和决策。但是，法官拒绝了这一建议，认为他们的亲属关系太近有株连之嫌，不利于公正审判。克虏伯的不能受审被视为是纽伦堡审判中一个戏剧性高点，也是美国籍检察官杰克逊的失策之一，它传达了法院的一个信号，那就是，它们不是检察官的橡皮图章。⑤

　　虽然，艾尔弗雷德·克虏伯随后在纽伦堡另一个单独的法庭上因使用奴役劳工而受到审判，但他因此躲过了最糟的战争罪恶名以及可能的死刑

---

　　① 医疗方面的证据显示，从 1939 年起克虏伯就罹患进行性动脉硬化（progressive arteriosclerosis）和老年症（senility）。随后又经历了脑血栓（cerebral thrombosis）病发，并导致暂时性面部神经瘫痪，致使膀胱和括约肌失控。In Ⅰ Trial of The Major War Criminals Before The International Military Tribunal 124（1948），reprinted at Matthew Lippmann，War Crimes Trials of German Industrialists The Other Schindlers，9 *Temp. Int'l & Comp L. J.* 177（1995）。

　　② See Order of the Tribunal Granting Postponement of Proceedings against Gustav Krupp Von Bohlen，in Trial of Major War Criminals before International Military Trial Ⅰ，143（1948）. Reprinted at Matthew Lippmann，War Crimes Trials of German Industrialists The Other Schindlers，9 *Temp. Int'l & Comp L. J.* 178（1995）.

　　③ See the Memorandum of the French Prosecution on the Order of the Tribunal Rejecting the Motion to Amend the Indictment，in Trial of Major War Criminals before International Military Trial Ⅰ，147（1948）. Reprinted at Matthew Lippmann，War Crimes Trials of German Industrialists The Other Schindlers，9 *Temp. Int'l & Comp L. J.* 178（1995）.

　　④ Jonathan A. Bush，The Prehistory of Corporations And Conspiracy in International Criminal Law：What Nuremberg Really Said，109 *Colum. L. Rev.* 1112（2009）.

　　⑤ Ibid.

惩罚。①

在以后的年代里，支持者们都分别为美国检察官杰克逊和英国检察官肖克罗斯辩解而指责另一方，但事实上他们都犯了未予充分注意和沟通不良的错误。他们都只是相信对克虏伯的指控是至关重要的，毕竟，古斯塔夫·克虏伯是第一个审判的被告中唯一一个私营工商业者。他被控不仅参与、管理公司从系统的战争暴行中获利，而且还帮助希特勒在德国获取政权，并为其发动侵略战争提供军事支持。将他作为被告意味着既可以使之获得有罪判决，又可以树立一个很强的裁定（先例）以用于未来审判其他企业家（工商业者）的案件。②

（2）纽伦堡国际军事法庭对另一位经济界人士、银行家 Dr. Hjalmar Schacht 的审判（Trial of Dr. Hjalmar Schacht, Nuremberg Trial before Intrernational Military Tribunal, 1946）③

Dr. Hjalmar Schacht 是德国著名的经济学家和银行家。第二次世界大战前是德国国家银行（Reichsbank）的行长，任期为 1923—1930 以及 1933—1938 年，并于 1934—1937 年间担任德国经济部部长。纽伦堡国际军事法庭审判中，检控方的起诉书指控其同意并允许纳粹德国违反《凡尔赛和约》。他强烈反对第一次世界大战后德国所承担的战争赔款义务。1937 年 12 月，他由于与希特勒和其他主要的纳粹领导人的分歧而被迫从德国政府中免职，在第二次世界大战中没有发挥什么作用。他后来成为德国抵制希特勒组织（German Resistance to Hitler）的一名边缘成员，在 7 月 20 日密谋后被纳粹关进监狱。战后，他作为被告被纽伦堡国际军事法庭审判，但被宣判无罪。④

在审判中，检控方指控其犯有第一项罪名，即参与策划或共谋实施反和平罪，以及第二项罪名，即计划、准备和发动侵略战争以及其他反和平罪。但是，法院在审判中认为，Schacht 在其 1933 年 1 月 30 日掌权以前是纳粹

---

① 以上关于纽伦堡审判的介绍资料来源于 http：//en. wikipedia. org/wiki/Nuremberg_ Trials，2011 年 8 月 2 日访问。

② Jonathan A. Bush, The Prehistory of Corporations And Conspiracy in International Criminal Law：What Nuremberg Really Said, 109 *Colum. L. Rev.* 1112 （2009）.

③ See Judicial Decisions：International Military Tribunal （Nuremberg）, Judgment and Sentences, October 1, 1946, 41 Am. J. Int'l L. 298—302 （1947）, pp. 298—302.

④ 关于本案的基本背景资料介绍来源于 http：//en. wikipedia. org/wiki/Hjalmar_ Schacht, 2011 年 8 月日访问。

党的积极支持者，并且支持希特勒就任德国总理。从那以后，他在希特勒的重整军备计划中发挥了重要的作用，因为那时他是德国国家银行的行长，他利用这一条件为德国重整军备（German Rearmement）付出了全部的努力。他设计出了一种 5 年期债券突破了央行传统的权限，在短期内从资本市场为重整军备筹集了大量资金。他也为在战争情况下保证军工产业和工业的运行制订了详细的计划。但是，到 1936 年 4 月，他开始失去作为重整军备项目主要任务上的影响力。①

　　法院在查明了大量事实后，认为，非常清楚，Schacht 曾是德国重整军备项目的核心人物之一，并且他采取的措施特别是在纳粹政权早期，对纳粹党迅速崛起为一个军事大国起到了重要作用。但是，重整军备项目本身根据《国际军事法庭宪章》不属于刑事犯罪。如果根据《宪章》第 6 条将其定为反和平罪的话，那就必须证明 Schacht 实施的这一重整军备项目是纳粹发动侵略战争的一部分。② Schacht 也承认他参与了重整军备项目，但是只是因为他想建立一个强大而独立的德国，可以独立地实行外交政策，并在与欧洲国家交往过程中受到平等的尊重。而且，到 1936 年时，他就开始提出由于财政方面的原因限制重整军备项目。最后，法院认为，他没有涉入计划、准备两项罪名所指的侵略战争。他在被占领的奥地利等领土上的参与行为只是在一个很有限的基础上，那不能等同于参与了第一项罪名所指的共同计划发动侵略战争。③ 最后，法院认为它已经对上述所有重要证据做了充分的考虑和审查后，判定 Schacht 没有犯控方对其指控的那些罪名，从而宣告其无罪。④

　　在纽伦堡国际军事法庭对 Hjalmar Schacht 案的审判过程中，美国籍首席检察官杰克逊有曾将 Schacht 纳入有罪指控的被告的打算，因为杰克逊强调本案的经济特性，主张将本案视为与对克虏伯的审判同类，归入经济类案件范畴。⑤ 从这一点上说，杰克逊最初在处理该案时，认为 Schacht 和克虏伯一样都是对纳粹期间德国准备和发动战争起到重要资助作用的企业家和银行

① Judicial Decisions: International Military Tribunal (Nuremberg), Judgment and Sentences, October 1, 1946, 41 Am. J. Int'l L. 299 (1947).

② Ibid. , p. 300.

③ Ibid. , p. 301.

④ Ibid. , p. 302.

⑤ Jonathan A. Bush, *The Prehistory of Corporations And Conspiracy in International Criminal Law: What Nuremberg Really Said*, 109 Colum. L. Rev. 1124 (2009).

家，也和本书所说的公司负责人对公司直接从事或共谋从事战争犯罪的行为承担国际责任的国际法庭实践有关。

正当国际军事法庭对 Schacht 的审理如火如荼地进行时，杰克逊对本案暴露出的控方指控理由和证据不足表示非常的担忧。1945 年 8 月，杰克逊还在为将 Schacht 纳入有罪指控而努力，因为他强调本案的经济案件性质。但是，到了秋天，杰克逊的经济案件同僚——Shea，Deinard，and Murray Gurfein 不得不屈服于由于他们的助手们因为他们不愿意去对付如果将该案作为经济案件处理所面临的繁重的工作量和技术困难，这让杰克逊措手不及。然而，即使没有检控环节的这一失误，观察家们认为 Schacht 还有一个很合适的机会做无罪辩护，部分是因为在战争结束时他被发现关押在 Dachau 的监狱里。杰克逊警告其他检察官说，如果 Schacht 的案子最后获得一个无罪判决的话，特别是法院基于宽泛的证据做出这一判决时（事实上法院正是这样做的），那将对以后可能的对商人和企业家的审判带来危险，即，这形成一个不利的先例，不利于以后对商人因其公司的不法行为而应承担责任的指控。

但是，整个国际军事法庭的检控方在该案中所表现出来的不足削弱了杰克逊和英国籍检察官肖克劳斯后来对商人和企业家提起公诉的努力，这些被视为不可能赢的案子。尽管如此，从 1946 年 5 月开始，首席检察官们屈服于（至少是一段时间内）他们的继任者 Taylor 等的意见①，即，不将 Schacht 案作为与克虏伯一样的案件处理，也就意味着 Schacht 将可能被判无罪。

这是纽伦堡审判中涉及的另一个经济界人士，也是银行家。但他与克虏伯是不一样的，他作为被告受审是因为他当时在希特勒政府中的职务，而不是由于他的银行家身份以及他在私营性银行的职位，Reichsbank 是德国国家银行，也就是德国的央行，他是政府职能的一部分，不是私营性银行企业，所以，就这一点来说，对他的指控不涉及我们这里所指的对公司的审判及公司在战争中违反国际法的责任问题。

至此，纽伦堡国际军事法庭试图对私营性商业公司及其主要决策人进行审判的有限的实践也因此而告终。但是，国际社会的这一努力并没有结束。事实上，1946 年 4 月 5 日，纽伦堡国际军事法庭的审判

---

① Jonathan A. Bush, *The Prehistory of Corporations And Conspiracy in International Criminal Law: What Nuremberg Really Said*, 109 Colum. L. Rev. 1124 (2009).

中来自四个主要的战胜同盟国的首席检察官们，曾就在这一审判结束后另外组织一个专门针对在战争中发挥重要资助作用的德国大企业家和工商业者的审判进行过协商，并初步就以下两点内容达成一致：第一，大家一致接受加速当下这个纽伦堡国际军事法庭的审判速度，并希望第二个国际审判也能使用与此相同的法官和检察官团队以提高工作效率；第二，他们同意被告的范围不应过大，只应集中在少数在战争中发挥作用较大的德国大企业家中，最后，英国籍检察官肖克劳斯简单地给出了一个十人的名单。① 但是，由于四个盟国中，法国非常不情愿组织这样一个国际审判，英国又表示需与法国协商此事，而美国则由于欧洲其他国家无财政能力而不得不负担当前的纽伦堡国际军事法庭的审判所付出的庞大开支，从而担心未来的第二个国际审判可能还将由美国负担所需经费，美国籍检察官杰克逊于是强调了美国拥有撤出第二个国际审判的权利。苏联虽然同意给第二个可能的国际审判提供资助，但并没有给出任何详细信息。② 虽然，当时的美国籍检察官助理Telford Taylor③ 为这一审判的实现做出了非常多的努力，他设法斡旋、调和四个主要同盟国的检察官，特别是英、法的检察官的意见，又游说美国政府。④ 但最终他的愿望还是没有实现，检察官们显然没能说服他们各自的政府⑤，而且，后来检察官内部也产生了意见分歧⑥，使这一努

---

①　Jonathan A. Bush, *The Prehistory of Corporations And Conspiracy in International Criminal Law: What Nuremberg Really Said*, 109 Colum. L. Rev. 1123 (2009). Ibid.

②　Ibid., at 1123—1124.

③　他在随后的纽伦堡审判中担任首席检察官。

④　Jonathan A. Bush, *The Prehistory of Corporations And Conspiracy in Internationul Criminal Law: What Nuremberg Really Said*, 109 Colum. L. Rev. 1125 (2009).

⑤　Ibid., at 1124.

⑥　到1945年5月末，美国的首席检察官兼当时驻纽伦堡国际军事法庭的美国代表团团长杰克逊一直对这场第二次专门针对在战争中发挥重要资助作用的企业家的审判能否实现表示怀疑，他成了华府中极力反对这一审判的声音。早在1945年5月13日，在给美国总统杜鲁门的报告中，杰克逊就再三强调由于Schacht案件中暴露出的问题导致可能使其被判无罪，从而对未来第二场可能的对大企业家的国际审判产生不利影响，他担心这个第二场国际审判可能由于这一影响而难以达到预想中的效果，因此，对第二场国际审判的无效果和可能产生的也许仍只能由美国承担的高成本的担忧，以及对苏联人和法国检察官杜伯斯特的厌恶，成为杰克逊极力反对这一国际审判的主要原因，因为在未来可能的国际性审判中，苏联人将不可避免地获得一个法官和检察官的席位，而对杜伯斯特，他感觉此人也是一个共产党分子。此段历史参见Jonathan A. Bush, *The Prehistory of Corporations*

力最后还是付诸东流。①

　　但是，国际社会对此的努力还是没有停止。1945 年 12 月 20 日，距古斯塔夫·克虏伯不能受审事件几个星期后，主要的同盟国代表签署了"管制委员会法第 10 条"（Control Council Law No. 10），这是一个未来审判另外主要被告的最终协议。这一协议授权类似于正在进行中的纽伦堡国际军事法庭的多边法庭和其他四个盟国在德国的占领区内的任何一个都可以举行这样的审判。这一法案没有特别指出包括或排除对商业实体或主要责任人的审判，但是，它确实规定了管辖权覆盖的范围应该是与第一个纽伦堡审判中审理的犯罪罪行类似的犯罪，并且，看起来也允许对像老克虏伯这样的自然人被告予以类似的审判。②

And Conspiracy in International Criminal Law：What Nuremberg Really Said，109 Colum. L. Rev.（2009）：pp. 1126—1127。

　　为了避免来自他人和国内的指责，说他扼杀了这场可能的对在战争中发挥作用的企业家的国际审判，杰克逊在他的回忆录中专门注明一段，指出，他在此前曾推动对古斯塔夫·克虏伯的儿子阿尔弗雷德·克虏伯的审判，在其父因病不能受审后。Jonathan A. Bush，The Prehistory of Corporations And Conspiracy in International Criminal Law：What Nuremberg Really Said，109 Colum. L. Rev.（2009）：pp. 1126—1127。

　　至于英国对第二个国际审判的态度，英国籍检察官肖克劳斯的确是支持第二个对企业家的国际审判，并且在同泰勒商量后，还给杰克逊写了一封表明自己支持的信。但是，作为总检察长，肖克劳斯甚至不是内阁成员。他的支持，以及左翼政党 MPs 像 Elwyn Jones 的热情，还有外务部门的公务员如 Dean 的认可都被内阁中的重要人物对组织另一个国际审判的敌意，以及保守党和当时英国驻德国占领区当局的一些高级公务员的反对所抵消了。除了英国对组织新审判的怀疑外，还有一个因素就是苏联在英法美苏四方的国际审判中苏联的作用问题。像外务大臣 Ernest Bevin 这样对英国的决策有决定性影响的人物，对于组织一个四方多边的国际审判中苏联将不可避免地参与并发挥作用的担忧和杜鲁门内阁成员是一样的。因此，正如泰勒的意见在美国政府中的遭遇一样，肖克劳斯的意见也被英国政府否决了。Jonathan A. Bush，The Prehistory of Corporations And Conspiracy in International Criminal Law：What Nuremberg Really Said，109 Colum. L. Rev.（2009）：pp. 1127—1128。

　　①　The detailed information about the oppositions to the supposed second international tribunal for industrialists，the process of mediation done by Talyor and the final result，see Jonathan A. Bush，The Prehistory of Corporations and Conspiracy in International Criminal Law：What Nuremberg Really Said，109 Colum. L. Rev.（2009）：pp. 1125—1129。

　　②　The detailed information about the oppositions to the supposed second international tribunal for industrialists，the process of mediation done by Talyor and the final result，see Jonathan A. Bush，The Prehistory of Corporations and Conspiracy in International Criminal Law：What Nuremberg Really Said，109 Colum. L. Rev.（2009），at 1114。

基于这一法令，美国占领当局在第一阶段对主要战犯进行的纽伦堡国际军事法庭的审判结束后便开始在纽伦堡组织并举行了另外 12 个对次要战犯的审判。这就是随后的纽伦堡诸审判（Subsequent Nuremberg Trials）。

在随后的纽伦堡诸审判中，美国军事法庭对三个德国大公司克虏伯（Krupp）、弗里克（Flick）和法本（IG Farben）进行了审判。由于美国军事法庭的审判是依据同盟国管制委员会法，而不是某一个战胜的同盟国国内法建立的，所以，该法庭的审判依然可以被视为是国际性法庭，至少是国际社会对私营性商业公司实施或共谋参与战争罪、反人类罪罪行进行审判的开创性实践之一。

3. 美国军事法庭在随后的纽伦堡审判中（Subsequent Nuremberg Trials）对三个德国大公司领导人的审判

随后的纽伦堡审判（通常更正式地被称为纽伦堡军事法庭对战争罪犯的审判）是由美国军事法庭对在战争中活下来的纳粹德国政治、军事、经济领导人进行的 12 个审判所组成的系列审判，它们在二战结束后自 1946 年至 1949 年紧随着纽伦堡国际军事法庭对轴心国主要战犯的审判之后在纽伦堡正义宫举行的。

虽然最初计划在国际军事法庭进行一个以上的国际审判，但是，在战胜的同盟国间（美、英国、法国、苏联）日益增多的分歧使得这一计划不可能实现。[1]

1945 年 12 月 20 日，美国占领当局根据同盟国"管制委员会法第 10 号"在纽伦堡开始了 12 个对包括三个在纳粹德国期间对德国发动的这场侵略战争起到重要资助和帮助作用，并也从中获得战争暴利的德国大公司克虏伯（Krupp）、弗里克（Flick）和法本（IG Farben）在内的次要战犯的审判。所有这些审判中的法官都是美国人，检察官也是美国人，首席检察官是Telford Taylor 准将，在德国的其他占领区也举行了类似的审判。[2]

（1）美国军事法庭对弗里克公司集团的审判（Flick Trial, United States

---

[1]　Concerning the dabates about trying the German Businesses among the major Allies during the Numemberg Trails, see Jonathan A. Bush, The Prehistory of Corporations and Conspiracy in International Criminal Law: What Nuremberg Really Said, 109 Colum. L. Rev. (2009): pp. 1104—1114, in which he tells the details about the history of this.

[2]　以上关于随后的纽伦堡审判的基本背景资料来源于 http://en. wikipedia. org/wiki/Subsequent_ Nuremberg_ Trials, 2011 年 8 月 2 日访问。

Military Tribunal, Nuremberg, 20ᵗʰ April-22ⁿᵈ December, 1947)①

该审判由美国在德国占领区的美国军事法庭于 1947 年 4 月 20 日至 12 月 22 日之间进行。该法庭根据同盟国对德管制委员会法第 10 号（Law No. 10 of the Allied Control Council for Germany），以及德国的美国占领区军事政府命令第 7 号（Ordinanace No. 7 of the Military Government of the United States Zone of Germany）组建成立。主要对德国大工业企业集团 Flick 的主要领导人弗里德里希·弗里克在内的 5 名该集团高级管理层人员进行审判。

本案被告弗里德里希·弗里克以及其他 5 名弗里克公司集团的高级别管理人员，官方将其正式称之为 Flick Kommanditgesellschaft, 或 Flick KG。②

弗里德里希·弗里克是德国大工业企业集团弗里克的主要资产所有人（proprietor），是该集团有绝对影响力和支配性地位的实际管理和决策者。该集团包括煤矿、铁矿以及钢铁生产和制造产业，通常被称为“弗里克企业”（Flick Concern）。他也是其他许多工业和金融业公司的监事会成员。在第二次世界大战期间，弗里克成为当时军事经济的重要领导者，管理和规范煤炭、钢铁产业的官方委员会的成员，以及政府主办的开发俄罗斯矿山开采和冶炼业的公司成员③。

所有这些被告都被控有驱逐、迫使大量被德军军事占领的领土和国家的平民来为其公司服务成为奴隶劳工，并奴役使用这些劳工为其工作的责任，以及使用战俘为其经营活动直接与战争有关的公司工作，包括生产、制造和运输武器和军需品。所有被告除一个外都被控在被占领土掠夺公、私财产。弗里克和其他两名还被控犯有在迫不得已情况下的反人类罪，通过反犹太经济压力以及反对犹太人在特定工业产业拥有财产等手段，构成

---

①　See The Flick Trail: Trail of Friedrich Flick and Five Others, United States Military Tribunal, Nuremberg, 20ᵗʰ April-22ⁿᵈ December, 1947, Legal Reports of Trials of War Criminals, Case No. 48, Vol. Ⅸ, p. 1—59, Selected and prepared by the UN War Crimes Commission, London: Published for the UN War Crimes Commission by his Majesty's Stationery Office, 1949.

②　From Wikipedia, http: //en. wikipedia. org/wiki/Flick_ Trial, visited at 7 August, 2011.

③　The Flick Trail: Trail of Friedrich Flick and Five Others, United States Military Tribunal, Nuremberg, 20ᵗʰ April-22ⁿᵈ December, 1947, Legal Reports of Trials of War Criminals, Case No. 48, Vol. Ⅸ, P1, Selected and prepared by the UN War Crimes Commission, London: Published for the UN War Crimes Commission by his Majesty's Stationery Office, 1949.

反人类罪。[①]

弗里克和 Steinbrinck 还被控是"戈贝尔朋友圈（Keppler Circle）"或称"希姆莱朋友圈"（The membership of Keppler Circle or Friends of Himmler）的成员[②]，这个圈子由德国有影响力的大工业家和银行家组成，原本在 1932 年由 Wilhelm Keppler 组建，后于 1935 年由希姆莱接管，其目的是给纳粹提供财政资助。其成员每年"捐款"约 100 万德国马克给一个"特别的账户 S"（Special Account S），支持希姆莱[③]，为党卫军 S. S 提供了大量金钱、财政方面的资助。最后，一个被告还被控是党卫军 S. S 的成员，他之所以被控犯罪是因为党卫军 S. S 是纽伦堡国际军事法庭所确定的犯罪组织。[④]

本法庭驳回了那些既不在法庭管辖权限内又没有证据支持的指控，即，指控弗里克和其他两名被告在迫不得已的情况下通过反犹太经济压力，以及反对犹太人在特定工业产业拥有财产等手段犯有反人类罪的罪名。[⑤] 因为，法院认为现有的证据不在法庭的管辖权限内，因为，国际军事法庭仅限于发生在 1939 年 9 月到 1945 年 5 月之间、第二次世界大战期间的行为。[⑥]

综上所述，弗里克被判犯战争罪、使用奴役劳工和战俘罪以及盘剥掠夺被占领土的公私财产罪的罪名成立。他还被判犯资助国际军事法庭的确定的犯罪组织党卫军（financial support to the S. S）的罪名成立。[⑦]

Steinbrinck 被判资助党卫军 S. S 及作为其成员而有罪的罪名成立。

[①] The Flick Trail: Trail of Friedrich Flick and Five Others, United States Military Tribunal, Nuremberg, 20th April-22nd December, 1947, Legal Reports of Trials of War Criminals, Case No. 48, Vol. IX, P1, Selected and prepared by the UN War Crimes Commission, London: Published for the UN War Crimes Commission by his Majesty's Stationery Office, 1949.

[②] Ibid.

[③] From Wikipedia, http://en. wikipedia. org/wiki/Flick_ Trial, visited at 7 August, 2011.

[④] The Flick Trail: Trail of Friedrich Flick and Five Others, United States Military Tribunal, Nuremberg, 20th April-22nd December, 1947, Legal Reports of Trials of War Criminals, Case No. 48, Vol. IX, P2, Selected and prepared by the UN War Crimes Commission, London: Published for the UN War Crimes Commission by his Majesty's Stationery Office, 1949.

[⑤] Ibid. , at 2.

[⑥] From Wikipedia, http://en. wikipedia. org/wiki/Flick_ Trial, visited at 7 August, 2011.

[⑦] The Flick Trail: Trail of Friedrich Flick and Five Others, United States Military Tribunal, Nuremberg, 20th April-22nd December, 1947, Legal Reports of Trials of War Criminals, Case No. 48, Vol. IX, P2, Selected and prepared by the UN War Crimes Commission, London: Published for the UN War Crimes Commission by his Majesty's Stationery Office, 1949.

Weiss 被判战争罪以及奴役奴隶劳工和战俘的罪名成立。其他对其指控的罪名，除了被法庭撤销了的第三项指控的罪名外，他均无罪。

另外三名被告，除了被法庭撤销了的第三项罪名外，他们都对指控他们的罪名无罪。①

至于这三名被判有罪的被告，本法庭认为应予以减轻刑罚。判弗里克 7 年监禁，另外两名被告分别判 5 年和 2 年半监禁。②

（2）美国军事法庭对法本公司集团的审判（IG Farben Trial）③

本案是由二战后美国在德国占领区的美国军事法庭于 1947 年 8 月 14 日至 1948 年 7 月 29 日间在纽伦堡正义宫进行的。它是随后的纽伦堡审判中对三个德国大企业中的高层管理人员和董事的审判的第二个，涉及的是世界著名的大型化工联合体德国 IG 法本公司（I. G. Farben）。

本案被告涉及的是反和平罪、战争罪、反人类罪以及作为由德国著名大企业家组成的犯罪组织的成员的责任。

IG 法本公司在第一次世界大战中就已经起到重要作用，当时，法本公司开发的哈伯－博世生产固氮的流程可以生产合成硝酸盐，从而弥补了德国被切断同智利的硝酸盐贸易后产生的损失（硝酸盐是一种生产爆炸性物质如火药、甘油炸药或 TNT 炸药的重要成分）。在第二次世界大战中，法本公司的一个子公司 Degesch，负责生产环酮 B（Zyklon B），这是一种当时被用于灭杀集中营里囚犯的毒气（该毒气的另一个供应商是 Tesch & Stabenow 公司）。法本公司还开发出了从煤炭中合成汽油和橡胶的工艺，从而对德国在被切断从世界主要产油区供应汽油后恢复发动侵略战争的能力做出了很大贡献。④

本案被指控的被告人 Carl Krauch 和另外 22 人都是 I. G. Farben 公司

---

① The Flick Trail: Trail of Friedrich Flick and Five Others, United States Military Tribunal, Nuremberg, 20th April-22nd December, 1947, Legal Reports of Trials of War Criminals, Case No. 48, Vol. IX, P2, Selected and prepared by the UN War Crimes Commission, London: Published for the UN War Crimes Commission by his Majesty's Stationery Office, 1949.

② Ibid., at 2.

③ See The I. G. Farben Trial, Trail of Carl Krauch and Twenty-two Others, United States Military Tribunal, Nuremberg, 14th August, 1947-29th July, 1948, Case No. 57, Legal Reports of Trials of War Criminals, Selected and prepared by the UN War Crimes Commission, Vol. X, p. 1—68, London: Published for the UN War Crimes Commission by his Majesty's Stationery Office, 1949.

④ IG Farben Trial, http://en.wikipedia.org/wiki/IG_ Farben_ Trial, visited at 11 August 2011.

（I. G. Farben Industrie A. G. ）的高级管理人员。I. G. Farben 公司本身在本案中并没有被指控，但是，控方称，Carl Krauch 和另外被指控的 22 人"通过利用法本公司这一工具和媒介以及其他手段行事"，在 1945 年 5 月 8 日之前的一些年时间里，实施了反和平罪、战争罪和反人道罪，并参与共同计划或共谋实施这些犯罪——所有这些犯罪在管制委员会法第 10 号令中都做了界定。这些犯罪包括计划、准备、开始实施和发动侵略战争，以及入侵其他国家，这场侵略战争给世界带来无法估量的毁灭性后果，数百万人在战中被杀害，更有数百万的人民遭受灾难（被占领土的大量平民被强迫驱逐沦为为战争服务的德国大企业的奴隶劳工），大量的人被奴役、虐待、用恐怖手段控制、折磨以及残杀，这些人里包括德国国民和其他外国国民；有计划有预谋地剥削和掠夺被侵占国家的公私财产，目的不仅是在发动侵略战争时增强德国的实力，还借此扩大被告的私营企业的帝国；以及其他犯罪，比如，生产和供应毒气用于人体试验和灭杀集中营的囚犯，由法本公司制造并提供药物用于在这些囚犯身上做实验，参与德意志帝国奴隶劳工项目，雇佣被强迫劳动的劳工、集中营囚犯以及战俘，让他们在非人道的工作条件下为公司从事与战争有直接关系的工作，以及成为犯罪组织的成员等。

本案被告之一，Brueggemann，被查明（因身体健康状况方面的原因）不适，无法承受审判。[①]

本案中，控方指控被告的罪名包括：

1. 计划、准备、开始实施和发动侵略战争，入侵其他国家。

2. 通过在战乱时武力掠夺和强夺被占领土的财产和资源，以及在奥地利、捷克斯洛伐克、波兰、挪威、法国和俄罗斯强行将工厂和设施没收而据为己有，犯战争罪和反人类罪。

3. 战争罪和反人类罪，参与强迫驱逐大量的被德国军事占领国家的平民和集中营中的囚犯、战俘为法本公司劳动，从而奴役他们，并虐待、用恐怖手段控制、折磨以及杀害这些被奴役劳动的人。

4. 是犯罪组织 S. S 的成员。

5. 作为共谋实施上述第 1、2、3 项指控的罪名的主要领导者。[②]

---

① The I. G. Farben Trial, Trail of Carl Krauch and Twenty-two Others, United States Military Tribunal, Nuremberg, 14th August, 1947-29th July, 1948, Case No. 57, Legal Reports of Trials of War Criminals, Selected and prepared by the UN War Crimes Commission, Vol. X, pp. 1—2, London: Published for the UN War Crimes Commission by his Majesty's Stationery Office, 1949.

② IG Farben Trial, http: //en. wikipedia. org/wiki/IG_ Farben_ Trial, visited at 11 August 2011.

　　尽管控方提供的大量证据显示，公司从一战后开始就已深深涉入德国的重整军备项目，法庭最后还是拒绝了（对其）为侵略战争做准备和共谋参与为侵略战争做准备的指控。对第三项指控（"奴役劳动"）判决允许被告利用"必要性"（necessity）为自己辩护。①

　　在本案的判决中，法庭准许被告们以必要性原则为自己抗辩。② 并就被告是否可以以执行上级命令或政府的指令作为以必要性原则为自己抗辩的主要理由进行了详细的论证。

　　法庭审慎地回顾和参考了纽伦堡国际军事法庭（I. M. T. in Nurmberg Trial）在纽伦堡审判中对作为主要战争罪犯的被告们以自己的行为是执行国家的政策和命令为理由为自己抗辩时，对上级命令或指挥官命令是否免责问题的论述，美国第四军事法庭在 Flick Trial 以及法国在德国的占领区军政府一般法庭在 Hermann Roechling 一案的判决中对被告们利用该条理由为自己的行为抗辩时对执行上级命令能否免责，以及可以作为免责的全面抗辩理由的前提条件等问题进行的论述。最后，法庭归纳出这样一个观点，即：上级官员的命令或法律或政府的指令都不能成为必要性抗辩的合法理由，除非是在他们行为的过程中他们行为的性质剥夺了他们在如此行为时进行道德选择的可能性。当寻求援引必要性原则作为抗辩理由的当事人自己是负责执行或制订这些命令或指令，或他的参与行为超过了必要性抗辩的合理条件，或他的行为是他自己所做计划的结果时，必要性抗辩便不能成为其免责的合理理由。③

---

　　① 在本案的判决中，法庭准许被告们以必要性原则为自己抗辩，其中有关理由参见 The I. G. Farben Trial, Trail of Carl Krauch and Twenty-two Others, United States Military Tribunal, Nuremberg, 14th August, 1947-29th July, 1948, Case No. 57, Legal Reports of Trials of War Criminals, Selected and prepared by the UN War Crimes Commission, Vol. X, p 53, London: Published for the UN War Crimes Commission by his Majesty's Stationery Office, 1949. See also IG Farben Trial, http://en. wikipedia. org/wiki/IG_ Farben_ Trial, visited at 11 August 2011。

　　② The I. G. Farben Trial, Trail of Carl Krauch and Twenty-two Others, United States Military Tribunal, Nuremberg, 14th August, 1947-29th July, 1948, Case No. 57, Legal Reports of Trials of War Criminals, Selected and prepared by the UN War Crimes Commission, Vol. X, p. 53, London: Published for the UN War Crimes Commission by his Majesty's Stationery Office, 1949。

　　③ The I. G. Farben Trial, Trail of Carl Krauch and Twenty-two Others, United States Military Tribunal, Nuremberg, 14th August, 1947-29th July, 1948, Case No. 57, Legal Reports of Trials of War Criminals, Selected and prepared by the UN War Crimes Commission, Vol. X, pp. 54—57, London: Published for the UN War Crimes Commission by his Majesty's Stationery Office, 1949.

法庭在判决中的这段推理和论述实际上阐明了为什么追究这些为了公司的利益服务的高层管理人员的刑事责任的理由。虽然，在本案的审判甚至所有几个战后的纽伦堡审判中涉及商业性公司和这些公司的大企业家的案件中没有追究真正在战争中获利的公司的责任，但是，通过追究这些具体行为者的责任使我们看到了这些人背后的公司的影子。正是对这些个人刑事责任的追究使人们逐渐注意到了他们背后的公司，也引发了只追究为公司服务的个人的责任而不追究实际获利的公司的责任是否公正的思考和争论，也才有了日后国际法在公司或法人不法行为责任方面的发展。这也是在随后的纽伦堡审判中，美国、英国和法国军事法庭对战争中涉及的德国大企业家的审判对国际法在此领域发展的意义。

在当时对这几个案件的审判中，因为涉及的被告都不是亲自从事被指控的犯罪，而是通过和利用他们所在的公司这一媒介实施了诸如奴役劳工、剥削和掠夺被占领国家的公私财产等行为，所以，对他们进行刑事审判追究其刑事责任就需要有很强的规则和理论的支持，关于这一问题，在纽伦堡审判的过程中也是颇有争论和周折的。① 在这里我们要提一下在国际军事法庭的审判中被检察官使用，又得到了法庭支持的共谋理论。然而，在随后的纽伦堡审判中运用这一理论提起的指控，却以一种更复杂的方法演变着。当时正在进行中的对医生的审判、对法官的审判以及对 S. S 经济头目的审判中，对这一指控的判定还悬而未决。在弗里克案（Flick Trial）中没有用到共谋来指控被告，这很可能是因为有如此多的证据证明被告直接从事（第一到三项指控）的掠夺和奴役劳工行为，并且如此小的被告团体就有如此直接的联系，因此，无须再以共谋来指控他们了。② 而法本公司案的检察官们却使用了另一种不同的共谋的指控。他们在起草该案第五项指控时（1947 年 5 月 3 日提交法庭），没有像国际军事法庭以及在"医生的审判"、"法官的审判"、和Phol 的审判中的检察官那样，以共谋指控被告实施战争罪或反人道罪，而是通过仿照国际军事法庭的推理指控被告共谋实施反和平罪。这就是该案控方指控的第五项"参与共同计划或共谋实施反和平罪"（包括构成战争罪和反人道罪的行为，他们被整合作为反和平罪的一部分）。在

---

① The detailed information about this history, see Jonathan A. Bush, The Prehistory of Corpora-
tions and Conspiracy in International Criminal Law: What Nuremberg Really Said, 109 Colum. L. Rev.
(2009): 1130—1214.

② Ibid., p. 1200.

没有直接证据的情况下，我们只能猜测他们当时为什么要这么做了。也许他们认为这样做从法律上更加安全，因为它包含的范围很广，很容易找到证据来证明被告们从事了这些行为。①

但最后法官们驳回了检察官的这项指控，法庭认为：

"第一项罪名指控的是共同计划或共谋。第二项罪名指控的是计划和发动战争。相同的证据可以用来支持这两项指控。我们因此将其合并起来考虑，因为它们在本质上是一样的。

但是，本法庭认为，共谋必须有很清楚的犯罪目的。在行为和决策的时间上一定不能太宽泛。作为犯罪的共谋的计划不能仅仅基于宣告某个党派的项目，比如，1920 年宣布的纳粹党 25 点（政策）或像后来在 Mein Kampf 中表述的政治性肯定（political affirmation）那样。法庭必须要考察是否有一个具体的发动战争的计划存在，以及被告们是否参加了该计划。'考虑单一的共谋在起诉书中所列的时间和程度是否已被确凿地证明，是无关紧要的因为继续的计划进行侵略战争，这作为目的已经被毫无疑问地确证了。''因此，法庭将不考虑在控方第一项罪名中所指控的被告共谋实施战争罪和反人道罪的问题，而只考虑共同计划准备、开始和发动侵略战争的问题'。"②

基于此推理，法庭最后判决：所有被告于对其指控的反和平罪和共谋参与上述犯罪的罪名（即第一项、第五项指控的罪名）上均无罪。③

对于其他的罪名，法庭判决：

Schneider 和其他两名被控的被告在第 4 项指控的罪名即作为犯罪组织 S. S 成员的罪名上无罪。

Krauch 和其他 13 名被告对控方指控的第二项罪名（即剥削和掠夺）上无罪，而 Schmitz 和另外 7 名其他的被告对此项指控部分被判有罪，部分被判无罪。

关于第三项指控（参与奴隶劳工项目等），被告中对其中指控他

---

① The detailed information about this history, see Jonathan A. Bush, The Prehistory of Corporations and Conspiracy in International Criminal Law: What Nuremberg Really Said, 109 Colum. L. Rev. (2009): 1201.

② The I. G. Farben Trial, Trail of Carl Krauch and Twenty-two Others, United States Military Tribunal, Nuremberg, 14th August, 1947-29th July, 1948, Case No. 57, Legal Reports of Trials of War Criminals, Selected and prepared by the UN War Crimes Commission, Vol. X, pp. 31—32, London: Published for the UN War Crimes Commission by his Majesty's Stationery Office, 1949.

③ Ibid., p. 2.

们生产、制造并向集中营供应药物和毒气（以用于人体试验和灭杀被关押的囚犯）这一部分罪名无罪，而 Krauch 和其他 4 名被告在指控他们雇佣战俘、强迫劳工以及集中营的囚犯非法地、在非人道的工作条件下为公司工作方面罪名成立。剩下的被告对本条指控下的各点上都无罪。

这 13 个被告，包括 Carl Krauch 都被判从 7 年到 1 年半不等的监禁。[1]

美国军事法庭对 I. G. Farben 的这场审判中虽然控方在起诉书中专门提及了这些人是利用法本公司作为媒介和工具从事这些行为的，但是，并没有将这些人为之服务的 I. G. Farben 公司作为被告予以指控，法庭在最后的判决中当然也只是宣判了这些具体行事的个人责任，没有对公司本身予以处罚和追究责任。而我们从法庭审理过程中所涉及的被告的违法事实时都是涉及他们为公司服务时采取的使公司从事起诉书中所指控的犯罪行为的决策和政策，但是，可惜的是，即使英美法系的美国军事法庭也没有在此次审判中追究从这些被告所具体从事的违反国际法行为中实际上从战争中获利的法本公司的责任。可见，当时的国际法还没有建立追究具体从事违法行为的法人的责任的规范，而当时的国际社会也缺乏建立这些规范的成熟环境。在本案中，即使是在追究这些具体行事的法本公司成员的责任时，法庭也是非常审慎的，这表现在法庭在就控方第三项罪名进行审理时允许被告利用必要性原则（necessity）为自己辩护[2]，并且在控方的第五项罪名即共谋实施上述罪行上判定所有被告无罪。[3]

---

① The I. G. Farben Trial, Trail of Carl Krauch and Twenty-two Others, United States Military Tribunal, Nuremberg, 14th August, 1947-29th July, 1948, Case No. 57, Legal Reports of Trials of War Criminals, Selected and prepared by the UN War Crimes Commission, Vol. X, p. 31—32, London: Published for the UN War Crimes Commission by his Majesty's Stationery Office, 1949, 1—2.

② IG Farben Trial, http://en.wikipedia.org/wiki/IG_Farben_Trial, visited at 11 August 2011. See also The I. G. Farben Trial, Trail of Carl Krauch and Twenty-two Others, United States Military Tribunal, Nuremberg, 14th August, 1947-29th July, 1948, Case No. 57, Legal Reports of Trials of War Criminals, Selected and prepared by the UN War Crimes Commission, Vol. X, p 54, London: Published for the UN War Crimes Commission by his Majesty's Stationery Office, 1949.

③ Ibid., p. 1.

（3）美国军事法庭对克虏伯公司集团的审判（Krupp Trial）①

1947 年 11 月 17 日至 1948 年 6 月 30 日，美国军事法庭在纽伦堡举行了对德国大企业集团克虏伯的高层管理人员的审判（Krupp Trial）。被告涉及反和平罪的责任、战争罪以及反人类罪的责任，抢劫和掠夺以及有关非法对待战俘和奴隶劳工的犯罪的责任。② 克虏伯审判是 12 个随后的纽伦堡审判中三个针对德国企业家的审判中的第三个。

受理本案的法院是美国第三军事法庭（No. Ⅲ of the Nuremberg Military Tribunals），它是根据盟国在德国的管制委员会法第 10 号（Law No. 10 of the Allied Control Council for Germany）以及美国在德国占领区的军政府第 7 号令（Ordinance No. 7 of the Military Government of the United States Zone of Germany）组建而成的。③

在克虏伯审判中，主要被告阿尔弗雷德·克虏伯（Alfried Felix Alwyn Krupp von Bohlen und Halbach）以及其他 11 个被告都是德国亚琛弗里德·克虏伯公司（Fried. Krupp，Essen）的管理层官员及该公司的继承人。④ 这 12 名克虏伯集团的前董事被控使德国得以获得重振军力的武器装备，并因此实际参与了纳粹对侵略战争的准备，以及在其公司中使用奴隶劳工。本案的主要被告是阿尔弗雷德·克虏伯，自 1943 年起任克虏伯控股公司的首席执行官（CEO），也是纽伦堡国际军事法庭审判的被告之一，古斯塔夫·克虏伯的儿子。⑤

---

① See The Krupp Trial, Trail of Alferied Felix Alwyn Krupp Von Bohlen Und Halbach And Eleven Others, United States Military Tribunal, Nuremberg, 17th November, 1947-30th June, 1948, Case No. 58, Legal Reports of Trials of War Criminals, Selected and prepared by the UN War Crimes Commission, Vol. X, pp. 69—181, London: Published for the UN War Crimes Commission by his Majesty's Stationery Office, 1949.

See also Allison Marston Danner, Nuremberg Industrialist Prosecutions and Aggressive War, 46 Va. J. Int'l L. pp. 665—667（2005—2006）.

② Ibid., p. 69.

③ Ibid., p. 70.

其中，担任受理本案的三位主审法官的是安德森（Hu C. Anderson，也是本案的首席法官 presiding judge），是田纳西州上诉法院的院长，爱德华·达利（Edward J. Daly），来自康涅狄格州，以及威廉·威尔金斯（William J. Wilkins），来自华盛顿州的西雅图，see Krupp Trial, http：//en. wikipedia. org/wiki/Krupp_ Trial, visited at 22 August, 2011。

④ Ibid., p. 69.

⑤ Krupp Trial, http：//en. wikipedia. org/wiki/Krupp_ Trial, visited at 22 August, 2011.

克虏伯是德国最著名的军火制造商。它制造出了德国第一艘潜水艇。在一战中肆虐巴黎攻击战的、诨名"大白鲨"（Big Bertha）的枪，就是以阿尔弗雷德·克虏伯的母亲，波萨·克虏伯（Bertha Krupp）的名字命名的。[①]

最初的弗里德·克虏伯企业（enterprise）成立于 1812 年。1903 年被改组成一个公司（corporation），该公司 1943 年 12 月按照希特勒的特别法令被另一个企业弗雷德·克虏伯（亚琛）继承。这些公司相应地成为克虏伯企业家族中的家族企业，它们与它们的分支机构以及持有的其他企业或公司的股权被统称为"克虏伯"（Krupp）。[②]

本案控方的指控针对所有 12 名被告，罪名有以下四项：

1. 反和平罪，通过参与计划和发动侵略战争以及违反国际法的战争；

2. 反人类罪，通过参与抢劫、破坏以及剥削被占领国家；

3. 反人类罪，通过参与谋杀、灭绝、奴役、强制驱逐、监禁、酷刑以及使用在德国控制的平民、德国国民以及战俘作为奴隶劳工；

4. 参与共同的计划或共谋来实施反和平罪。[③]

所有这些罪名都是在 1945 年 12 月 20 日的"管制委员会法第 10 号令"中被确立的。据控方诉称，这些犯罪包括计划、准备、策划实施和发动侵略的战争以及入侵其他国家，这导致了横扫世界的难以数计的灾难发生，数百万人民在战争中丧命，更有数以百万计的人民遭受并还在遭受苦难；从被占领国家强迫驱逐平民离开家园去做德国的奴隶劳工，使用战俘和集中营的囚犯生产制造军火，并奴役、虐待、折磨和杀害了数百万的人，包括德国国民和外国人；

在被入侵的国家抢劫和掠夺公、私财产，根据深思熟虑的计划和政策，不仅要加强德国推行其侵略和发动侵略战争，并确保德国在欧洲大陆的永久

---

①　Allison Marston Danner, Nuremberg Industrialist Prosecutions and Aggressive War, 46 Va. J. Int'l L. 666（2005—2006）.

②　The Krupp Trial, Trail of Alferied Felix Alwyn Krupp Von Bohlen Und Halbach And Eleven Others, United States Military Tribunal, Nuremberg, 17th November, 1947-30th June, 1948, Case No. 58, Legal Reports of Trials of War Criminals, Selected and prepared by the UN War Crimes Commission, Vol. X, p. 69, London：Published for the UN War Crimes Commission by his Majesty's Stationery Office, 1949.

③　Krupp Trial, http：//en. wikipedia. org/wiki/Krupp_ Trial, visited at 22 August, 2011.

统治，而且还扩大克虏伯公司的私人帝国。①

检控方指控被告们的行为构成德国战争计划不可或缺的一部分。公诉书列举了控方所述的案情，克虏伯公司，在古斯塔夫·克虏伯的领导下偷偷摸摸地、非法地、成功地规避了《凡尔赛公约》对德国施加的武器和军备制造的限制。控方进一步指称，克虏伯从经济上支持和资助希特勒，特别是对其在政治上夺取权力给予支持和资助。例如，在 1933 年的一次企业家会议上，古斯塔夫·克虏伯就给了希特勒 100 万马克。克虏伯对希特勒的兴趣是受其自我利益支配的。希特勒寻求推翻凡尔赛条约，以及德国当局重整军备都将使该国主要的军火制造商获得巨大利益。检控方认为，克虏伯是希特勒发动侵略战争计划的不可分割的一部分，并且它也从希特勒的计划和目标的施行中获取暴利而兴旺。② 根据保守估计，克虏伯的企业使用了大约 10 万名被强迫劳动的劳工，其中，大约 2.3 万（23%）人是战俘。③

在法庭的判决中，本案所有被告的反和平罪和共谋实施反和平罪、战争罪和反人类罪的罪名不成立。④

被控的人中的 6 个，包括阿尔弗雷德·克虏伯被判对其指控的抢劫和掠夺罪名成立（第二项指控），其他 6 个被告则在此罪名上被判无罪。⑤

最后，所有的被告，除了一个外，被判违反了国际法的规定，雇佣战俘、外国平民以及集中营中的囚犯在非人的环境条件下工作，这些工作与战争的进行有关联（第三项指控，即这些工作是为了战争服务的，或制造军火，或是制造战争的开展所需的军需品和能源）。⑥

---

① The Krupp Trial, Trail of Alferied Felix Alwyn Krupp Von Bohlen Und Halbach And Eleven Others, United States Military Tribunal, Nuremberg, 17th November, 1947-30th June, 1948, Case No. 58, Legal Reports of Trials of War Criminals, Selected and prepared by the UN War Crimes Commission, Vol. X, pp. 69—70, London: Published for the UN War Crimes Commission by his Majesty's Stationery Office, 1949.

② Allison Marston Danner, Nuremberg Industrialist Prosecutions and Aggressive War, 46 Va. J. Int'l L. 666 （2005—2006）.

③ Krupp Trial, http: //en. wikipedia. org/wiki/Krupp_ Trial, visited at 22 August, 2011.

④ The Krupp Trial, Trail of Alferied Felix Alwyn Krupp Von Bohlen Und Halbach And Eleven Others, United States Military Tribunal, Nuremberg, 17th November, 1947-30th June, 1948, Case No. 58, Legal Reports of Trials of War Criminals, Selected and prepared by the UN War Crimes Commission, Vol. X, p. 70, London: Published for the UN War Crimes Commission by his Majesty's Stationery Office, 1949.

⑤ Ibid. , p. 70.

⑥ Ibid.

12 名被告中，阿尔弗雷德·克虏伯被判处 12 年监禁。其他 10 个被告被处以从 3 年到 12 年不等的监禁[①]，一名被告，即 Pfirsch，被宣布无罪。主要被告阿尔弗雷德·克虏伯还被判令卖掉其所有的财产。[②]

法庭在其判决中还处理了一些法律问题，比如，作为战争罪的侵犯财产的罪行，强迫驱逐和强制雇佣外国平民工人和集中营囚犯、雇佣战俘为强迫劳动的问题、个人包括商人作为战争罪犯的问题、反和平罪的问题、上级命令或必要性能否作为抗辩理由的问题、没收财产作为对战争罪的惩罚问题等。这些阐述都构成国际法和国际社会在这一领域的实践的证据。

美国军事法庭判决中引人注意的一点是驳回了控方第一项、第四项指控，判定所有被告在这两项指控的罪名上无罪。

在当年案件的审理过程中，在控方公诉基本结束后，被告们在 1948 年 3 月 12 日为驳回对其反和平罪和共谋罪的指控而辩护。法庭采纳了一个动议中的提议，并口头允许它在 1948 年 4 月 5 日举行。两个月后，法院发出了一份书面意见，其大部分都是沿用了纽伦堡国际军事法庭（IMT）判决中的推理论证。法庭承认，企业家们可以被认定为犯侵略战争罪，但是裁定，检控方没有提供充分的证据来予以证明，并满足必要的证据要素。在克虏伯审判中，法庭推理论证道，国际军事法庭的判决要求控方显示每一个被告有"实际上的明知（德国发动的）侵略战争或入侵计划中的至少一个计划"以便宣判他犯侵略战争罪。在特别讨论了将国际军事法庭 Schacht 和 Speer 宣判无罪的判决后，法庭认为，由于这些被告都已经被裁定没有犯侵略战争罪，那"我们也几乎肯定不能认定克虏伯案的被告们在这条罪名上有罪"。[③]

在与判决同时发出的个人意见中，法官威尔金斯（Wilkins）表现出了对控方更多的同情。威尔金斯表示，古斯塔夫·克虏伯以及克虏伯公司也许真的犯有计划（planning）侵略战争罪。他写道"这一结论是逃避不了的，

---

① The Krupp Trial, Trail of Alferied Felix Alwyn Krupp Von Bohlen Und Halbach And Eleven Others, United States Military Tribunal, Nuremberg, 17th November, 1947-30th June, 1948, Case No. 58, Legal Reports of Trials of War Criminals, Selected and prepared by the UN War Crimes Commission, Vol. X, p. 70, London: Published for the UN War Crimes Commission by his Majesty's Stationery Office, 1949.

② Krupp Trial, http: //en. wikipedia. org/wiki/Krupp_ Trial, visited at 22 August, 2011.

③ United States v. Krupp con Bohlen und Halbach et al., Military Tribunal Ⅲ, in 9 TRIALS OF WAR CRIMINALS BEFORE THE NUREMBER MILITARY TRIBUNALS UNDER CONTROL COUNCIL LAW NO. 10 398 (1950), Reprinted at Allison Marston Danner, Nuremberg Industrialist Prosecutions and Aggressive War, 46 Va. J. Int'l L. pp. 651—676 (2005—2006), 666.

即，克虏伯公司在古斯塔夫·克虏伯的领导下在德国为其发动侵略战争的准
备中发挥了极其重要的和非常实质性的作用"。他又说，"该公司生产的大
量军需产品是被预期用于侵略战争的"。他也同意，被告们一定已经知道克
虏伯集团为侵略战争服务的有关计划（即，生产的军火产品用于侵略战争
的计划）。威尔金斯因此得出结论：在公司为侵略战争所做的这些事上，被
告们没有在公司内发挥足够的权威（予以阻止或适当注意）。威尔金斯的意
见因此也说明了这样一个观点：一个公司可以从事像侵略罪那样的严重犯
罪。对公司的决策有充分影响力的个人也应被追究个人的责任，尽管审判中
的被告没有人满足这一条件。①

本案还有一点引人关注的是，关于没收个人财产作为对战争罪的惩罚问
题。本案法庭判决主要被告阿尔弗雷德·克虏伯卖掉其所有财产并予以没
收，以示对其战争罪的惩罚。

根据本案法庭审判的主要法律依据——管制委员会法第 10 号令第 2 条
第（3）款（Article Ⅱ（3）of Control Council Law No. 10），法庭对被告做出
没收财产，不管是不动产还是个人的财产的刑罚。②

在以往的国际实践中，对战争罪犯处以监禁和死刑是比较常见和普通的
刑罚措施，但是，对被告们处以相应财产刑的却没有先例。在法国军事法庭
的战争罪审判中，出现了对犯有战争罪的罪犯处以罚金刑，因此，对犯有战
争罪的被告科以罚金刑也不再是少数。即使特定的其他国家的法院更喜欢在
量刑时使用监禁刑，这也不意味着法庭就缺乏使用罚金刑或没收财产刑罚的
法律权力。

本案主要被告 Alfried Krupp 一直否认他犯有任何罪名。1947 年，他陈
述道：

"（德国的）经济需要一个稳定的或增长性的发展。由于德国国内众多
政党的激烈竞争以及国内普遍性的无序，使得德国几乎没有机会得以兴
盛。……我们想，希特勒也许可以给我们这样一个健康的环境。确实，他这

---

① The excerpt of the Opinion of Judge Willkins cited from Allison Marston Danner, Nuremberg Indus-
trialist Prosecutions and Aggressive War, 46 Va. J. Int'l L. 666 (2005—2006).

② The Krupp Trial, Trail of Alfried Felix Alwyn Krupp Von Bohlen Und Halbach And Eleven Oth-
ers, United States Military Tribunal, Nuremberg, 17th November, 1947-30th June, 1948, Case No. 58,
Legal Reports of Trials of War Criminals, Selected and prepared by the UN War Crimes Commission, Vol.
X, p. 177, London: Published for the UN War Crimes Commission by his Majesty's Stationery Office,
1949.

样做了。……我们克虏伯公司从不过多关心政治观点和思想。我们只是想要一个能运行良好的体制，它能允许我们毫无妨碍地工作。政治不是我们的事（不是我们要做的事）。"

但事实是，克虏伯控股公司确实在纳粹政权下兴旺发达了。根据保守估计，克虏伯的企业使用了大约 10 万名被强迫劳动的劳工，其中，大约 2.3 万（23%）人是战俘。[①]

这些，以及法官威尔金斯在其个别意见中陈述的观点，都引起我们对公司、企业在战争中的作用和行为的注意及反思。也正是这些注意和反思，推动着国际法向着不仅追究公司中主要决策人的责任，而且还向着追究实际获得利益的公司和企业的责任方面发展，同时，它们又对各国的国内在这一领域的立法，追究公司和法人责任的立法产生了影响。

（二）在德国占领区的英国和法国军事法庭对德国工商业巨头审判的实践

1. 法国驻德国占领区军政府一般法庭对 Hermann Roechling 的审判（Hermann Roechling Trial, French Military Government General Tribunal, 1948）[②]

本案的主要被告人是 Hermann Roechling，他是德国著名的劳士领家族企业集团的董事长。德国劳士领家族的历史可以追溯到 1822 年。在过去的 180 多年的发展中，该家族已经随着从最初的一个煤炭公司发展到钢铁公司，再到大型联合企业阶段（a phase as a conglomerate），以及今天它成为一个知名的国际塑料集团。在其企业家族的发展史上，1822—1881 年，集团是以经营煤炭为主的公司。19 世纪中期，开始生产煤，后来随着一种高质量的新型材料被研发出来用于所有的铁加工行业，公司借此奠定了其商业成功的基础。1881 年，劳士领集团随着在 Völklingen 铁厂的开业开始了其钢铁时代，并迅速发展成一个用创新科技和新型延压工艺生产高质量钢材的现代化大熔炉。[③] 这也确立了劳士领集团在德国钢铁工业中的绝对地位，而这则为其在一战和二战中，特别是二战中，为了帮助德国重整军备，恢复和提高

---

① Krupp Trial, http：//en. wikipedia. org/wiki/Krupp_ Trial, visited at 22 August, 2011.

② William W. Bishop, JR., The Case Against Hermann Roechling and Others, 43 Am. J. Int'l L. pp. 191—193 (1949). See Also Allison Marston Danner, Nuremberg Industrialist Prosecutions and Aggressive War, 46 Va. J. Int'l L. pp. 667—668 (2005—2006).

③ See The History of Roechling Family, from the official website of Roechling, http：//www. roechling. com/en/roechling – group/history. html, visited at 18 August, 2011.

作战能力提供了条件和基础。

在第二次世界大战期间，劳士领家族的董事长 Hermann Roechling 与希特勒和纳粹其他主要高管保持着密切联系，并被任命为德国钢铁行业的总代表，以及德国钢铁业协会的主席①，在战时急需大量煤钢的时代，他的这一地位对恢复和维持纳粹德国的战斗能力是举足轻重的。特别是，在纳粹德国兼并法国的煤钢产业的过程中，发挥了很大的作用。因此，战后，胜利的同盟国商议要审判战争罪犯，包括一些在战争中从经济上资助纳粹德国实力的大企业家时，法国选择了 Hermann Roechling，并将其引渡到法国进行审判。

1948 年 6 月 30 日，法国在德国占领区军政府一般法庭（The General Tribunal of the Military Government of the French Zone of Occupation in Germany）发布了对被告人 Hermann Roechling 和其他 4 个纳粹企业家的判决。法庭是基于管制委员会法第 10 号第 2 条第 2 款建立的对反和平罪的管辖权。同时，该法庭的管辖权也基于审判主要战争罪犯的纽伦堡国际军事法庭（International Military Tribunal for the major war criminals）1946 年 10 月 1 日的判决，其中"有关侵略战争的犯罪性质和起诉那些应对这场战争负责的人的法律权利"的原则。

被告人 Hermann Roechling，法庭审判时 73 岁，被判犯战争罪和反和平罪罪名成立，处以 7 年监禁。关于对其罪行的判定，法庭陈述如下：

（1）他的行为和他个人主动的行动有在被占领国家的钢铁企业里奴役劳工的客观效果，其目的是为了提高帝国（the Reich，即纳粹德国，德意志帝国）的战争能力，特别是它作为"总代表"（General beaziftragter，即 Plenipotentiary General）的能力。

（2）他开始于 1942 年 6 月的活动和他个人主动的行动使其作为德意志帝国钢铁协会主席有（在这方面）有代表德意志第三帝国执行这一领域的决策的能力。这个协会是为了提高德意志帝国以及所有被占领国家的钢铁制造产量，以为发动侵略战争服务，并且给纳粹政府提出有关强迫驱逐被占领国家的居民的建议，其目的是为了强迫这些人为帝国的公司工作，或强行征募这些人，使之离开自己的国家或盟国。②

法庭查明，他同时也犯有战争罪，主要犯罪事实如下：

---

① Hermann Röchling, from Wikipedia, http：//de. wikipedia. org/wiki/Hermann ＿ R% C3% B6chling, visited at 18 August, 2011.

② William W. Bishop, JR., The Case Against Hermann Roechling and Others, 43 Am. J. Int'l L. p. 191（1949）.

（1）通过他个人的行为，从 1940 年 6 月到 1941 年 2 月对法国的钢铁工业予以完全没收，特别是在摩泽尔省和默尔特—摩泽尔地区（Departments of the Moselle and the Muerthe-et-Moselle）。

（2）从 1941 年 2 月到 1944 年 3 月间，他继续从事这一活动，对摩泽尔省和默尔特—摩泽尔地区的 12 个钢厂进行全面的没收充公。

（3）从 1944 年 3 月到这些领土解放，他对这 12 个钢厂实行严苛的控制，目的是为了在使用被占领国家资源能力的基础上最大限度地提高德意志帝国的战争潜力。

（4）支持和促成德国从被占领国家掠夺工业制造设备和机器以充实德意志帝国，提高其国家实力，而从荷兰的余谬登（Ymuiden），比利时的（Angleur-Athus）和法国（Muerthe-et-Moselle）的 Joef 等地搬走这些机器设备和设施，特别是轧钢机（rolling-mills）和压延用轧钢电动机（rolling-mill motors），对这些国家的利益是一种损害和破坏。

（5）他个人从对被占领国家的经济掠夺中获得利益，特别是要求对法国 Moselle 省 Thionville（Thionville at Moselle）的 "Société Lorraine Minière et Métallurgique" 企业中担任管理者以及获得这些企业的所有权，他是他所管理的这些企业的实际所有人，在德意志帝国在法国取胜的时候，他向德国当局要求得到了 "Treffléries Wurth"，损害了下莱茵河地区被占领国家的利益，并且，他还拥有了在法国 Muerthe-et-Moselle 省的 Ciery 地区的所需的金属架构，从而损害了 "Société de Saint Gobain" 的利益。

（6）他还在其工厂中雇佣使用战俘和被强制驱逐来的人为其工作，他是这些工厂的管理者或所有者，并且，为了迫使这些被驱逐者或 POW's 来为其工作，他还在工厂里具体制定执行或同意执行一种非常严苛的制度，特别是建立了类似快速法院（SchneZlgericht）的制度和惩罚营，对那些非人地折磨人的酷刑听之任之，或鼓励手下人来执行。①

Roechling 从 1935 年起就是 NSDAP 的成员，他是德国一些钢厂的董事长。1936 年和 1937 年，他同格林（Goering）商谈有关在德国发展钢铁工业的四年计划，在 1940 年被任命为（钢铁工业的）总代表，后来又被格林任命为钢铁协会的主席。他个人从这个职位中获益很多，1941 年和 1944 年他被派到很多法国钢厂，并被授予优先收购这些工厂的权利；他

---

① William W. Bishop, JR. , The Case Against Hermann Roechling and Others, 43 Am. J. Int'l L. 191 (1949).

还通过他的个人银行对法国 Department of the Moselle 的工厂财产办理抵押，不顾这些工厂所有者的反对。他从前曾拥有这些财产，它们是根据凡尔赛和约被德国政府卖掉作为战争赔款的（即，德国政府卖给了他，从而实际上还是为德国人所有），而他则从德意志帝国政府那里得到补偿。本法庭认为这种重新取得（reacquisition）的行为违反了海牙公约（Hague Convention）的规定。

他后来又被控"为了达到利用被占领国家人民为战争服务的目的，大量地向纳粹政府提出建议"。法庭认为他的这一行为构成"完全无视人的尊严和海牙公约"的鼓动和煽动（incitement）犯罪。①

本案第二名被告 Hans Lotard von Gemmingen，当年55岁，是 Roechling 钢铁集团的董事会主席（President of the Board of Directors of the Roechling steel plants），也是钢厂总经理（"Betriebsfithrer" Plant Manager），被判3年监禁，罪名是，在上述查明的犯罪事实上与 Hermann Roechling 是同谋或同伙（accomplice or co-author）。作为钢厂总经理，他在外国劳工的问题上起到关键作用，从而负有实质性的关键责任。②

本案第三名被告人 Wilhelm Rodenhauser，68岁，是（Roechling 公司）劳工事务的总管，被以同样罪名判3年监禁。③

本案第四名被告 Ernst Roechling，在所有对他指控的罪名上被宣告无罪。他从不是 NSDAP 的成员，而且1944年7月在巴黎被贝盖世太保（Gestapo）逮捕，因为他"对一些反对希特勒的人给予掩护"。纳粹人民法院判处他5年苦力劳动，到1945年4月6日盟军到来时才被释放。④

本案第五名被告人 Albert Maier，53岁，为 Roechling 钢铁集团的财务总监，被宣判无罪。法庭认为："没有证据证明 Maier 曾利用该公司财务主管的职位与 Hermann Roechling 一同参与了上述被指控的活动。他除了作为公司的执行者以外，没有发现还扮演过其他角色，发挥过其他的作用。"⑤

---

① William W. Bishop, JR., The Case Against Hermann Roechling and Others, 43 Am. J. Int'l L. 191 (1949), p. 192.

② William W. Bishop, JR., The Case Against Hermann Roechling and Others, 43 Am. J. Int'l L. 192 (1949).

③ Ibid., p. 193.

④ William W. Bishop, JR., The Case Against Hermann Roechling and Others, 43 Am. J. Int'l L. 192 (1949).

⑤ Ibid.

2. 英国军事法庭对涉嫌战争罪、反人类罪的商业性公司负责人进行审判的"泽克隆 B 案"（Zyklon B case, British Military Court, Hamburg, 1ˢᵗ - 8ᵗʰ March, 1946）①

该案的案情是这样的：Tesch 先生是一个分销普鲁士酸燃气（Zyklon B [prussic acid] gas）和燃气装置的公司的唯一所有权人，普鲁士酸燃气主要用于消毒房（disinfecting building），而这种消毒房在战时的主要作用是消除异己（也就是杀人）。根据检察官的指控，普鲁士酸燃气由该公司大量销往集中营，仅在其中的奥斯维辛集中营（Auschwitz/Brikenau）就有 450 万人被灭杀。公司的采购人是另一个工业家，他在 Tesch 先生不在时有以主人名义行事的完全权力。根据证据之一——Tesch 先生的旅行报告记载：

"Tesch 先生同 Wehrmacht 的领导人有一次会谈，该领导人谈到，在这场战争中，随着越来越多的犹太人被枪杀，掩埋尸体的办法越来越不卫生，于是建议用普鲁士酸来杀死他们。在问及 Tesch 先生的观点时，他也建议用这种方法在一个密闭的空间里释放普鲁士酸气体，就像用它来杀灭害虫一样杀人。他还帮助培训 S. S 的人使用这种新方法杀人。"②

本案的两名被告 Tesch 先生和那个有权以他名义行事的工业家被控向奥斯威辛集中营提供用于屠杀的普鲁士酸燃气，被判绞刑并批准执行。该案是 1946 年 3 月 1 日至 8 日，由汉堡的英国军事法庭审理的，所依据的实体法是 1907 年海牙公约第 46 条。根据该条规定，本案被告的行为是一种犯罪。判决书认为，"这两个德国的工业家，毫无疑问是文明人，在明知用毒气来谋杀盟国国民的情况下，依然帮助向集中营提供毒气杀人，因此，被作为战争罪犯判处死刑"。

虽然，在本案中并没有对所涉及的商业性公司进行管辖并判其承担刑事责任，但是，法庭追究了这个公司负责人所犯下的违反国际人道法行为的责任。这些商业性公司、组织及其负责人、领导人的行为只是为了给公司获

---

① See Zyklon B case, British Military Court, Hamburg, 1ˢᵗ - 8ᵗʰ March, 1946, Case No. 9, Legal Reports of Trials of War Criminals, Selected and prepared by the UN War Crimes Commission, Vol. X, pp. 93—104, London: Published for the UN War Crimes Commission by his Majesty's Stationery Office, 1947.

② See Andrew Clapham, "The Question of Jurisdiction Under International Criminal Law Over Legal Persons: Lessons from the Rome Conference on an International Criminal Court", Menno T. Kamminga and Saman Zia-Zarifi （eds）Liability of Multinational Corporations under International Law, pp. 158—159, 2000 Kluwer Law International Printed in Netherlands.

利，没有什么政治动机，但是，他们仅为商业利益而帮助屠杀的反人道罪行也是不能饶恕的。而且，这也引出了一个问题就是，这些犯战争罪、反人道罪的人所领导的商业组织从其犯罪中获得利益是否是不正当的？如果是不正当的，应如何对商业组织的这些行为进行管辖？能否依据国际法除追究这些组织的领导人责任外，还追究商业组织的责任？

（三）小结

虽然，以上二战后国际军事法庭和三个主要的战胜国军事法庭对德国工商业巨头的审判只追究了从事违法行为的公司的内部具体行为人的个人责任，但是，这些审判涉及了在国际性司法机构的审判中难得的考虑到了对在战争中发挥资助作用，以及利用当时发动战争国家的政策和战争中的有利条件，比如，可以向公司提供廉价劳动力即被强迫驱逐来为公司工作的被占领土的平民、集中营的囚犯、被关押的战俘等被迫为公司在非人道的条件下工作，以及随着发动战争的国家的军事占领而强取和掠夺被占领土和国家的公私财产等而获得战争暴利的公司，他们也不应被忽视，从而逃避法律的制裁。尽管这一考虑的最终实现还是体现在对这些公司中具体制订、执行这些政策的行为人的责任，但是，毕竟，这些军事法庭对这些公司成员的审判还是为日后国际法在法人责任领域进一步发展和完善起到了难得的启蒙作用，并提供了难得的经验。如果没有对这些所涉及的德国大公司在战争中发挥了资助作用的认识，如果不是对公司决策机关的行为就是公司行为这一关系的共识，就不可能根据这一因果关系链在这些军事法庭中依据国际法审判这些德国大公司的负责人，并追究其国际刑事责任。[①] 而这一因果关系正是在国际法或国内法中以"双罚制"方式追究法人犯罪责任的基础。因此，有学者认为法人行为者既包括作为法人的公司，也包括作为自然人的公司职员和高层管理人员[②]，这一观点是不无道理的。这些自然人是法人违法犯罪行为的具体行为者，他们的行为可以代表公司的行为，公司应为这些人的行为而承担责任。

正因为如此，以上我们介绍的这些二战后国际军事法庭和主要战胜国军事法庭对德国工商业巨头的审判对国际法上法人国际犯罪的责任的发展，以及我们对这一领域的研究具有重要的意义。现在我们研究国际法，或者说国

---

① Mordechai Kremnitzer, A Possible Case for Imposing Criminal Liability on Corporations in International Criminal Law, Journal of International Criminal Justice 8 (2010), pp. 909—918, 918.

② Norman Farrell, Attributing Criminal Liability to Corporate Actors Some Lessons from the International Tribunals, Journal of International Criminal Justice 8 (2010), pp. 873—894, 875.

际刑法上的法人和团体责任时，几乎无一例外都要提及这一段历史以及英国军事法庭在 Zyklon B case，法国在德国占领区军政府一般法庭在 Hermann Roechling 案，美国军事法庭在 Flick Trail，IG Farben Trial 和 Krupp Trial 中对涉及对战争中的私营性公司的企业家的难得的审判实践。这就是它们对日后国际法在这一领域发展的贡献和意义。从这一点上说，这些军事法庭的实践开创了国际法在这一领域发展的先河。

第二节　前南斯拉夫国际刑事法庭和卢旺达国际刑事法庭与法人责任有关的规定与实践

一　前南斯拉夫国际刑事法庭和卢旺达国际刑事法庭规约中有关管辖范围的规定

为了应对前南斯拉夫境内日益严重的大规模违反国际人道法和实施种族清洗等局势，1993 年 5 月 25 日，联合国安理会在通过了一系列关于南斯拉夫局势的决议后，又通过第 827（1993）号决议，决定根据《联合国宪章》第七章采取行动，"设立一个国际法庭，其唯一目的是起诉应对从 1991 年 1 月 1 日至安理会于和平恢复后决定的日期前，前南斯拉夫境内所犯的严重违反国际人道主义法行为负责的人，并为此目的通过上述报告所附的《国际法庭规约》"。① 同时，"决定所有国家应依照本决议和《国际法庭规约》同国际法庭及其机关充分合作，因此，所有国家应根据国内法，采取任何必要的措施来执行本决议和《规约》的规定，包括各国遵从初审法庭依照《规约》第 29 条提出的协助要求或发布的命令"。② 随后，联合国在荷兰的海牙设立了这个国际法庭。

根据《前南斯拉夫国际刑事法庭规约》第 6 条"个人的管辖"规定："前南斯拉夫国际法庭根据本规约规定，对自然人有管辖权。"第 7 条"个人刑事责任"规定："1. 凡计划、教唆、命令、犯下或协助或煽动他人计划、准备或进行本规约第 2—5 条所指罪行的人应当为该项犯罪负个人责任。2. 任何被告人的官职，不论是国家元首、政府首脑或政府的负责官员，不

---

① 参见联合国安理会 S/RES/827（1993）号决议（中文作准本），第 2 页。
② 同上。

得免除该被告的刑事责任，也不得减轻刑罚。3. 如果一个部下犯下本规约第2—5条所指的任何行为，而他的上级知道或应当知道部下将有这种犯罪行为，或者已经犯罪而上级没有采取合理的必要措施予以阻止或处罚犯罪者，则不能免除该上级的刑事责任。4. 被告人按照政府或上级命令而犯罪不得免除他的刑事责任，但是，前南斯拉夫国际法庭裁定合乎法理的则可以考虑减刑。"①

1994年11月8日，为应对在卢旺达境内发生的大规模种族灭绝和严重违反国际人道法的局势，联合国安理会第3453次会议通过第955（1994）号决议，决定"根据《联合国宪章》第七章采取行动：设立一个国际法庭，专为起诉应对1994年1月1日至1994年12月31日期间卢旺达境内种族灭绝和其他严重违反国际人道主义法行为负责者和应对这一期间邻国境内种族灭绝和其他这类违法行为负责的卢旺达公民，并为此目的通过本决议所附的《卢旺达国际刑事法庭规约》"。决议第2条决定"所有国家应根据本决议和《卢旺达国际刑事法庭规约》，同国际法庭及其机构充分合作，因此，所有国家应根据其国内法采取一切必要措施，以执行本决议和《规约》的规定，包括各国有义务遵从审判分庭按照《卢旺达国际刑事法庭规约》第28条发出的援助要求或命令；并请各国不断向秘书长通报这些措施的执行情况"。②在决议中所附的《卢旺达国际刑事法庭规约》第5条"属人管辖权"中规定"卢旺达问题国际法庭根据本规约规定，对自然人有管辖权"。第6条"个人刑事责任"规定："1. 凡计划、教唆、命令、犯下或协助或煽动他人计划、准备或进行本规约第2—4条所指罪行的人应当为该项犯罪负个人责任。2. 任何被告人的官职，不论是国家元首、政府首脑或政府负责官员，不得免除该被告的刑事责任，也不得减轻刑罚。3. 如果一个部下犯下本规约第2—4条所指的任何行为，而他的上级知道或应当知道部下将有这种犯罪行为，或者已经犯罪而上级没有采取合理的必要措施予以阻止或处罚犯罪者，则不能免除该上级的刑事责任。4. 被告人按照政府或上级命令而犯罪不得免除他的刑事责任，但是，卢旺达国际刑事法庭裁定合乎法理的则可以考虑减刑。"③

---

① See "UPDATED STATUTE OF THE INTERNATIONAL CRIMINAL TRIBUNAL FOR THE FOR-MER YUGOSLAVIA" Article 6, 7. April 2004.

② 参见联合国安理会第 S/RES/955（1994）号决议（中文作准本），第2页。

③ 参见联合国安理会第 S/RES/955（1994）号决议（中文作准本）附件《卢旺达问题国际法庭规约》第5、6条。

这是继纽伦堡和东京两个国际军事法庭后国际社会又一次依据国际法设立的国际性法庭，审理大规模违反国际人道法、违反战争法或交战惯例、灭绝种族、反人类等的罪行。从上述节选的法庭规约的规定来看，这两个国际法庭主要管辖的是犯此类罪行的个人，并明确规定应使这些个人承担刑事责任，没有对法人涉及此类行为进行管辖。但是，是不是没有商业性公司或组织从战争或武装冲突中获利，抑或涉及煽动发起冲突或帮助灭种等事例？是否法人、公司、商业组织参与这些行为却没有引起对它们也在从事反人道罪、战争罪等而应承担刑事责任的疑问呢？笔者认为情况不是这样。在联合国为建立国际刑事法院的罗马外交会议上，就法国提出的在规约中引入对法人犯此类罪进行管辖的建议案而举行的讨论中，有几个政府代表团就提到在卢旺达屠杀灭绝种族的行动中，卢旺达境内的广播电台在鼓动屠杀图西族平民时起到推波助澜的作用。坦桑尼亚代表也介绍了卢旺达的咖啡公司通过储藏军火、武器装备对冲突中实施灭种行为给予帮助的情况。之所以在前南和卢旺达两个国际刑事法庭的规约中没有包括法人、公司从事这些国际犯罪的责任，是由于联合国安理会没有对此达成共识，因为，迄今为止，还是有很多国家，特别是欧洲大陆法系国家在其国内法中还不承认法人犯罪，很难想象它们能同意在建立国际刑事法庭的规约中包括法人犯罪的责任。

二 实践中的发展

（一）前南斯拉夫国际刑事法庭在实践中确立的"共同犯罪体"（joint criminal enterprise）责任与追究间接参与国际犯罪的公司责任的可能性

共同犯罪体（joint criminal enterprise）是前南斯拉夫国际刑事法庭用以指控 1991—1999 年间发生在前南斯拉夫境内的大规模战争犯罪，包括灭绝种族罪的政治和军事领导人的一项法律原则。

这一原则认为，一个犯罪集团中的每一个成员都各自对该集团以共同计划或共同目的从事的犯罪行为承担责任。比如，如果三个人实施银行抢劫，其中一个人在这一过程中打死了一个人，那么，法律认为这三个人都犯了谋杀罪。而如果没有一定程度上行为的合作和协调，几乎不可能实施像灭绝种族罪或反人类罪那样的暴行。

共同犯罪体的责任首先是在二战后审判战争罪犯的案件中确立的，在这些案件的审判中，这一原则被称为共同犯罪目的（或共同犯罪），有时甚至没有特定的名称。

前南斯拉夫国际刑事法庭 1999 年在"塔迪奇案"中第一次提出"共同

犯罪体"这一概念及其构成要件。①

前南国际刑事法庭上诉庭 2003 年 5 月 21 日就以下概念做出裁决：

法庭的属人管辖权：为了使法庭能够按照属人原则行使管辖权，任何形式的责任必须满足四个前提条件：（i）必须在《法庭规约》中明示或默示的有所规定；（ii）必须在相应的时间段中已经存在于习惯国际法中；（iii）规定这一责任形式的法律对于任何以此方式行事的人，在该时间段中必须已经具有足够的预见性；（iv）该人必须已经能够预见到，如果他被捕的话，他要为自己的行为承担刑事责任。

共同犯罪体和《法庭规约》：法庭引用该种犯罪或该种责任形式并不需要明确说明它们是否在法庭的管辖范围内。前南国际刑事法庭规约不是也不试图成为一部过于细致地就每一可能出现的情形或解决办法都予以规定的法典。它只是在法庭授权行事的管辖范围内做出一般性规定。在第 7 条（1）款中所列举的管辖权在涉及本段规定的行为或以其他方式协助或教唆他人时，是没有穷尽的。

共同犯罪体的性质：作为与共同犯罪体享有同一犯罪目的的犯罪行为人，如果他或她仅仅知道该犯罪目的，那么他或她就不能被认为只是该犯罪的协助犯或帮助犯。共同犯罪体是一种符合本规约第 7 条（1）款的犯罪形式。

共同犯罪体与共谋：共同犯罪体和共谋是两种不同形式的责任。在共谋的情况下，仅有（行为人之间的）协议就足够了，而共同犯罪体则是建立在该犯罪行为是为了促进该犯罪集团犯罪目的的基础上的。

共同犯罪体与作为一犯罪集团成员的责任：共同犯罪体的责任不是仅为某一犯罪集团的成员共谋实施犯罪的责任，它是作为某一共同犯罪体的一部分参与某一犯罪的实施而产生的责任，它们是不同的两种责任形式。②

从上面的规定中可以看出，前南国际刑庭上诉庭概括了共同犯罪体（joint criminal enterprise）的三个构成要件：（i）所有的共同违法者具有相同的故意去实现共同的目的；（ii）具有"系统性"的形式，即犯罪行为人个人知道其犯罪组织的体系；（iii）实施犯罪时超出了本来的共同目的，但

① ICTY Judgment, Tadic case (IT - 94 - 1 - A), Appeals Chamber, 15 July 1999, x 191.

② ICTY Appeals Chamber "Decision on Dragoljub Ojdanic's Motion Challenging Jurisdiction-Joint Criminal Enterprise", The Prosecutor v. Milutinovic et al. - Case No. IT - 99 - 37 - AR72, 21 May 2003.

是这个共同目的的自然和可预见的后果。①

这种参与犯罪的责任形式（即共同犯罪体）需要我们识别两种故意的主观犯罪心态：第一，故意地参与；第二，明知该团体的意图。

根据以上对共同犯罪体的分析，在国际刑事法庭管辖的国际犯罪的背景下，公司通过其"决策机关"（directing organ）的自然人的行为，可以具备以上构成要件以及"故意"和"明知"的主观心态，从而参与实施国际犯罪。比如，公司、法人明知某政府或叛乱运动从本公司购买武器装备是用于实施内战中的种族清洗，而仍然与之进行交易，将武器卖给该政府或政权。在这种情况下，公司就间接参与了种族清洗犯罪，从而应承担相应的责任。

因此，前南国际刑事法庭虽然依然没有对法人、公司从事法庭管辖范围内的犯罪进行审判，但是，它在实践中发展出的共同犯罪体责任的原则为国际性刑事司法机构管辖法人间接从事国际犯罪的行为，追究其国际责任提供了可能性。从这一点上讲，前南斯拉夫国际刑事法庭为国际法上法人犯罪责任的发展做出了贡献。

（二）卢旺达国际刑事法庭对煽动种族仇杀的私人广播电台和报纸的创建者和负责人的审判

联合国卢旺达问题国际刑事法庭（ICTR）于 2003 年 12 月 3 日对在 3 名在 1994 年卢旺达大屠杀中利用媒体煽动种族仇杀卢旺达新闻从业者作出判决，判处费迪南德·纳希马纳和哈桑·恩格泽终身监禁，判处 RTLM 电台的高级管理者让－博斯科·巴拉亚圭扎 35 年有期徒刑。这是国际法庭最近 50 年里首次对新闻工作者判刑。在 1994 年 4 月 6 日爆发的卢旺达大屠杀中，卢旺达的胡图族人杀死了至少 80 万名图西族人和同情图西族人的胡图族人。而就在此期间，卢旺达私人广播电台 RTLM 的创建者和负责人费迪南德·纳希马纳、其高级管理者让－博斯科·巴拉亚圭扎、胡图族极端主义报纸 Kangura 的所有人和编辑哈桑·恩格泽利用自己从事媒体宣传工作的便捷条件，公开煽动种族仇杀。②

虽然，卢旺达国际法庭没有将他们所属的电台和报社本身作为被告进行

---

① Andrew Clapham, Extending International Criminal Law beyond the Individual to Corporations and Armed Opposition Groups, Journal of International Criminal Justice 6 (2008), pp. 899—926, at 909.

② 赵新宇：《利用媒体散布仇恨煽动屠杀，国际法庭对卢旺达三名记者判处重刑》，来源：《检察日报》2003 年 12 月 6 日，09：44，http：//www.jcrb.com/n1/jcrb288/ca170802.htm，2011 年 10 月 15 日访问。

审判，但是，对其管理者、所有人、创建者的审判显然表明，国际法庭已经注意到了这一类利用电台、报纸等媒体煽动进行国际犯罪的行为，即使其所有人和创建者本人没有亲自进行煽动和屠杀，他们也要为其管理下的电台从事了这一类行为而负责，正如法庭判决所指出的："在卢旺达发生大屠杀期间，这 3 名被告借自己从事媒体宣传工作的机会，将媒体变成了屠杀的工具。"如果没有法庭出于对"媒体已经变成屠杀的工具（或推进屠杀的工具）"的认识，即使是对其创建人、管理者和所有人的上述审判也是不可能的。

第三节　国际刑事法院与法人责任

1998 年 6 月 15 日到 7 月 17 日，联合国 120 个会员国在罗马召开全权外交代表会议，就建立世界历史上首个常设国际刑事法院进行谈判，最后通过一项条约，就是《国际刑事法院罗马规约》（以下简称《罗马规约》）。这项条约于 2002 年 7 月生效，即在 60 个国家以批准或加入的方式成为规约缔约国后 60 天生效，法院设在荷兰海牙。国际刑事法院是一个独立实体，它能对其管辖权范围内的犯罪采取行动，无须联合国安全理事会特别授权。国际刑事法院的任务是审判个人而不是审判国家，并对 2002 年 7 月规约生效后所实施的、国际社会关注的最严重犯罪——战争罪、危害人类罪和灭绝种族罪，以及最终对侵略罪犯罪具有管辖权，并追究参与这些犯罪的个人所应负的责任。

就国际刑事法院的属人管辖而言，《罗马规约》第 25 条"个人的国际刑事责任"规定法院仅对自然人有管辖权。但是，对于法人是否可以被纳入国际刑事法院的管辖范围，在 1998 年联合国会员国讨论《建立国际刑事法院规约》的外交会议上却有着一番激烈的争论，而且，对这一问题的讨论早在 50 年代国际法委员会讨论建立国际刑事法院开始就已经存在了。下面，我们简单回顾一下这一历程。

一　《国际刑事法院罗马规约》通过之前国际法委员会关于国际刑事管辖权的报告

从 50 年开始，联合国国际法委员会就已经为建立国际刑事法院做准备。从起草规约草案到 1998 年罗马外交会议上就行将通过的规约草案最后文本进行谈判、讨论，是否将法人纳入国际刑事法院的管辖就一直是个有争议的问题。

早在 50 年代，国际法委员会就提出了一些草案，它们是国际刑事法院规约文本的起源。①

（一）1951 年 8 月 1 日—31 日国际法委员会关于国际刑事管辖权的报告

该报告说明了对国际法委员会起草的《国际刑事法院规约》草案若干问题的意见和表决，其中包括"法院应能够审判法人，或者也应能够审判法律实体（1950 年代国际法委员会提出的规约草案第 25 条）"的内容。对此，报告在第 88、89 段说明：

88. 关于其他法律实体，要指出的是私营性公司的刑事责任在一些国家刑法中是不被承认的。而罚金或没收之类的惩罚是在判决法律实体有罪并应为违法行为承担责任时施加的刑事制裁。然而，另外一些法律体系也不承认法律实体的刑事责任，因此，委员会大多数成员感到，将法人责任引入国际法会引起相当的争议。

89. 委员会以 11 票通过，0 票反对，5 票弃权，明确赞成法院应仅能通过对自然人刑事责任的判决。②

（二）1953 年 7 月 27 日—8 月 20 日国际法委员会关于国际刑事管辖权的报告

该报告第 85 段清楚地说明：针对修订后的规约草案第 25 条"对人的管辖"（Jurisdiction as to persons）条款，委员会讨论了两个主要"对人的管辖"问题。其中一个是法院是能否像对自然人一样对法人进行审判的问题。澳大利亚委员建议法院应能够审判法人，因为，法人刑事责任在原则上和法理上都不能被排除，并且，虽然在现存国际刑法中法人责任不完全清楚明

---

① For a detailed look at this process see UN Doc A/AC/48/4 of 5 Sept. 1951 as well as J. Stone and R. K. Woetzel (eds), Towards a Feasible International Court (1970). For an even earlier draft see Q. Saldana, 'La justice penale internationale', 10 Recueil des Cours (19250 No. V. at p. 401 where he propose a draft loi penale internationale which foresaw criminal responsibility for States as well as for individuals). 对"国家罪行"概念的反对看起来使对集体性实体如法人的国际刑事责任的讨论丧失了重要性。Jean Graven 指出，不同的欧洲民法传统已经在不同时期承认了法人犯罪和对它们的惩罚。转引自前注引文的脚注 62，第 171 页。

② See Andrew Clapham, "The Question of Jurisdiction Under International Criminal Law Over Legal Persons: Lessons from the Rome Conference on an International Criminal Court", Menno T. Kamminga and Saman Zia-Zarifi (eds) Liability of Multinational Corporations under International Law, p. 172, 2000 Kluwer Law International Printed in Netherlands.

确，但这并不意味着否定所有对法人犯罪进行刑事管辖的可能性。但是，给法院设定如此管辖权力的建议已被日内瓦的委员会拒绝。他们认为根据纽伦堡和东京审判的经验，现在在规约草案中包含法人刑事责任的原则太过新颖，不是当前现实所迫切需要的。因此，委员会以 1 票赞成，1 票反对，4 票弃权，拒绝了澳大利亚代表的建议。①

二　1998 年旨在建立国际刑事法院的罗马外交代表会议上对纳入法人责任的讨论

（一）罗马外交会议上对《国际刑事法院罗马规约》草案中有关法人责任条款的争论

1998 年在讨论《建立国际刑事法院规约》的罗马外交代表会议上，法国代表团提出了建议，将法人责任纳入正在讨论的《国际刑事法院罗马规约》的管辖范围。法国代表团解释了提出这一建议的理由：由于在法国刑法中已经承认了法人责任，所以，他们认为应像纽伦堡审判中所规定的那样，犯罪组织应被即将建立的国际刑事法院宣布为非法，法院可以将犯罪的法人宣布为非法，或予以关闭，甚至解散。

这一建议体现在罗马外交代表会议之初提交讨论的《国际刑事法院规约草案》的第 23 条第 5、6 项，其内容如下：

23.（5）：当所实施的犯罪是代表法人实施的，或是由法人的机关或代表实施的时，除国家之外，法院应有对该法人的管辖权。

（6）：法人的刑事责任不应排除作为此项犯罪的犯罪人或在犯罪中共谋的自然人的刑事责任。

除上述（5）、（6）项外，还可参见第 76 条对法人的惩罚和第 99 条"罚金和没收措施"。

第 76 条"对法人适用的惩罚措施"：

法人可遭致下述一种或多种处罚：

ⅰ：罚金（罚款）；

Ⅱ：解散；

Ⅲ：由法院决定一段时间的停业，或禁止从事任何类型的活动；

---

① See Andew Clapham, "The Question of Jurisdiction Under International Criminal Law Over Legal Persons: Lessons from the Rome Conference on an International Criminal Court", Menno T. Kamminga and Saman Zia-Zarifi（eds）Liability of Multinational Corporations under International Law, p. 172, 2000 Kluwer Law International Printed in Netherlands.

Ⅳ：由法院决定关闭一段时间用于犯罪的设施、场所；

Ⅴ：没收犯罪工具和来源于刑事犯罪的收益、财产及资产；

Ⅵ：适当形式的赔偿和补偿。

第 99 条是"罚金和没收措施的执行"，专门注明了"［本条规定应适用于法人］"。

该建议提出后，在罗马外交会议全体大会上随之而来的反应非常强烈，意见难以统一。苏丹、突尼斯、坦桑尼亚、阿尔及利亚和韩国都明确表示出对建议有兴趣。另一方面，尽管有纽伦堡审判的先例，澳大利亚、中国、阿根廷、瑞典、黎巴嫩、墨西哥、泰国、委内瑞拉、丹麦、叙利亚、希腊、葡萄牙、埃及、波兰、斯洛文尼亚、萨尔瓦多和也门对引入此条款的实用性和实践性表示怀疑。还有一个第三集团则怀疑法国的建议能否像它所设计的一样运行，并且为使它有效运行能否将它发展成一个切实可行的文本。这个集团包括乌克兰、古巴、日本、肯尼亚和新加坡。

这个问题被提交到规约的一般原则工作组（The Working Group on general principles），在工作组达成协议，由法国组织正式磋商来看应该向全体会议建议使用什么样的表述以备全体会议的通过。法国代表团与所罗门群岛代表团①接触并要求它支持法国组织的磋商。这样做部分是因为在起草过程中需要有一个能从普通法角度看待法人责任问题的政府代表团。

在罗马外交会议的公共讨论中了达成一个共识，就是商业组织从国际犯罪如灭种罪中获得利益是不正当的。因为，纽伦堡审判就涉及在"二战"集中营大屠杀中为屠杀者制造和提供毒气的那些公司。

但在后来的实际讨论中呈现出了不同的特点。一些代表团指出公司组织结构可能会掩盖导致大批死亡的犯罪。还有几个代表团提到在卢旺达屠杀灭绝种族的行动中，广播电台在鼓动对图西族的屠杀中起到推波助澜的作用。坦桑尼亚代表介绍了卢旺达的咖啡公司通过储藏军火、武器装备对灭种行为的实施给予帮助。再就是还应考虑到跨国石油公司在其他国家的武装冲突中涉及转移人口和暴力活动的情况。另外，南太平洋地区的国家对雇用私人武装组织的做法表示了担忧，如果在国际刑事法院的管辖范围内能纳入法人的话，将能预防、消除、惩罚以后任何私人武装部队违反国际法的行为并可使

---

① 引文的作者 Andew Clapham 教授就是当时参加罗马外交会议的所罗门群岛代表团的成员和法律顾问。

受害人请求赔偿。大家认为南非和英国作为这个问题上的关键国家应采取必要的措施控制、阻止任何保安公司（security companies）在这些国家进行任何滥用授权的胡作非为。

科摩罗和马达加斯加同时提出的方案建议在《国际刑事法院规约》中加上"使用雇佣军罪"。这一建议未获支持，因为此类犯罪在国际法中已通过专门条约被详细规范了。但是这个建议案所要建议的是，规范这些保安公司的活动比简单地将个人看作有罪的雇佣兵或视为参与非法干涉一国内部事务要好。现代的雇佣军可能经常被更准确地认为是国家的机关或代理人。据卢旺达国际刑事法庭的伊夫·桑多兹说："大多数私人保安公司都明白形势并严格将自己的行为约束在正式帮助官方政府的范围内。"虽然其母国也负有国际法上的"适当注意"义务，并保证其不违反中立法，但是使国家为这些保安公司在其领土外的活动承担责任并不容易。为了预防和惩罚这些"租来的枪"实施的战争罪，需要考虑到他们事实上的存在并不使他们的法律地位合法化。这些职业战士得不到为正规武装部队举办的人道法培训。在冲突结束后，这些租来的战士也不可能留在冲突发生地国家的管辖范围内。当然，如果个人已经实施了战争犯罪的话，这一行为将一直伴随着实施该行为的个人，直到某一天他受到惩罚。但是，在这一领域更明智的策略是考虑如何处理雇佣军公司、它的人员、培训方法及有纪律的组织和组织财产。所以，一个最有效的方法就是通过使公司本身为战争罪和反人道罪承担责任。

在罗马外交会议上，尽管经过三周时间对大量条文文本（text）进行谈判、讨论和交流，代表团们对法人的管辖问题还是没有达成协议。关于这一议题的最后、最完整的文本被制作成了工作报告，从中展现了这一问题在几周讨论、磋商中的发展。

（二）《国际刑事法院罗马规约》最后文本对法人责任的态度①

在《国际刑事法院规约》最后通过的文本中没有提到对法人的管辖，只是在第 25 条第（一）款简单地规定："法院对自然人有管辖权。"然而，值得我们注意的是，第 25 条第（三）款第 4 项的规定：

"有下列情形之一的人（自然人），应依照本规约的规定，对一项本法

---

① See Andew Clapham, "The Question of Jurisdiction Under International Criminal Law Over Legal Persons: Lessons from the Rome Conference on an International Criminal Court", Menno T. Kamminga and Saman Zia-Zarifi（eds）Liability of Multinational Corporations under International Law, pp. 145—151, 2000 Kluwer Law International Printed in Netherlands.

院管辖权内的犯罪负刑事责任，并受到处罚：

……

4. 以任何其他方式支助以共同目的行事的团伙实施或企图实施这一犯罪。这种支助应当是故意的，并且符合下列情况之一：

（1）是为了促进这一团伙的犯罪活动或犯罪目的，而这种活动或目的涉及实施本法院管辖权内的犯罪；

（2）明知这一团伙实施该犯罪的意图。"①

从这一规定中可以看出，个人刑事责任在个人"以任何其他方式支助以共同目的行事的团伙实施或企图实施这一犯罪"时可以被国际刑事法院提起，而这一责任可以适合自然人参与法人犯罪的情形。因为，组成法人、公司的"决策机关"的自然人，即公司决策机关的人员，他们的意思可以代表公司的意思，他们的行为也可以认为是公司的行为，而公司、法人就是由一群人组成的团体，因此，当公司、法人以共同目的行事时，如果它们是要实施《罗马规约》所管辖的犯罪的话，处于这些公司"决策机关"的职员就以自己的行为支助了该公司的行为，只要"这种支助应当是故意的，并且符合下列情况之一：（1）是为了促进这一团伙的犯罪活动或犯罪目的，而这种活动或目的涉及实施本法院管辖权内的犯罪；（2）明知这一团伙实施该犯罪的意图"。

---

① 《国际刑事法院罗马规约》第 25 条是关于"个人的国际刑事责任"，它是这样规定的：

（一）本法院根据本规约对自然人具有管辖权。

（二）实施本法院管辖权内的犯罪的人，应依照本规约的规定负个人责任，并受到处罚。

（三）有下列情形之一的人（自然人），应依照本规约的规定，对一项本法院管辖权内的犯罪负刑事责任，并受到处罚：

1. 单独、伙同他人、通过不论是否负刑事责任的另一人，实施这一犯罪；

2. 命令、唆使、引诱实施这一犯罪，而该犯罪事实上是既遂或未遂的；

3. 为了便利实施这一犯罪，帮助、教唆或以其他方式协助实施或企图实施这一犯罪，包括提供犯罪手段；

4. 以任何其他方式支助以共同目的行事的团伙实施或企图实施这一犯罪。这种支助应当是故意的，并且符合下列情况之一：

（1）是为了促进这一团伙的犯罪活动或犯罪目的，而这种活动或目的涉及实施本法院管辖权内的犯罪；

（2）明知这一团伙实施该犯罪的意图。

参见《国际刑事法院罗马规约》（中文作准本），第 25 条，来自：http：//www. un. org/chinese/work/law/Roma1997. htm，2011 年 9 月 26 日访问。

三　国际刑事法院纳入法人责任的可能性分析与前景展望

如上所述，《国际刑事法院规约》第 25 条第（三）款第 4 项规定的这种将个人参与法人（concept of criminalizing the individual participation in a crime committed by corporative entity）实施的犯罪行为刑事化的概念就是目前国际刑事法院规约对法人管辖的状态。

这一条款虽然不是设立对法人从事国际犯罪的管辖权，但是，既然如前所述我们认为法人行为者包括作为法人的公司和作为自然人的具体行事的公司"决策机关"的职员，那么《国际刑事法院规约》的这一条款实际上就管辖到"法人行为者"（corporate actor）中作为自然人的具体行事的公司职员的行为，当他们所从事的行为是国际犯罪行为时。所以，从这一点看，《国际刑事法院规约》还是与法人犯罪的责任有关联的。随着近年来对追究公司从事侵犯人权等违反国际人道主义法行为的责任呼声越来越高，公司直接或间接参与这类违反国际法的犯罪越来越多，对人权、民主、和平的威胁越来越大，国际刑事法院也意识到将公司犯罪纳入其管辖范围的必要性和公正性。也许正因如此，国际刑事法院总检察官奥坎波在其上任时就公开宣布，他将考虑作为国际犯罪帮凶的企业家和商界领袖①，计划调查那些在资助实施了国际犯罪的暴力冲突中发挥重要作用的企业家。但是，除了征募 15 岁以下童工的"企业"外，国际刑事法院还没有其他针对企业商业活动中涉及犯罪的调查和起诉。② 而且，即使总检察官的这些计划实现了，也只是对直接或间接参与国际犯罪的企业的负责人和领导人的调查，而不是针对公司、企业的。但是，正如二战后纽伦堡国际军事法庭和主要的战胜国军事法庭依据国际法对战争中涉及的德国大企业领导人、负责人进行的审判一样，对国际法在法人犯罪的责任领域的发展有非常重要的意义和贡献，这些实践将推动着国际刑法上法人责任的发展。

而且，由于国际刑事法院所管辖的犯罪是战争罪、灭绝种族罪、反人类罪和侵略罪，与法人从事普通跨国犯罪的主体主要是私营性公司、企业、法人不同的是，这类犯罪的直接发动者、实施者则多为国家、政府、叛乱运动和武装冲突集团等公共实体。它们担心如果国际刑事法院确立了法人责任，

---

① HansVest，"Business Leaders and the Modes of Individual Criminal Responsibility under International Law"，*Journal of International Criminal Justice* 8（2010）：pp. 851—872, at 851.

② Wim Huisman and Elies van Sliedregt，Rogue Traders："Dutch Businessmen, International Crimes and Corporate Complicity"，*Journal of International Criminal Justice* 8（2010）：pp. 803—828, at 803.

建立对法人作为一种组织体直接或间接参与国际犯罪的管辖权，将有可能使《国际刑事法院规约》从这里开了个能够追究国家刑事责任的后门，从而增加了使国家成为这个常设国际刑事法院的被告的可能性，而国家对这种可能性是难以接受的，尽管《国际刑事法院规约》草案中有关法人责任的条款，将所涉及的"法人"的范围谨慎地限制在"其具体、真实、主要的目的是追求公共的利润或利益的法人"，排除了国家、政府间国际组织和非营利性组织。

另外，由于许多国家对法人能否犯罪、是否具有犯罪能力从而能否承担刑事责任的认识和法律传统不一样，有些国家对接受法人犯罪的刑事责任存在着概念上、理论上、法律制度上、文化传统上的困难。所以，我们注意到，在如打击腐败贿赂、金融犯罪、恐怖主义、有组织犯罪等犯罪的公约中有关法人责任的规定都是明确表示要追究的法人责任可以是民事、行政的或刑事的责任，而不强求缔约国对法人追究刑事责任，因为这些公约主要是通过各缔约国国内法体系来实施和执行的，所以对于法人责任，各缔约国可以按照这一规定有充分的自由裁量权来选择符合本国法律原则和价值的责任形式，而不必使执行国际法产生与国内法的激烈冲突，从而使这一责任难获通过。

但是，作为常设性国际刑事法院得以成立的基础——《国际刑事法院罗马规约》就不一样，它所追究的是实施灭绝种族罪、危害人类罪、战争罪、侵略罪的人的刑事责任，因此，如果《规约》纳入对法人行为者的管辖就要接受追究法人刑事责任的概念，这样就可能与某些国家的法律原则和价值相冲突而使单个国家存在分歧，难以接受。

因此，虽然根据《国际刑事法院罗马规约》的规定，在规约生效后的第一个 7 年可以修订①，但是将法人纳入法院管辖属于非结构性修正意见，

---

① 《国际刑事法院罗马规约》第 121、122 条规定了规约的修正问题和程序。

第 121 条"修正"，规定：

"（一）本规约生效 7 年后，任何缔约国均可以对本规约提出修正案。任何提议修正案的案文应提交联合国秘书长，由秘书长从速将其分送所有缔约国。

（二）在通知之日起三个月后任何时间举行的下一届缔约国大会，应由出席并参加表决的缔约国过半数决定是否处理这一提案。大会可以直接处理该提案，或者根据所涉问题视需要召开审查会议。

（三）修正案不能在缔约国大会会议，或者在审查会议上取得协商一致的，必须由缔约国三分之二多数通过。

（四）除第五款规定外，修正案在缔约国八分之七向联合国秘书长交存批准书或接受书一年后，对所有缔约国生效。

而提出非结构性修正案的可能性非常小①。因为，任何非结构性修正案都要由缔约国协商一致通过，或在不能达成一致时由三分之二多数表决通过，而规约规定的修订程序也非常复杂，特别是涉及增加新犯罪的问题，要想在那时通过上述表决程序达成增加法人责任的一致意见仍然是很困难的。

（五）本规约第 5 条的任何修正案，在接受该修正案的缔约国交存批准书或接受书一年后对其生效。对于未接受修正案的缔约国，本法院对该缔约国国民实施的或在其境内实施的修正案所述犯罪不得行使管辖权。

（六）如果修正案根据第四款获得缔约国八分之七接受，未接受修正案的任何缔约国可以在该修正案生效后一年内发出通知，退出本规约，立即生效，不受第 127 条第一款限制，但须依照第 127 条第二款规定行事。

（七）联合国秘书长应将缔约国大会会议或审查会议通过的修正案分送所有缔约国。"

第 122 条 "对体制性规定的修正"，规定：

（一）虽有第 121 条第一款规定，任何缔约国随时可以对本规约中仅涉及体制问题的规定提出修正案。这些规定为第 35 条、第 36 条第 8 款和第 9 款、第 37 条、第 38 条、第 39 条第 1 款（首二句）及第 2 款和第 4 款、第 42 条第 4 款至第 9 款、第 43 条第 2 款和第 3 款、第 44 条、第 46 条、第 47 条和第 49 条。提议修正案的案文应提交联合国秘书长或缔约国大会指定的其他人，由其从速分送所有缔约国和参加大会的其他各方。

（二）根据本条提出的修正案，不能取得协商一致的，必须由缔约国大会或审查会议以缔约国三分之二多数通过。这种修正案在大会或审查会议通过 6 个月后，对所有缔约国生效。

来自：http：//www.un.org/chinese/work/law/Roma1997.htm，visited at 26 Sep. 2011。

①　一个包括法人内容的修正案可能不会被看作 "体制性修正" 案，就像关于个人责任的第 25 条没有被包括在第 122 条（1）所列举的范围内一样。

第五章

法人跨国犯罪与国际犯罪的责任：
在国内法体系间接实施

第一节　大陆法系国家的法人责任体系

一　法国

封建时期的法国承认团体刑事责任。著名的 1670 年敕令第 21 条规定，省、市、乡、镇等自治团体，对其犯罪要承担刑事责任。法令还规定对它们的刑罚，包括罚金、拆除城墙、剥夺特权等。法国资产阶级革命胜利后，在刑法上实行个人责任的原则，不承认团体责任。1810 年的法国刑法典没有法人犯罪的规定。[①] 在 1810 年《刑法典》并无规定的情况下，法院判例作为一项规则提出：法人不能负刑事责任，甚至不负金钱性质的刑事责任，因为，罚金是一种刑罚，对作为法人的商事公司不能宣告罚金刑，商事公司仅承担民事责任。应当受到追诉的是该法人的领导人，他是以个人名义受到追诉，并在刑事上受到判决。[②]

1994 年的法国新刑法典规定了法人的刑事责任。立法上一经明文承认法人对相应犯罪应负的刑事责任，法人即可作为既遂罪或未遂罪的正犯或共犯承担责任，但是，所涉及的犯罪应当是"为法人利益"并且由"其机关或代表"所实施（法典第 121 – 2 条）。

根据法国 Dalloz 出版社 2003 年第 100 版《法国新刑法典》，关于法人刑事责任的整体规定如下：

第 121 – 2 条，"除国家之外，法人依第 121 – 4 条至第 121 – 7 条所定之

---

① 何秉松主编：《法人犯罪与刑事责任》，中国法制出版社 2000 年版，第 134 页。

② ［法］卡斯东·斯特法尼等：《法国刑法总论精义》，罗结珍译，中国政法大学出版社 1998 年版，第 289 页。

区分，且在法律或条例有规定的情况下，对其机关或代理人为其利益实行的犯罪负刑事责任。

但是，地方政府及它们的联合组织仅对在从事可以订立公共事业委托协议的活动中实施的犯罪行为负刑事责任。

（2000 年 7 月 10 日第 2000 - 647 号法律）法人负刑事责任不排除作为同意犯罪行为之正犯或共犯的自然人的刑事责任，第 121 - 3 条第 4 款之规定保留之"。①

第 121 - 3 条规定："无实行重罪或轻罪之故意，即无重罪或轻罪。（1996 年 5 月 13 日第 96 - 393 号法律）但是，当法律有规定时，蓄意置他人于危险之场合，得构成轻罪。

（2000 年 7 月 10 日第 2000 - 547 号法律）如经认定行为人依据其负担的使命或职责的性质、其享有的权限及掌握的权力与手段，没有尽到正常谨慎之责，在法律有规定时，轻率不慎、疏忽大意或违反法律或条例所规定的谨慎与安全义务，亦构成轻罪。

在前款所指情况下，自然人，虽未直接造成损害，但成就了致使损害得以实现之状态或有助于成就此种状态，或者没有采取可以避免损害发生之措施，如经认定其明显故意违反了法律或条例所规定的谨慎或安全义务，或者其有过错，从而使他人面临不可能不知道之特别严重的危险，应负刑事责任。

不可抗力之场合，无违警罪。"

对于法人适用之刑罚，第 131 - 37 条规定，"法人可处之重罪或轻罪刑罚为：

1. 罚金；

2. 在法律有规定之情况下，第 131 - 39 条所列举之刑罚"。

第 131 - 38 条 "法人适用之罚金的最高比率为惩治犯罪之法律规定对自然人科处罚金最高比率的 5 倍"。

第 131 - 39 条 "在法律有规定时，法人犯重罪或轻罪得处下列一种或几种刑罚：

1. 如法人之设立即是为了实施犯罪行为，或者法人被转移了经营目标而实施犯罪行为，其所犯重罪或轻罪对自然人可处 5 年以上监禁刑时，法人

---

① 《法国新刑法典》，罗结珍译，中国法制出版社 2003 年版，第 8 页。新增加的内容以法律的形式通过并增补到刑法典中相对应的条款下。比如，本条就是由 2000 年 7 月 10 日第 2000 - 647 号法律颁布实施并增补到法国 Dalloz 出版社 2003 年第 100 版出版的《法国刑法典》中的。

予以解散；

2. 永久性或最长 5 年期间，禁止直接或间接从事一种或几种职业性或社会性活动；

3. 永久性或最长 5 年期间，关闭用于实施犯罪行为的企业机构或一家或数家机构；

4. 永久性或最长 5 年期间，置于司法监督之下；

5. 永久性或最长 5 年期间，排除参与公共工程；

6. 最长 5 年时间，禁止签发支票以及使用信用卡付款，但出票人在受票人处提取资金或者经鉴证确认之支票除外。"

7. 没收用于或旨在用于实施犯罪之物或犯罪所生之物；

8. 张贴所宣判的决定或者通过新闻报刊或任何视听传播手段公布该决定。

上述第一项及第三项所指之刑罚不适用于有可能负刑事责任的公法法人，亦不适用于政党或政治团体、行业工会。第一项规定之刑罚不适用于员工之代表机构"。

第 131－40 条 "法人可处之违警罪刑罚为：

1. 罚金；

2. 第 131－42 条所规定的剥夺权利或限制权利之刑罚。

此种刑罚不排除第 131－43 条所规定的一种或几种附加刑"。

第 131－41 条 "适用法人的罚金最高比率为惩治犯罪之法律规定的对自然人科处罚金最高比率的 5 倍"。

第 131－42 条 "对各种第五级违警罪，罚金得以下列一种或几种剥夺权利或限制权利之刑罚替代之：

1. 最长 1 年期间，禁止签发支票以及使用信用卡付款，但出票人在受票人处提取资金或者经鉴证确认之支票除外。"

2. 没收用于或旨在用于实施犯罪之物或犯罪所生之物；

第 131－43 条 "惩治违警罪之条例得规定对法人犯罪科处第 131－16 条第 5 款所指之附加刑；对第五级违警罪，条例还可规定第 131－17 条第一款所指附加刑"。

第 131－44 条 "科处第 131－43 条所指的一种或几种附加刑的违警罪，法院得仅宣告附加刑，或者宣告一种或几种可处之附加刑"。①

---

① 《法国新刑法典》，罗结珍译，中国法制出版社 2003 年版，第 24—26 页。

根据该刑法典分则的规定，法人可负刑事责任的犯罪范围也比较广，例如，非故意伤害生命罪、非故意伤害人之身体罪、毒品走私罪、淫媒牟利罪及类似犯罪、盗窃罪、勒索罪、敲诈罪、洗钱罪、侵吞财产罪、窝藏赃物罪、在公共卫生方面的犯罪、妨害司法罪、恐怖活动罪等。

另外，为了实施国际法，法国新刑法典也在不断通过颁布法律的形式将有关内容增加到刑法典的相应章节加以规定。如，在恐怖活动罪之特别规定章节，除第 422 - 5 条规定法人得依第 121 - 2 条规定的条件，被宣告对本编所指犯罪负刑事责任，并可处依第 131 - 38 条之限制规定科处罚金及第 131 - 39 条所指之刑罚外，将 2001 年 11 月 15 日第 2001 - 1062 号法律（至 2003 年 12 月 31 日适用），增补为刑法典第 422 - 6 条"自然人或法人经认定犯恐怖活动罪的，亦可以没收其全部或一部财产之附加刑，不论财产性质如何，是动产或不动产，是可分财产还是不可分财产"。和第 422 - 7 条，"对认定犯恐怖活动罪的人宣告的资金或财产性制裁所得用于对恐怖活动与其他犯罪的受害人的保证资金"。①

又如，为了执行法国为缔约国的 1997 年 6 月 25 日《打击涉及欧共体官员或欧盟成员国官员腐败行为的公约》和 1997 年经济合作与发展组织公约（OECD）《禁止在国际商业交易中贿赂外国公职人员公约》，2000 年 6 月 30 日颁布第 2000 - 595 号法律，并将其增补为刑法典第五章"危害欧洲共同体、欧盟成员国、其他外国与公共国际组织之公共管理罪"，包括受贿罪、行贿罪，其中行贿罪中包括向欧洲共同体、欧盟成员国、欧洲共同体机构的公职人员行贿罪和欧盟成员国之外的其他外国人员或欧洲共同体机构的国际公共组织的人员行贿罪。并分别规定了自然人和法人的刑事责任和处罚措施，其中第 435 - 6 条规定"法人得依第 121 - 2 条规定的条件被宣告对第 435 - 2 条、第 435 - 3 条与第 435 - 4 条规定的犯罪负刑事责任"。并且对法人可处第 131 - 39 条所指的刑罚。②

因此，我们说法国在其国内法体系中还是比较认真地实施国际刑法中法人责任的规定。但是，对于判定法人犯罪责任的依据，有几个问题尚需明确：

第一，受法典第 121 - 2 条规定约束的法人，应排除国家。只有地方行政部门可以委托其他人（公法上的人和私法上的人）负责完成的活动中，

---

① 《法国新刑法典》，罗结珍译，中国法制出版社 2003 年版，第 144 页。

② 参见《法国刑法典》第 435 - 1—435 - 6 条之规定。转引自上书，第 172—175 页。

才会引起刑事责任。其次，从规定的范围来分析，"人合"性质的团体还应当具备法人的资格才能作为刑事法律的适用对象，所以，对于公司组成的团体来说，就不要求具备这一条件。此外，处于成立过程中的法人，看来也很难对其追究刑事责任，而在法人解散过程中是可以做到的。①

　　第二，法典规定只有"为法人利益"实行的犯罪才会引起法人承担责任。那么哪些属于"为法人利益"行为？

　　有人认为，这一规定所包括的刑事制裁范围，只能在考虑法律条文的适用领域内加以确定。因为，法国法律所认定的法人犯罪包括各种类型的犯罪（故意的或非故意的，针对人身的或针对财产的），在如此广泛的范围内，"为法人之利益"而犯罪这一概念的含义必然会随着所考虑的犯罪的类型不同而不同。②

　　第三，什么人的行为才能归责于法人并使某承担刑事责任。法律条文提到的是"机关或代表"。这两个用语有时是混同的，因为管理机关也就是代表机关，亦即法定代表，甚至在公司的经营范围外进行的活动亦使公司承担责任。③ 但是，还存在其他机关：常设机关如监督机关，非常设机关如股东大会或持股人大会，它们也可因其地位而使法人承担责任。

　　然而，在没有明文规定的情况下，除管理机关外的这些机关或代表，如果是在他们的权限之外作出的决定，是否也会引入法人的责任呢？在这方面，理论上似乎并没有对不同类型的机关或代表加以区分，但是，"将法人的违法行为能力限制在机关职能性作用的有限范围内，有可能造成一个毫无理由的不负刑事责任的宽阔地带"。④

　　再就是，法人事实上的领导人在为他们本人的利益实施了犯罪，已经引起自己的刑事责任的情况下，是否还会引起法人的刑事责任呢？显然，应当

---

　　①　［法］卡斯尔·斯特法尼：《法国刑法总论精义》，罗结珍译，中国政法大学出版社1998年版，第294页。

　　②　［法］皮埃尔·特律什、米海依尔·戴尔玛斯·玛蒂为《法国刑法典》在中国出版而作的"序"，《法国新刑法典》，罗结珍译，中国法制出版社2003年版，第9页。

　　③　见1966年7月24日法律第49条对有限责任公司经理管理人的规定，第98条与113条对股份有限公司董事会及董事长的规定以及第255条对股份两合公司经理管理人的规定。转引自［法］皮埃尔·特律什、米海依尔·戴尔玛斯·玛蒂为《法国刑法典》在中国出版而作的"序"，《法国新刑法典》，罗结珍译，中国法制出版社2003年版，第9页。

　　④　梅尔勒与韦杜：《刑法要览》，1988年，第一卷，第601节，古加斯出版社。转引自［法］皮埃尔·特律什 米海依尔·戴尔玛斯·玛蒂为《法国刑法典》在中国出版而作的"序"，《法国新刑法典》，罗结珍译，中国法制出版社2003年版，第9页。

将两项条件结合起来考虑，只有在法人事实上的领导人是在为法人的利益，而不是为其本人的利益活动时，才能追究法人的责任。但是，在这种情况下，如果法人只需安置一些简单的替代人，就可以在为其利益实施了犯罪的场合逃避受到刑事追究之危险，那样会不会造成刑法面前的不平等局面呢？①

最后，就是法人的责任与有可能也受到追诉的自然人的责任之间的关系：法人的刑事责任并不排除作为同一犯罪事实之正犯或共犯的自然人的责任。因此，在对法人追究责任的同时，实施犯罪的自然人也会被追究责任，无论他是"实际的实行犯"，还是"决策人"，按照判例，均因其个人之过错而有责任，即使实际的行为是由某个下属去完成的。②

二　德国

在历史上，德国的法律由罗马法与日耳曼法结合而成。在封建时期，刑法上一般倾向于肯定法人有犯罪能力，对于城镇和地方自治团体的犯罪都可以进行制裁，处以罚金、没收财产等。

后来，随着资本主义的发展，德国的资产阶级在刑法上提出了自己的主张和要求，其中之一就是反对刑法上的团体责任而主张个人责任，强调罪责自负。1871 年德意志帝国成立后颁布的德意志联邦刑法典坚持团体的不可处罚性。直到 1975 年新刑法典的生效施行，其间历时近 100 年，一直未改变这一原则。③

第二次世界大战爆发前，在德国虽然已经提出法人刑事责任的问题，并且在法律中也有了规定。如帝国税法第 393 条规定的法人刑事责任，然而，法人刑事责任的研究和刑事立法在理论和实践中的影响力都很小。这是由于德国法律传统的抵制和排斥以及当时强化行政命令的法律思想的影响。从那时德国刑事司法实践可以看得很清楚，行政秩序罚和作为补充责任的罚金是惩罚法人违反经济法规的主要手段。④

"二战"之后，在以经济为中心的广泛领域之内，企业等法人的影响力增强，对法人活动进行必要法律规制的呼声高涨。为规制法人活动，德国开

---

① ［法］皮埃尔·特律什、米海依尔·戴尔玛斯·玛蒂所作之序——为《法国刑法典》在中国出版而作，《法国新刑法典》，罗结珍译，中国法制出版社 2003 年版，序言第 9 页。

② 同上书，第 10 页。

③ 何秉松主编：《法人犯罪与刑事责任》，中国法制出版社 2000 年版，第 123 页。

④ 王世洲：《德国经济犯罪与经济刑法研究》，北京大学出版社 1999 年版，第 100—101 页。

始完善包括法人制裁规定在内的法律制度。例如，对企业等法人的制裁，不是对犯罪的刑罚，而是通过对在伦理上属于中性的违反秩序行为科处行政罚款（秩序罚）的方式，对法人进行制裁，从而避免了解释论上的问题。[①] 德国的立法机关也以这种刑事犯罪和违反秩序的实质差别为根据，在经济刑法和附属刑法中规定了许多有关对法人的制裁。

1968 年，在修订 1952 年制定的违反秩序法的过程中，鉴于处罚法人的必要性和现行法规中法人处罚存在的客观性，各方都同意在违反秩序法中规范对法人的罚款规定，以适应法律和形势发展的需要。1987 年该法重新公布后对法人的责任有了完整规定。[②] 另外，1960 年之后，在欧洲一体化的过程中，为统一欧共体经济秩序，欧洲经济共同体制定了在共同体范围内适用的、规制经济活动的条约和法规，其中包括有以企业等法人为对象的罚款规定。再就是欧盟有关打击犯罪的国际刑法公约和文件中法人责任的规定。因此，现在的德国，规制以企业为中心的法人活动的法律有两种，即作为国内法的违反秩序法和作为欧盟的一员而必须遵守的欧盟法。[③]

1987 年重新公布的违反秩序法，第 30 条对法人责任的规定如下：

"1. 任何人作为

（1）法人代表机构的代表或者该机关的成员；

（2）非法人机构的领导人或领导成员；

（3）合伙商业公司有代表权的股东；

（4）法人或在（2）（3）中提到的人合团体的总代表或处在领导地位的代理人或商业代表，实施犯罪行为或者违反秩序行为，因而违反法人或者人合团体承担的义务，或者使法人或人合团体获得或将获得不法利益的，得以对法人或人合团体处以罚款。

2.1　罚款数额

（1）故意犯罪的，处 100 万马克以下罚款；

（2）过失犯罪的，处 50 万马克以下罚款。

2.2　违反秩序行为的罚款额，依照违反秩序法对个别违反秩序行为的规定具体确定。

---

① 黎宏、单民：《德国的法人刑事责任论述评》，《国家检察官学院学报》第 8 卷第 2 期 2000 年 5 月。

② 王世洲：《德国经济犯罪与经济刑法研究》，北京大学出版社 1999 年版，第 106 页。

③ 黎宏、单民：《德国的法人刑事责任论述评》，《国家检察官学院学报》第 8 卷第 2 期 2000 年 5 月。

3. 第 17 条第 4 款和第 18 条的规定也相应地适用。

4.1　未经刑事程序或者罚款程序，或者程序被撤销或免予刑事处罚的犯罪行为和违反秩序行为，可以单处罚款。但是，由于法律上的原因不得追究犯罪行为和违反秩序行为的除外。第 33 条第 1 款第 2 句仍然适用。①

5. 不得依据刑法第 73 条或第 73a 条或违反秩序法第 29 条，对判处罚款的法人或人合团体，因同一行为再判处追缴。"②

从上述规定中可以看出，在德国违反秩序法中，是自然人个人的行为作为连接行为，成为追究法人责任的基础，而不是法人本身的行为是追究法人责任的基础。从归责理论上看，可以将他人的行为视为法人本身的行为而予以归责。然而，根据反限制竞争法的规定，法人也能够作为行为主体来实施法律禁止的卡特尔行为，并可受到罚款的处罚。德国联邦最高法院和联邦宪法法院在判例中，也根据这些有关法律，认为法人，而不是其代理人，是法律规定的行为主体。③

违反秩序法第 30 条在 1994 年又再次被修改。这次修改主要缘于欧洲经济一体化所引起的国内法的实施问题等。具体来说，就是将连接行为的主体从有代表权的机关扩展到实质权限的人。因此，也扩大了罚款的适用范围。④

三　日本

1880 年公布、1882 年实施的日本刑法典是在法国刑法学家指导下以 1810 年法国刑法典为蓝本制定的第一部刑法典。但施行后由于不适合日本社会而受到强烈反对。1901 年又以德国刑法为蓝本结合日本实际情况进行修改，修改后的刑法典 1908 年施行。这就是日本的现行刑法，一般称之为新刑法。⑤

日本的新、旧刑法都不承认法人的犯罪能力和刑事责任。此外，《商

---

①　德国违反秩序法第 33 条是关于追诉时效中断的规定。转引自王世洲《德国经济犯罪与经济刑法研究》，北京大学出版社 1999 年版，第 106 页。

②　刑法第 73 条或第 73a 条或违反秩序法第 29 条都是关于追缴财产的规定。转引自王世洲《德国经济犯罪与经济刑法研究》，北京大学出版社 1999 年版，第 107 页。

③　引自王世洲《德国经济犯罪与经济刑法研究》，北京大学出版社 1999 年版，第 108 页。

④　黎宏、单民：《德国的法人刑事责任论述评》，《国家检察官学院学报》第 8 卷第 2 期 2000 年 5 月。

⑤　何秉松主编：《法人犯罪与刑事责任》，中国法制出版社 2000 年版，第 200—201 页。

法》对向股东会痞子提供利益等罪也没有规定两罚规定。所以，即使向股东会痞子提供了利益，被处罚的只是公司的董事或职员，公司本身并不受处罚。① 但是，从 19 世纪末，在行政经济法规等附属刑法上，就已开始规定法人的责任。

最早规定法人责任的是明治九年（1876）修改的国立银行条例，第 11 条规定："犯有本条例中没有明文规定罚金的条款时，可以把罚金施于上述犯罪的银行或总经理、董事等其他的负责人。"但第一次真正明确规定法人刑事责任的是 1900 年以法律第 52 号颁布的法人违反有关租税法的法规。该法第 1 条规定："法人的代表人及其雇用人或其他从业人员，处理有关法人的业务而违反租税及烟草专卖有关法规的，其法人适用各该法规的罚则规定，但其罚则是规定罚金以外刑罚的，处法人 300 日元以下罚金。"②

第一次世界大战后，日本继续对外扩张，加强国家对经济的干预。这时，在法人犯罪的处罚问题上暴露出代罚制在预防法人犯罪上的缺点，同时，在英、美国、法国、德国广泛适用两罚制处罚法人犯罪的影响下，日本昭和七年（1932）制定的《资本逃避防止法》首次决定对法人犯罪采用两罚制。该法律于翌年被修正为外国汇兑管理法并维持两罚规定。③ 此外，《证券交易法》、《反垄断法》、《登门贩卖法》及其他违反行政取缔法几乎都规定有两罚规定，因此，当存在违法行为时，对法人也可以加以处罚。

两罚规定的基本结构是：法人的代表或法人（或个人）的代理人、使用人及其他从业者，与该法人（或个人）的业务相关行为触犯××罪时，除处罚行为者外，对该法人（或个人）科处各罚条所规定的罚金刑。由此可见，两罚规定根据从业者的违反行为，不仅处罚法人，还处罚个人业主（自然人）。④

日木最高法院认为，以两罚规定处罚法人的根据在于：法人未尽对从业者的监督责任。即作为雇主必须在从业者的选任、监督及其他方面履行应尽义务，以防止从业者实施违法行为。可见，当从业者实施了违法行为时，雇主要被推定存在选任或监督上的过失。当然，雇主方面可

① ［日］芝原邦尔：《经济刑法》，金光旭译，法律出版社 2002 年版，第 114 页。
② 何秉松主编：《法人犯罪与刑事责任》，中国法制出版社 2000 年版，第 201 页。
③ 同上书，第 203 页。
④ ［日］芝原邦尔：《经济刑法》，金光旭译，法律出版社 2002 年版，第 115 页。

以进行反证，如果能够证明自己对从业者的违反行为在选任或监督上没有过失的话，则可以免除刑事责任。但实际上，雇主想要反证自己没有过失是相当困难的，所以，一旦从业者的违反行为被认定，企业几乎都要受到处罚。①

在日本，还有极少的法律对法人犯罪实行三罚规定，即对公司（法人）的从业者、法人以及法人代表（总经理等）三者都加以处罚。有三罚规定的法律极少，比如《反垄断法》。

《反垄断法》第95条之二规定，"当存在违反第89条第一款第一项行为（不正当限制交易罪）的场合，如果该法人代表明知该违反行为的计划，却不采取必要措施加以阻止，或者明知该违反行为正在实施，却不采取必要措施加以纠正时，对该法人代表也科处各罚条所规定的罚金刑"。该规定并不是像两罚规定的那样处罚选任或监督过失行为，而是法人代表必须"明知违反行为的计划"或"明知违法行为正在实施"。如果法人代表仅仅在选任或监督上有过失，即使适用三罚规定也不能对其处罚。只有当认识到了违反行为却没有采取阻止或纠正措施的场合，才能适用三罚规定进行处罚。但是，《反垄断法》中的三罚规定也没有被实际适用过。②

第二节　英美法系国家的法人责任体系

一　英国

法人刑事责任的发展概况

英国是西方国家中最早在刑法上承认法人犯罪并追究其刑事责任的国家。英国法律受日耳曼法的影响比较深，在刑事责任上，日耳曼法承认团体可以连带地负担刑事责任。③

英国的法人刑事责任最早是从法人不履行义务而造成对公众的危害案件开始的。18世纪后期和19世纪，法人越来越广泛地进入经济活动的各个领域和社会日常生活，英国民法开始对法人的民事侵权行为适用替代责任。英国议会也加强了立法工作，扩大了法人的刑事责任范围。1827年议会颁布

---

① ［日］芝原邦尔：《经济刑法》，金光旭译，法律出版社2002年版，第115页。
② 同上书，第116—117页。
③ 何秉松主编：《法人犯罪与刑事责任》，中国法制出版社2000年版，第104页。

了《关于进一步改善刑事案件的处罚的法令》，第 14 条规定：在此类刑事案件中，所谓"人"应包括"法人"。1889 年的解释法第 2 条规定："在本法生效前或生效后颁布的任何关于可诉罪或简易罪的法律中所讲的'人'，除非有相反规定，均包括法人团体在内。"为从总体上广泛追究法人刑事责任提供了法律依据。[①]

到 20 世纪初，法院突破了长期以来法人只能对不包括"犯罪意图"的犯罪负刑事责任的限制，对那些犯罪者主观上具有犯罪意图的犯罪，也能根据替代责任的原理追究法人的刑事责任。1917 年穆塞尔兄弟有限公司诉伦敦和西北铁路公司案明确指出，应当根据具体情况严格区分法人的替代责任和法人自身的责任，为后来法院运用法人代表的"另一个我"的学说追究法人自身的刑事责任奠定了基础。[②]"另一个我"理论认为法人不仅应当对其仆人的犯罪行为承担替代责任，还有其自身的责任。它应以某些可称之为法人的"另一个我"的高级职员的行为为基础。这些高级职员如董事、经理等不仅仅是法人的仆人或代理人，而且也是法人的代表。他们掌管法人并支配法人的行动，他们的思想、意志、行为就是法人的思想、意志和行为。从这个意义上说，可以认为他们就是法人，他们代表法人的"另一个我"。因此，他们的犯罪意图和犯罪行为就是法人本身的犯罪意图和行为。[③]这种理论也就是同一原则。第二次世界大战后，这一理论的发展使英国法院有可能对那些有犯罪意图的犯罪广泛地追究法人的刑事责任。

英国刑法大都采用两罚制来惩罚法人和其内部的自然人。现在，法人刑事责任已经被公认为英国刑法的一个普遍原则。对于一切法人，除由于其本身性质不可能由法人实施的犯罪，如重婚罪，和某些只能判处身体刑（如死刑、自由刑等）的犯罪，如谋杀罪外，都可以像对自然人犯罪一样追究其刑事责任。

20 世纪 70 年代后期，法人刑事责任又有了新的发展。由于公司强调安全的能力和意愿不够以及因疏忽而导致的死亡事件越来越多，要求公司承担大规模死亡事件的过失杀人责任逐步被纳入刑法领域。

---

① 何秉松主编：《法人犯罪与刑事责任》，中国法制出版社 2000 年版，第 106—108 页。
② 同上书，第 108 页。
③ 同上书，第 112 页。

在 1987 年"自由企业先驱者"号案中①，检察长指控该船所属的 P&O 欧洲轮渡公司及其 7 名雇员过失杀人。虽然，法庭认为，公诉不足以确认某一公司高级管理人员可被认定因疏忽大意而导致发生舷舱门未关这样一个任何谨慎的人都会意识到的"明显和严重的风险"。但是，从更普遍的意义上来说，该案已经使人们注意到对直接责任人进行个别考查而排斥公司董事们的总体责任的方式存在着缺陷。

1994 年 12 月，陪审团裁定 OLL 公司在其组织的一次英吉利海峡探险漂流中，因为漂流者装备不足而且领航员不合格导致小船颠覆，船上 4 名学童丧命，而犯有过失杀人罪，从而首次确立公司过失杀人罪名。当死亡是由于客观看来危险的犯罪行为引起的或虽然没有违法，但却是由重大疏忽的行为引起的，即为过失杀人。在上诉法庭，重大疏忽被认为可以从下列思维状态中表现出来：

（1）漠视可能对健康造成伤害的明显的风险；（2）预见到风险可能发生却决定不予理睬；（3）正确估计到风险，也有意避免风险，但在避免风险的过程中存在重大疏忽，其疏忽程度使得陪审团认为对其的指控成立；（4）对涉及明显和重要事项的、超出了"粗心大意"程度的、被告职责要求其处理而其未留心或未能注意到的严重风险。②

英国法律委员会 1994 年关于非自愿性过失杀人的咨询文件是法人过失杀人犯罪成立的一个里程碑。它指出，重大疏忽克服了必须确定一名特定的对整个罪行负有责任的管理人员的问题，使得重点可以被集中在公司对于安全问题的态度上。这一问题仅仅在公司选择进入一个可能对他人产生风险的

---

① 1987 年 3 月 6 日，当"自由企业先驱者"号离开比利时 Zeeburgge 港时，由于舷舱门未关而在离港后不久颠覆，造成 192 人死亡。这些舱门本应由助理水手长负责关闭，但这名助理水手长却在舱内睡着了。没有人注意到他没有坚守在工作岗位上，也没有一个制度来确保即使在船员失职，也能保证像关闭舷舱门如此重要的工作能切实完成。这并不是第一次发生这样的事件。表面上看，这一灾难是由于船长、大副和助理水手长的失职引起的。但经过全面调查，法官得出结论：管理松散的痼疾已经从上到下侵入到了这家公司的内部。导致这一灾难的根源在于公司的上层，管理失误的责任应由全体管理人员分担。在法医要求进行司法审议，并且法医陪审团作出非法致死的判决后，检察长指控 P&O 轮渡公司及其 7 名雇员过失杀人。转引自孙昌军、陈炜《试论英国公司法人犯罪法律价值观念的新变化》，《现代法学》1999 年第 2 期。

② 孙昌军、陈炜：《试论英国公司法人犯罪法律价值观念的新变化》，《现代法学》1999 年第 2 期。

领域——例如交通、制造或医疗事业时才出现。①

二　美国

（一）概况

美国法律深受英国普通法的影响，然而，到 19 世纪末 20 世纪初，美国法人犯罪的理论与实践在深度和广度上都远远超过了英国。

美国早期的法人，主要是为了改进公共交通而设立的，私人性的商业法人比较少。最先的法人刑事责任，正是由这些公共或准公共法人的不作为行为引起的。而到了 19 世纪中叶，美国法院通过对两个很有影响的案件②的审理，确立了一项重要原则：法人不仅要为不作为的行为负刑事责任，还要对作为的行为承担刑事责任。③

但是，法人刑事责任在克服了客观行为方面的障碍后仍然受到主观方面的限制。美国法官坚持公司不能为故意犯罪承担责任，认为叛国罪、重罪、伪证罪以及侵犯人身的暴力犯罪只能由自然人实施。还有就是当时对重罪适用的刑罚是死刑和肢体刑，而这样的刑罚显然不可能对法人适用。19 世纪末 20 世纪初，通过几个重要案件的审理，法人的刑事责任在主观方面的限制逐渐被打开了一个缺口。美国法官开始在判决中区分特定故意的犯罪和一般故意的犯罪，并且认为公司可以为一般故意犯罪承担刑事责任。在加利福尼亚和阿拉斯加的几个案件中，法官认为：公司经理、职员和雇员的行为就是公司的行为，当他们代表公司活动时，他们的动机、故意和行为，都可以认为是公司的活动。地方法官的这种主张，不久就被最高法院接受了。④ 一旦美国最高法院明确承认法人具有故意犯罪的能力，一般故意和特定故意的区别就很难成为阻止法人承担刑事责任的理由。由于法人一直可以为故意的民事侵权行为如殴打、诽谤、诬告等承担代理责任，因此，从理论上说，法人对特定故意犯罪负责并不比为故意的民事侵权行为负责更困难。

经过几十年的司法实践和理论探讨，美国刑法界终于突破了最后的障

---

① 孙昌军、陈炜：《试论英国公司法人犯罪法律价值观念的新变化》，《现代法学》1999 年第 2 期。

② 即新泽西州诉莫里斯和爱克斯铁路公司案，载《新泽西州案例汇编》第 23 卷，第 360 页；马塞诸塞州诉新贝德福德大桥业主案，载《马萨诸塞州案例汇编》第 68 卷，第 339 页。转引自周密主编《美国经济犯罪和经济刑法研究》，北京大学出版社 1993 年版，第 39 页。

③ 周密主编：《美国经济犯罪和经济刑法研究》，北京大学出版社 1993 年版，第 38—39 页。

④ 同上书，第 40—41 页。

碍，认定法人与自然人一样可以承担完全的刑事责任。现在，根据美国刑法，法人可以承担完全的刑事责任，不受罪种和罪过形式的任何限制。从理论上说，法人可以犯任何罪，甚至包括杀人这种通常认为只能由自然人才能实施的犯罪。①

19 世纪末开始，美国颁布了大量涉及经济领域法人犯罪的立法，来规范经济秩序和社会秩序。主要有 1887 年的州际贸易法（The Interstate Connerce Act），1890 年的谢尔曼反托拉斯法（The Sherman Act）、1906 年的洁净食品和药物法（The Pure Food and Drug Act）、1933 年证券法、1934 年证券交易法、1970 年反组织犯罪侵害合法组织法（The Racketeer Influenced and Corrupt Organization Act）和职业安全与健康法、1972 年修正的联邦水污染法、消费品安全法，1976 年毒物控制法、资源保护和恢复法，1977 年海外反腐败法（Forgien Corrupt Pritices Act），1979 年出口管理法，1986 年洗钱控制法案等。

在这些经济刑法中都肯定了法人犯罪的刑事责任，有的还规定了法人可以受到行政或民事罚款的处罚。如，海外反腐败法（FCPA）规定"美国司法部负责法案反贿赂规定中涉及国内联系的公司、外国公司和国民的刑事和民事执法。证券交易委员会负责反贿赂规定中对证券发行者的民事执法"。并规定，违反本法案（FCPA）将受到下列刑事制裁："公司和其他商业实体可被处以最高可达 200 万美元的罚款；官员、董事或主管、股东、雇员和代理人可被处以最高可达 10 万美元的罚款和 5 年监禁。"还可受到民事处罚："司法部长和证券交易委员会在适当时可以采取民事行动，对任何公司、企业和其违反本法案反贿赂规定的官员、董事或主管、雇员，或其代理人，或代表企业公司行事的股东，处以最高可达 1 万美元的罚款。当出现企业（或代表企业行事的官员、董事、主管、雇员、代理人或股东）违反本法案反贿赂规定时，司法部长和证券交易委员会在适当时可以采取民事行动禁止企业的任何活动或实践。"以及可以受到其他采取的政府行动，即政府采取的行政方面的制裁措施："在（联邦政府）管理和预算办公室发布的指导方针下，被发现违反本法案的个人或企业可以被禁止同联邦政府做生意。单独的控告就能导致同政府进行商业交易的权利的中止。不管哪个行政机构，如果它已经剥夺、中止或排除某团体参与营利性或非营利性活动，总统

---

① 在美国司法实践中，已经有追究法人过失杀人责任的案例。转引自周密主编《美国经济犯罪和经济刑法研究》，北京大学出版社 1993 年版，第 36 页。

可以下令任何行政机构都不能允许该团体参加营利性或非营利性活动。另外，被发现违反本法案的个人或企业可以被裁定不具备获得出口许可证的资格；证券交易委员会可以暂停或禁止他们进行证券交易并对在证券交易中违反本法案规定的人予以民事性处罚；期货贸易委员会和海外私人投资公司都可以规定暂停或禁止任何违反本法案的机构的项目；向外国政府官员提供的支付如果是在本法案下是非法的支付，就不能作为正常商业交易花费在税收法律下被扣除。"① 因此，我们可以说，在美国，经济领域的法人犯罪可以受到民事、行政或刑事制裁。

就实施国际法而言，美国没有批准《联合国反腐败公约》，1977 年颁布的《海外反腐败法》是经济合作与发展组织《禁止在国际商业活动中贿赂外国公职人员公约》在美国实施的法律基础，而这一公约正是在美国的积极推动下得以产生的。该法案禁止本国公司对任何"外国官员"或任何"外国政党"或"外国行政官职"的候选人赠送任何有价值的物品，意图对他们的职务活动施加影响，以便取得或保持营业。如上所述，法案对违反该法的犯罪行为规定了严厉的刑罚。但它受到商业界的批评，认为法律对美国公司商业行为的严格要求使它们在海外与使用贿赂等不正当手段的外国公司处于竞争上的劣势。从 80 年代起，里根政府就支持修改海外反腐败法，认为修改法律允许美国商行积极从事海外贸易会减少出口的抑制。后来，国会对此做出了反应。1988 年颁布的汽车贸易和竞争法实质上是对上述法律的修正。例如，它允许为"常规的政治行为"给予馈赠，允许给予在接受国被认为是合法的馈赠，允许对真正遭受损失的人给予馈赠等。② 另一方面，在国际层面上，它又积极推动建立禁止使用贿赂手段获得商业机会的秩序，经济合作与发展组织《禁止在国际商业活动中贿赂外国公职人员公约》就是这一努力的结果。

（二）美国法人承担刑事责任的根据和条件

1909 年美国最高法院在对纽约中心及赫得森河铁路公司诉美国案的判决中清楚阐明的适用法人刑事责任的"黑字规则"（Black Letter Law），被认为是法人承担刑事责任的根据。它指出，在法人业务中，代理人在其职务范围内为了法人利益实施的行为，其责任应归之于法人。这一规则直接来自

---

① Foreign Corruption Pratices Act—Antibribery Provision, from www.usdoj. gov/criminal/fraud/fcpa/fcpa. html.

② 何秉松主编：《法人犯罪与刑事责任》，中国法制出版社 2000 年版，第 173 页。

于民事侵权法中的替代责任。美国联邦法院和大多数州法院都普遍采用这一原则来追究法人的刑事责任。1978 年《美国联邦刑法典》（建议稿）中，也采取了这一原则。根据《美国联邦刑法典》（建议稿），法人对其代理人的行为承担刑事责任应同时具备 3 个要件：

1. 该法人的代理人的行为构成了犯罪。

2. 代理人的行为是在其职权范围内实施的。由于大公司中责任的扩散，司法检察人员经常难以认定究竟是哪一个人应当对公司的违法行为负责，因此，联邦法院不仅经常使用"实际的职权范围"和"明显的职权范围"这类概念，而且开始对传统的"授权责任"和"公司对雇员的管理义务"做进一步的延伸，以反驳"公司未授权"、"该雇员的行为越权"等辩护意见，追究大公司的责任。

3. 行为人的目的是为了法人的利益。虽然这是法人负刑事责任的条件之一，但是，在实践中，联邦法院把它从一个基本的要件降低为仅仅是一种证据上的考虑。只要调查人能合理地推断行为人具有为法人谋利益的目的，不要求行为人已实际获得利益。①

1991 年，美国又颁布实施的《联邦量刑指南》中的《组织体量刑指南》。它规定对组织的罚款幅度应根据组织犯罪行为的严重性和组织的罪过程度。② 这里，它明确指出所依据的是"组织"的罪过程度和行为的严重性，而不是具体行为的自然人的主观犯意，因此，可以认为美国的《组织体量刑指南》在量刑阶段是以法人的自身情况作为确定法人刑事责任的依据，从而将法人自身的责任与自然人责任区别开来。这对美国刑法理论产生了重大的影响。

第三节　小结

以上我们只是介绍了大陆法系和英美法系比较有代表性的几个国家对法人犯罪追究责任的立法概况，虽然没有穷尽所有的国家，但是，大多数国家对法人犯罪从立法上追究责任已经是不争的事实。因为，法人、实体、组织在经济快速发展中规模不断扩大，在社会、经济生活中的地位和对社会、经

---

① 周密主编：《美国经济犯罪和经济刑法研究》，北京大学出版社 1993 年版，第 40—41 页。

② See TheThird general principles of Sentencing Of Organizations，§8A1.1. from www. ussc. gov.

济生活的影响日益增强，不可小视。它们越来越多地涉入犯罪的现实和国际组织在确立法人犯罪责任方面的努力，促成了目前承认法律实体犯罪责任的法律趋势。它力图使公司、协会和其他类似的法人为了该法人利益所实施的刑事犯罪行为承担责任。①

在国家追究法人犯罪责任的国内法中，责任的形式是多样的。可以是民事、行政或刑事责任。有的国家是在刑法中明确规定法人刑事责任，有的则受法律传统的影响不承认法人的刑事责任，而是在经济刑法或行政秩序法领域设定法人违法行为的责任，还有的国家对法人犯罪、违法行为既可以予以刑事制裁，又可以施以民事罚款和行政惩戒。虽然责任的形式不同，但是，就目前国际刑法规范所涉及的犯罪而言，许多国家的国内法都可以以不同的形式予以惩治，只是打击的效果和严厉程度有所不同。

我们可以看到，国家立法中追究法人犯罪责任的理论在不断完善，归责原则和处罚依据逐渐由以法人中自然人的行为为连接行为向直接确认法人的犯罪行为转变，而且在法人犯罪的犯罪构成上逐渐细化，不仅要具备客观要件，还要具备故意或过失的主观心态。在这些要件的断定上，根据现今越来越复杂的公司结构和责任分工，许多国家在司法实践中正日益发展着、有效和公平地处罚法人的政策。

还可以看到的是，不同法系、文化的国家在法人犯罪的责任问题上互相借鉴和吸收。比如，美国法借鉴英国法以代理责任或替代责任原则追究法人刑事责任的做法，而美国后来发展起来的法人过失杀人责任又对英国法类似案件的认定产生了影响。

因此，就目前主要通过国内法实施的国际刑法公约来看，如果不强求缔约国接受对法人犯罪施加刑事责任，使缔约国能选择在符合其国内法律原则的情况下所采取对法人犯罪进行处罚的责任形式，那么，参加公约的国家在不同制度下是可以实现对法人犯罪追究责任的。

---

① Explanatory Report-Council of Europe Convention on the Prevention of Terrorism, para. 135.

第六章

法人跨国犯罪与国际犯罪的责任：在我国的实施

第一节　我国法人违法与犯罪的责任体系

目前，我国的刑法是承认单位犯罪及其责任的。经 1997 年修订的新刑法在"总则"第 30 条规定了对法人犯罪的定罪原则："公司、企业、事业单位、机关、团体实施的危害社会的行为，法律规定为犯罪的，应当负刑事责任。"随后的第 31 条则确立了对单位犯罪以双罚制为主、单罚制为辅的刑罚处罚原则。这里的"公司、企业、事业单位、机关、团体"都可以是犯罪主体，而它们又是法律实体，或组织，因此，刑法典的本条规定可以说就是法律实体的责任，或法人刑事责任。但是，由于我国立法中将"法人"一般限制在具备一定资格条件的组织，包括具有独立财产和承担有限责任，"法人"这个概念比"组织"、"单位"包含的范围小，因此，一般称之为单位犯罪及单位的刑事责任。

此外，在我国商事立法和经济立法中也包含着大量对法人、单位进行行政制裁内容的法律法规，它们明确授权相应的国家行政机关可以对违反该法的法人、单位予以行政处罚，如《反不正当竞争法》中规定工商行政管理机关可以对单位从事商业贿赂的不正当竞争行为进行处罚；《中华人民共和国证券法》规定国务院证券监督管理机构可以依法对证券发行人、上市公司、证券公司等违反证券市场监督管理法律、行政法规的行为进行查处。国家行政机关依法对单位、法人的违法行为进行的处罚对法人而言属于行政责任。有的违法行为同时也是刑法规定的犯罪，当法人、单位的违法行为的性质、影响和社会危害性达到刑法所规定的刑事犯罪的程度，它们将受到刑事制裁，从而承担刑事责任。

因此，在我国的现行法律体系中，对于法人、单位违法和犯罪的，可以受到刑事或行政制裁，是刑事责任和行政责任并存的状态。

第二节　我国法人刑事责任的立法概况和存在的问题

一　立法概况

（一）新中国成立至 1997 年刑法修订前的概况

自 1949 年新中国成立至 1979 年《中华人民共和国刑法》颁行，我国的刑事法律和刑法理论都只承认个人刑事责任，不承认法人刑事责任。1997 年全面修改 1979 年《刑法》后颁行的所谓"新刑法"才首次在我国的刑法典中正式确认了法人的刑事责任。

20 世纪 80 年代中后期，随着商品经济、市场经济的发展，法人违法犯罪在我国经济生活中开始衍生和蔓延，产生了用法律来规制法人违法行为的要求。1987 年 1 月 22 日，第六届全国人大常委会第十九次会议通过的《中华人民共和国海关法》第 47 条规定："企事业单位、国家机关、社会团体犯走私罪的，由司法机关对其主管人员和直接责任人员依法追究刑事责任；对该单位判处罚金，判处没收走私货物、物品、走私工具和违法所得。"它第一次以立法形式承认法人可为犯罪主体，并对法人自身给予处罚。《海关法》被誉为"开创了我国惩治法人犯罪的刑法的先河"。[1]

随后，立法机关为惩治日益严重的法人犯罪现象，在一系列单行刑法和非刑事法律的附属刑法规范中，规定了数量众多的法人犯罪之罪刑规范。其中，规定法人犯罪的单行刑法主要有：1988 年颁行的《关于惩治走私罪的补充规定》和《关于惩治贪污贿赂罪的补充规定》；1990 年《关于禁毒的决定》和《关于惩治走私、制作、贩卖、传播淫秽物品的犯罪分子的决定》；1992 年的《关于惩治偷漏税犯罪的补充规定》；1993 年《关于惩治假冒注册商标犯罪的补充规定》和《关于惩治生产、销售伪劣商品犯罪的决定》；1994 年的《关于严惩组织、运送他人偷越国（边）境犯罪的补充规定》和《关于惩治侵犯著作权的犯罪的决定》；1995 年《关于惩治违反公司法的犯罪的决定》、《关于惩治破坏金融秩序犯罪的决定》和《关于惩治虚开、伪造和非法出售增值税专用发票犯罪的决定》等共计 12 部法律，规

---

① 李文伟博士论文《法人刑事责任比较研究》第 67 页，作者单位：中国政法大学，2002 - 05 - 01 提交中国优秀博硕士学位论文全文数据库，网络来源路径 http://202.114.65.37/KNS50/download.aspx? filename = DG200301.2002122486。

定了 62 个罪名。规定法人犯罪的非刑事法律除 1987 年《海关法》外，还有 1990 年颁行的《铁路法》和 1994 年颁行的《对外贸易法》等两部法律，共规定了 3 个罪名。因此，在刑法修订前，我国在单行刑法和非刑事法律中规定法人犯罪的罪名已经约占全部罪名的 1/3，决定了法人刑事责任在新刑法典中的最终确立。①

（二）1997 年刑法修订后的概况

1997 年 3 月 14 日第八届全国人民代表大会第五次会议对 1979 年刑法典进行了全面、系统的修订，其中一项重大改革就是在新刑法典中全面确立了惩治法人犯罪的刑法制度。新刑法典不仅在分则中保留、吸收了历次对刑法典内容进行修改的单行刑法和非刑事法律中所规定的法人犯罪，增设了许多新的罪名，而且在总则中还专设"单位犯罪"一节，对法人犯罪的定罪原则和处罚问题做了较为明确的规定，使分则的相应规定有所依托。

法人犯罪的刑事责任的有关立法，除了《中华人民共和国刑法》中的有关规定外，还包括可以作为法律依据的有效的司法解释《最高人民法院关于审理单位犯罪案件具体应用法律有关问题的解释》以及在审判实践中作为法官参考的《最高人民法院关于审理单位犯罪案件对其直接负责的主管人员和其他直接责任人员是否区分主犯、从犯问题的批复》和《最高人民法院研究室关于外国公司、企业、事业单位在我国领域内犯罪如何适用法律问题的答复》等最高人民法院的解释性文件。

1. 法人犯罪刑事责任的立法规定

（1）《中华人民共和国刑法》的规定

《中华人民共和国刑法》在其"总则"第二章专设一节，对单位犯罪的定罪原则和处罚问题做了较为明确的规定。即第二节第 30 条"公司、企业、事业单位、机关、团体实施的危害社会的行为，法律规定为犯罪的，应当负刑事责任"。和第 31 条"单位犯罪的，对单位判处罚金，并对其直接负责的主管人员和其他直接责任人员判处刑罚。本法分则和其他法律另有规定的，依照规定"。

除此之外，我国刑法还在"分则"中设若干个罪名规定了由单位承担刑事责任的情形。经过迄今为止 8 个刑法修正案的修订，截止到目前的《中华人民共和国刑法》修正案（八），刑法分则中关于法人犯罪的罪名

---

① 周光权：《刑法诸问题的新表述》，中国法制出版社 1999 年版，第 144 页。转引自前注李文伟博士论文，第 67—68 页。

已经增加至约 124 个①，主要集中在第三章"破坏社会主义市场经济秩序罪"、第六章"妨害社会管理秩序罪"以及第 120 条之一"资助恐怖主义罪"、第 244 条"强迫职工劳动罪"、第 253 条之一"出售、非法提供公民个人信息罪；非法获取公民个人信息罪"、第 276 条之一"恶意不支付劳动报酬罪"、第 370 条"故意提供不合格武器装备、军事设施罪"、第 387 条"单位行贿罪"、第 391 条"对单位行贿罪"和第 393 条"单位行贿罪"的条文中。

（2）有效的司法解释中有关单位犯罪的规定

目前，在我国可以作为法官裁断案件的法律依据的、涉及单位犯罪的司法解释有《最高人民法院关于审理单位犯罪案件具体应用法律有关问题的解释》（法释〔1999〕14 号）和《最高人民法院关于审理单位犯罪案件对其直接负责的主管人员和其他直接责任人员是否区分主犯、从犯问题的批复》（法释〔2000〕31 号）。它们经中华人民共和国最高人民法院颁布实施，属于我国的法律渊源之一，也应视为我国有关单位犯罪的立法性文件之一。

《最高人民法院关于审理单位犯罪案件具体应用法律有关问题的解释》的规定如下：

"为依法惩治单位犯罪活动，根据刑法的有关规定，现对审理单位犯罪案件具体应用法律的有关问题解释如下：

第 1 条 刑法第 30 条规定的'公司、企业、事业单位'，既包括国有、集体所有的公司、企业、事业单位，也包括依法设立的合资经营、合作经营企业和具有法人资格的独资、私营等公司、企业、事业单位。

第 2 条 个人为进行违法犯罪活动而设立的公司、企业、事业单位实施犯罪的，或者公司、企业、事业单位设立后，以实施犯罪为主要活动的，不以单位犯罪论处。

第 3 条 盗用单位名义实施犯罪，违法所得由实施犯罪的个人私分的，依照刑法有关自然人犯罪的规定定罪处罚。"②

在《最高人民法院关于审理单位犯罪案件对其直接负责的主管人员和

---

① 该数字根据最新《中华人民共和国刑法修正案（八）》统计而来。参见《中华人民共和国刑法》（根据最新刑法修正案八修订），法律出版社 2011 年版。

② 参见《最高人民法院关于审理单位犯罪案件具体应用法律有关问题的解释》，法释〔1999〕14 号，最高人民法院 1999 年 6 月 18 日颁布，来自：http：//www.law-lib.com/law/law_ view.asp？id＝460，2011 年 10 月 3 日访问。

其他直接责任人员是否区分主犯、从犯问题的批复》中，最高人民法院对湖北省高级人民法院关于单位犯信用证诈骗罪案件中对其"直接负责的主管人员"和"其他直接责任人员"是否划分主从犯问题的请示，答复如下：

"在审理单位故意犯罪案件时，对其直接负责的主管人员和其他直接责任人员，可不区分主犯、从犯，按照其在单位犯罪中所起的作用判处刑罚。"①

（3）不是法律渊源但可作为法官审理案件时参考的最高人民法院相关文件的规定

目前，涉及单位犯罪的这样的文件包括《最高人民法院研究室关于外国公司、企业、事业单位在我国领域内犯罪如何适用法律问题的答复》。在这个文件中，最高人民法院研究室就外国公司、企业、事业单位在我国领域内犯罪如何适用法律问题做了如下答复：

符合我国法人资格条件的外国公司、企业、事业单位，在我国领域内实施危害社会的行为，依照我国《刑法》构成犯罪的，应当依照我国《刑法》关于单位犯罪的规定追究刑事责任。

个人为在我国领域内进行违法犯罪活动而设立的外国公司、企业、事业单位实施犯罪的，或者外国公司、企业、事业单位设立后在我国领域内以实施违法犯罪为主要活动的，不以单位犯罪论处。②

2. 我国法人犯罪刑事责任的特征

从上述有关法人犯罪的规定来看，在我国，可以认定为单位犯罪的情形应具有如下特征：

（1）单位犯罪是公司、企业、事业单位、机关、团体的犯罪，即，是单位本身的犯罪，不是单位内部各个成员的犯罪之集合；

（2）单位犯罪是由单位的决策机构按照单位的决策程序决定，由直接责任人员实施的，单位犯罪是在单位整体意志的支配下实施的；

（3）单位犯罪以《中华人民共和国刑法》有明文规定为前提，只有当刑法规定了单位可以成为某种犯罪的行为主体时，才可能将单位认定为犯罪

---

① 《最高人民法院关于审理单位犯罪案件对其直接负责的主管人员和其他直接责任人员是否区分主犯、从犯问题的批复》，法释〔2000〕31号，2000年9月28日最高人民法院审判委员会第1132次会议通过，2000年9月30日公布，2000年10月10日起实施。From http://www.lawtime.cn/info/xingfa/fzdwfz/20110214111629.html, visited at October 10, 2011。

② 最高人民法院研究室关于外国公司、企业、事业单位在我国领域内犯罪如何适用法律问题的答复，http://china.findlaw.cn/fagui/xf/23/26369.html, 2011年10月3日访问。

主体。

下列情形不能以单位犯罪论处：

（1）个人为进行违法犯罪活动而设立的公司、企业、事业单位实施犯罪的。

（2）公司、企业、事业单位设立后，以实施犯罪为主要活动的。例如，个人为实施盗窃而设立的"小偷公司"就不能以单位犯罪来论处，而应依自然人实施盗窃罪来定罪处罚。

（3）盗用单位名义实施犯罪，违法所得由实施犯罪的个人私分的。[1]

3. 我国单位犯罪刑事责任立法的特征

从以上有关单位犯罪的刑事责任的立法性规定，可以总结出我国单位犯罪刑事责任立法的一些特点。

（1）以双罚制为主，单罚制为辅。在我国有关单位犯罪的立法中，基本上既规定实施犯罪的单位要承担刑事责任，同时，对直接负责的主管人员和其他直接责任人员也要追究其刑事责任。

（2）结合双罚制的特点，规定了给以实施犯罪的单位主要处以罚金刑，而对直接负责的主管人员和其他直接责任人员则处以包括罚金刑、人身刑在内的相应刑罚。

对法人中自然人的刑罚，刑法分则有两种规定形式：①大多数情况下，适用自然人犯同种罪的刑罚标准。②少数情况下，法人犯罪中的直接责任人员的刑罚轻于普通自然人。如刑法第153条走私普通物品罪对自然人犯罪的最高法定刑为死刑、无期徒刑，而法人犯罪中的直接负责的主管人员和直接责任人员的最高法定刑为10年。

（3）对单位犯罪的处罚。首先，总则部分以第31条规定了法人刑罚的基本原则。对法人科处罚金，对法人犯罪以双罚制为原则，但留下了例外的伏笔，即"本法分则其他法律另有规定的，依照规定"。这可以理解为，一方面默许了单罚制的存在，另一方面为日后对犯罪法人科处罚金刑以外的新刑种留下了余地。

其次，在分则部分大量规定了单位犯罪的条文中，以对犯罪法人科处罚金，对直接负责的主管人员和其他直接责任人员科处相应刑罚为原则，但在少数罪名下，只处罚直接负责的主管人员和其他直接责任人员。

除了我国刑法典之外，一些单行刑法和非刑事法律的附属刑法规范中，

---

[1] 《中华人民共和国刑法》（根据最新刑法修正案八修订），法律出版社2011年版，第20页。

也规定了法人犯罪之罪刑规范。它们连同最高人民法院等的有效司法解释，一起构成了我国有关法人犯罪的刑事立法。

二　存在的问题

综观我国刑法中的法人刑事责任，主要存在这么几个问题：

第一，没有规定完整、具体的归责原则。从上述刑法中法人责任的规定看，在总则中应该确立比较完善的法人刑事责任的归责原则和构成要件，如法人犯罪的行为人是谁？法人中的哪些自然人的行为可以归罪于法人？这些自然人的哪些行为应该归罪于法人？法人犯罪是否需要具备主观要件？如果需要的话，应如何确定法人犯罪的主观故意或过失？总的来说，就是何为法人犯罪？什么行为构成法人犯罪等问题。但是，我国现行的刑法中对这些问题却没有详细规定，只是在总则第 30 条一般性地规定："公司、企业、事业单位、机关、团体实施的危害社会的行为，法律规定为犯罪的，应当负刑事责任。"实践当中遇到如何给法人行为定罪的情形则主要参考最高人民法院及其他部门的有效司法解释。

第二，对法人犯罪的刑罚措施只有罚金一种，手段过于单一。虽然，对于法人违法行为，我国的经济法以及商法等也规定有行政制裁的内容，针对法人的处罚措施除罚款外还有没收非法所得、吊销营业执照、责令停产停工、关闭企业等措施，但是，行政制裁与刑罚在性质上是不一样的，刑罚所具有的道义谴责的特性和刑罚带来的名誉上的污点、对名誉的毁损程度都是行政责任所无法比拟的，就遏制法人犯罪而言，刑法的威慑作用更大。因此，应增加对法人犯罪的刑罚措施种类，加强对法人犯罪进行刑事惩罚的力度。

下面，本书主要就法人犯罪的归责原则和犯罪构成中存在的问题进行分析。

1. 如何确定法人犯罪的具体行为人？也就是什么人的行为可以归罪于法人？

对于这个问题，如上所述，刑法总则中没有明确规定。但是，我们从第 31 条"单位犯罪的，对单位判处罚金，并对其直接负责的主管人员和其他直接责任人员判处刑罚。本法分则和其他法律另有规定的，依照规定"中可以推断出：第一，对犯罪直接负责的主管人员和其他直接责任人员可以算是应对犯罪承担责任的具体行为人；第二，如果刑法分则和其他法律另有规定的，不排除还有其他应负刑事责任的行为人。

对于如何判断单位犯罪中"直接负责的主管人员和其他直接责任人员"，2000年9月30日最高人民法院在《全国法院审理金融案件工作座谈会纪要》中指出："单位犯罪直接负责的主管人员和直接责任人员的认定。直接负责的主管人员，是在单位实施的犯罪中起决定、批准、授意、纵容、指挥等作用的人员，一般是单位的主管负责人，包括法定代表人。其他直接责任人员，是在单位犯罪中具体实施犯罪并起较大作用的人员，既可以是单位的经营管理人员，也可以是单位的职工，包括聘任、雇佣的人员。应当注意的是，单位犯罪中，对于受单位领导指派或奉命参与实施了一定犯罪行为的人员，一般不宜作为直接责任人员追究刑事责任。"

这些规定所确立的标准，笔者觉得有一些含混。因为，对于"一般是单位的主管负责人"中的"主管负责人"，是按照他们在法人中依据章程、法律和内部制度而赋予的客观上的权力，还是按照他们实际上对单位或法人的实际控制权力来确定？法律并没有明确。而实践中，可能有一些人他们的名字没有出现在单位的名册上，但是，却是该单位或法人的幕后实际控制者，或者是犯罪行为的幕后实际操纵者。再就是，这里的"主管负责人"也不知是仅指自然人还是包括法人中的权力机关如董事会？

由于对这些问题没有规定明确，在实践中会产生很多困难，给裁量者带来很大的左右空间，在"罪行法定"、"罪刑适当"的原则下不利于适当、有效地制裁犯罪，无益于在打击犯罪的同时又保护人权，从而体现刑法之正义。

2. 什么行为能认定为法人犯罪？

对这一点，如上所述，我国刑法总则没有明确规定。但是，在一些司法解释中可以看到对这一问题的处理。如，最高人民法院《关于审理单位犯罪案件具体应用法律有关问题的解释》第3条规定："盗用单位名义实施犯罪，违法所得由实施犯罪的个人私分的，依照刑法有关自然人犯罪的规定定罪处罚。"对这一立场，2000年9月30日最高人民法院在《全国法院审理金融案件工作座谈会纪要》中进一步明确指出："以单位名义实施犯罪，违法所得归单位所有的，是单位犯罪。"

对于这些解释，有人认为，这说明法人犯罪必须是为法人利益实施的。[①] 有人认为，从这一条解释中可以看出，最高人民法院实际上认为，只有同时具备"以单位名义实施犯罪"、"违法所得归单位所有、使用"这两个构成要

---

① 李前注文伟博士论文，第80页。

件，才能认定为单位犯罪。① 还有人认为，"为了单位的利益"强调的是主观层面的目的或动机，落实到客观结果，就是违法所得归单位所有。所以，法院在处理和认定单位犯罪时强调，从概念上有三个把握的要点：①必须以单位的名义；②行为是为了单位的利益；③违法所得归单位所有。②

笔者比较赞同最后一种看法。确实，从以上所列的司法解释中反映出，在我国，对构成单位（法人）犯罪的行为的认定应具备"以单位名义"、"为了单位利益"和"违法所得归单位所有"这三个要件。但是，这样的规定也有一些问题。

首先，按照如上的司法解释，"盗用单位名义实施犯罪，违法所得由实施犯罪的个人私分的，依照刑法有关自然人犯罪的规定定罪处罚"，如果盗用者本身就是单位（法人）或公司中的法定代表人，或公司的董事长，或董事，或实际控制单位（法人）的人或机关，那么，他们的行为是否算是盗用法人、单位的名义，即使是没有通过公司章程规定的议事决策程序而自行决定实施的行为？

笔者觉得在某种程度上，这些人或机关本身就是法人、单位的主要领导机关，是决策的中心，是单位的"大脑"，他们的行为本身就是法人自身的行为，所以，他们的行为不管怎样都不存在盗用单位名义的问题，只要他们在行为时从客观上看是以在单位中的职务身份，也就是说，是在单位、法人的职权范围内行事。因此，他们在单位中的地位是有别于单位中一般雇员或其他非决策层的主管人员的。这些一般雇员或其他非决策层的主管人员可能会存在盗用单位名义为违法犯罪行为而自己牟利的情况，但是，对于他们的此类"盗用"，他们的单位是否对他们的选任、监督应有适当注意的义务？是否也应为其未尽到如此"适当注意"义务而承担相应的责任？

其次，"以单位名义"和"为了单位利益"的问题。对于这两个要件，笔者比较赞同一位学者的观点，就是"以单位名义"和"为了单位利益"均非单位犯罪的本质特征，但从单位犯罪与自然人犯罪相区别的角度，"为了单位利益"具有更重要的意义。③ 因为，犯罪以单位名义实施，是犯罪的

---

① 孙军工：《关于审理单位犯罪案件具体应用法律有关问题的解释》的理解与适用，《刑事审判参考》1999 年第 3 期。

② 张军、姜伟、郎胜、陈兴良：《刑法纵横谈》（总则部分），法律出版社 2002 年版，第 293—295 页。

③ 石磊：《单位犯罪中"以单位名义"和"为了单位利益"探析》，《人民检察》2005 年第 7 期（上）。

外观表现形式之一，只是犯罪外在的、表面的、形式的现象。如果犯罪从外观上看是"以单位名义"，而实质也体现的是单位的犯罪意志，则名实相符，可以认定为单位犯罪；但是，如果犯罪从外观上看是"以单位名义"，而实质体现的不是单位的犯罪意志，而是行为人以盗用、擅用等方法滥用单位名义实施的犯罪，那么，仅仅依靠"以单位名义"不仅对判断单位犯罪意志无助，而且会混淆单位犯罪和自然人犯罪的界限。事实上，正如目前司法实践所反映的那样，虽然大多数单位犯罪可能会"以单位名义"，但是也存在相当数量的单位并不以本单位的名义实施犯罪。而且，从逻辑上分析，其实还存在并不需要以何种名义实施犯罪的情况，例如，以绕关方式实施的单位走私犯罪，一般情况下，犯罪单位就不需要也不可能亮明字号。因此，是否"以单位名义"实施犯罪，不是一个判断是单位犯罪还是自然人犯罪的可靠方法，无法表明犯罪意志的归属。[①]

而"为了单位利益"，有时候也存在单位的决策动机尽管是"为了单位利益"，但决策的效果在客观上可能并非追求、维护单位利益，甚至可能是相反的结果——损害了单位利益的情形。[②] 再者，从逻辑层面分析，"为了单位利益"和"为了个人利益"并非完全对立、非此即彼的关系。因为，它们之间可能存在为了单位利益、为了个人利益、既不是为了单位利益也不是为了个人利益和既为单位利益又为个人利益的四种情况。在后两种情况下，我们也不能因为有"为了个人利益"的目的在内就绝对排除单位意志的存在。

再次，"违法所得归单位所有"的限定比较狭隘，特别是结合上述两点后。因为，"为了单位利益"的"利益"本身是个涵盖范围比较大的词，它不仅包括经济利益，也包括其他利益，而经济利益也不都是指能获得违法所得的利益，有些行为没有看得见的违法所得，比如，通过违法行为提高社会地位和社会声誉，或者获得的是竞争中的优势地位以及未来可能获得利益的机会等。在这些情况下，这些优势可能未来会带来有利于单位的、有实际所得的利益，但是，就目前的犯罪行为来说，如果紧扣"违法所得归单位所有"这一要件可能就无法判定其为单位犯罪而予以惩罚。

另外，"违法所得归单位所有"是全部违法所得归单位所有还是只要部

---

① 石磊：《单位犯罪中"以单位名义"和"为了单位利益"探析》，《人民检察》2005 年第 7 期（上）。

② 同上。

分违法所得归单位所有就行？也没有规定。如果必须是全部违法所得归单位所有才算符合这一要件，那么，那些犯罪是为了个人利益但实际上亦使单位获利的行为或者犯罪使单位和个人均获利的行为可能就无法认定为单位犯罪了。

因此，在现代经济迅速发展、法人或公司等实体在社会经济生活中行为日趋活跃、对法人的认识和规范法人行为的理论日趋丰富和完善、中国也不可避免地参与到经济全球化进程中的时代，虽然我国也有一些小公司没有正规的组织结构、不按正规的章程行事，但是，也有很多公司、法人等团体的规模日趋庞大，结构日趋复杂。其中的自然人雇员职务分工细致，地位和权力确有很大不同。因此，我们的刑法在对待法人犯罪问题上应该面对发展的现实，完善细致地制定认定法人犯罪责任的归责原则。

综上所述，是对我国刑法中单位犯罪也就是包括法人犯罪责任的制度概况和实践中存在的问题的评述。从国际法的角度看，目前，我国只对国际刑法中的联合国公约有实施的国际法义务，而这几个公约对法人责任的规定比较宽泛，就其中将法人从事公约所确立的行为规定为犯罪、使其承担责任并受到惩罚的义务而言，我国刑事立法已经确立了单位犯罪责任并规定了相应惩罚，应该说从法人刑事责任角度来看我国已履行了公约义务。但是，由于我国刑事立法中单位犯罪制度存在的这些问题，在实施联合国国际刑法公约中的法人责任规范时，要达到所要求的、使从事公约所述罪行的法人受到"适当的、有效的、有劝诫性的制裁"的标准，产生了一定困难，这也是我国立法在实施国际刑法上的法人责任时需要改进的地方之一。

第三节　我国法人行政责任的立法概况和存在的问题

一　立法概况

在我国，除了刑法对法人犯罪规定了单位犯罪的刑事责任外，还有一些经济法、商法也规定了法人违法行为的行政责任，并授权相应的行政机关予以查处和制裁。如，《公司法》、《企业法人登记管理条例》等授权工商行政管理机关对违反这些法律规定的公司、企业等进行处罚；《著作权法》、《专利法》、《土地法》等授予相应的主管机关对违反这些法律法规的单位、个人进行处罚的权力。又如，《反不正当竞争法》、《价格法》、《广告法》等授予相应的行政机关对违反这些法律所确立的经济秩序的行为进行处罚的权力。

根据 1966 年 3 月 17 日通过的《中华人民共和国行政处罚法》规定，法人可以成为违反行政管理秩序行为的主体并可以受到行政制裁。[①] 但是，不能以行政处罚代替刑事处罚，或免除由此产生的民事责任。因此，我国立法承认法人为其违法行为承担行政责任并有一系列法律法规所建立的相应制度体系。

二　存在的问题

但是，我国法人违法的行政责任制度也存在一些问题，主要有：

（一）大多数有行政制裁内容的法律法规对法人违法而受到行政制裁的责任条件没有规定

我国大多数有行政制裁内容的法律法规都规定对法人违反该法规定的义务可以由主管行政机关进行制裁。但是，对于如何将个人或机关的违法行为归责于法人却少有详细、具体的明确规定，在执法实践中不免产生一些困难。而这一问题主要涉及两个问题：

1. 法人中什么人的行为可以归责于法人？

对于这个问题，《中华人民共和国行政处罚法》只是规定："公民、法人或者其他组织违反行政管理秩序的行为，应当给予行政处罚的，依照本法由法律、法规或者规章规定，并由行政机关依照本法规定的程序实施。"对于当法人为行政处罚对象时，法人中什么人的行为可以归责于法人的问题则采取了回避的态度，没有规定。而多数具体的经济管理法律法规中也没有确切规定。

正如上述我们在评述刑法中对单位犯罪这方面规定的缺陷时所论及的一样，这个问题对将违法行为归责于法人是非常重要的，而在这个问题中，法人中处于不同地位的自然人在法人中所起的作用不一样，他们的行为使法人承担的义务也是不一样的。在这一点上，笔者认为可以借鉴民事责任中法人机关行为的责任和法人所承担的替代责任的理论。也就是，法人中由于享有控制权、决策权、代表权而处于领导地位，或者形式上没有如此权力和地

---

① 该法第 3 条规定："公民、法人或者其他组织违反行政管理秩序的行为，应当给予行政处罚的，依照本法由法律、法规或者规章规定，并由行政机关依照本法规定的程序实施。没有法定依据或者不遵守法定程序的，行政处罚无效。"第 7 条规定："公民、法人或者其他组织因违法受到行政处罚，其违法行为对他人造成损害的，应当依法承担民事责任。违法行为构成犯罪的，应当依法追究刑事责任，不得以行政处罚代替刑事处罚。"

位，但却有对法人的实际控制权的自然人和机关，如法定代表人和董事会，他们是法人的权力中心和决策中心，他们的行为就是法人本身的行为，因此，他们的违法行为就是法人的违法行为而应由法人来承担接受行政制裁的责任。

而法人中一般雇员、职员、代理人等的行为则不一定都能体现法人的意思，毕竟他们在法人中的权力有限，他们的行为是否能归责于法人需斟酌考虑。如果法人对他们已经尽到选任、监督之适当注意义务，或纵使已尽到适当注意但仍不能防止此类行为的发生，而且在他们的违法行为发生时从法人内部的环境条件和法人以往对此类行为的处理态度不能合理推定法人知道或应该知道其雇员的违法行为或默许此类违法行为时，其一般雇员的行为就不能归责于法人，法人不应为此承担行政责任。

2. 法人作为行政秩序罚的主体是否应与刑罚一样具备故意、过失等主观要件？

在这个问题上，我国有关行政立法采取行政秩序罚与刑罚具有质的不同的做法，大多数经济行政管理法规不仅对于法人，就是自然人违反行政秩序的行为都是不论有无故意、过失，只要行为符合法规上所规定之客观构成要件，即可加以处罚。有学者统计，从我国的立法实践看，截止到1991年底，现行有效的法律、行政法规（不包括规范性文件）中，有223件具体规定了行政处罚。其中，80% 以上的法律法规规定，只要公民、法人和其他组织实施了违反现行行政法律规范的行为，就应受到行政处罚；4.4% 的法律、法规规定，公民、法人或者其他组织实施违反行为，还应具有主观过错才受到行政处罚；15.2% 的法律、法规规定，公民、法人和其他组织实施违法行为还应具备一定的情节和后果才受行政处罚；只有在极少数管理领域，公民、法人和其他组织实施违法行为必须主观上有过错、客观上造成危害后果才受行政处罚。①

这种做法使得行政机关在采取行政处罚的制裁手段时过于容易，相对地，造成行为人承受过重的责任，而从行政罚理论发展之趋势来看，所要求的责任条件则越来越严格。但是，法人毕竟不是有生物意义上之生命的自然人，它的行为要通过自然人的行为表现出来，即使该行为可视为法人本身的行为，因此，如何认定法人行为时的主观犯意就成为一个比较困难和复杂的

---

① 孙秋楠：《受行政处罚行为的构成要件》，《中国法学》1992年第6期，第47—48页。转引自胡锦光、杨建顺、李元起《行政法专题研究》，中国人民大学出版社1998年版，第233页。

问题。

对此，有的国家立法以自然人的行为为基础，来判定法人的行为是故意还是过失，也就是按照行为的自然人在法人中的地位来判定他的主观心态能否代表法人？是代表法人的什么心态，故意或是过失？也有的则可能不以自然人的行为为连接，直接以法人行为为基础，来判定法人的主观过错和心态。至于我国采取何种做法，笔者认为可以视我们的具体国情、法律传统以及立法目的来定。笔者认为，对于法人违反行政秩序行为的主观要件可以结合前一条行为人归责原则中的区分，法人机关的主观心态就是法人的主观心态，对于法人中一般雇员、职员或代理人的行为，如果法人未尽到选任、监督的适当注意则可以推定其有过失，或者如果他们的违法行为发生时从法人内部的环境条件和法人以往对此类行为的处理态度能合理推定法人知道或应该知道其雇员的违法行为，或是默许此类违法行为，则应该认为法人有实施此类违法行为的故意而给予处罚。

（二）行政处罚措施存在的问题

根据《中华人民共和国行政处罚法》第 8 条的规定，行政处罚措施的种类有："（一）警告；（二）罚款；（三）没收违法所得、没收非法财物；（四）责令停产停业；（五）暂扣或者吊销许可证、暂扣或者吊销营业执照；（六）行政拘留；（七）法律、行政法规规定的其他行政处罚。"在这些行政处罚措施中，对法人、公司来讲，吊销营业执照算是非常严厉的一种惩罚措施了。因为，这犹如剥夺法人的"生存资格"。但是，这一严厉的处罚在实践中也存在一些问题。

根据《中华人民共和国企业法人登记管理条例施行细则（第二次修正）》第 37 条规定"登记主管机关核发的《企业法人营业执照》是企业取得法人资格和合法经营权的凭证。登记主管机关核发的《营业执照》是经营单位取得合法经营权的凭证"。可见，营业执照是企业成立所必不可少的形式要件，但它不是实质要件。因为，根据我国企业法的有关规定，企业设立的实质要件包括：股东或出资人符合法定人数；出资达到法定资本最低限额；有共同制定的企业章程；有公司名称和组织机构；有固定的生产经营场所和必要的生产经营条件等。其中，最根本的是要有一定的财产，以此独立进行生产经营活动和承担民事责任。而吊销营业执照最直接的客观后果是企业失去市场主体资格和进行生产经营活动的资格，并不当然直接造成企业的解散和消亡，只有经过企业的解散、清算程序，将企业成立时的实质要件一一消灭，企业才能如自然人死亡一样消失。

但在我国现行的企业法中，只有《个人独资企业法》、《合伙企业法》明确规定了吊销营业执照是企业解散的法定事由，应当解散，并规定了相应的解散、清算程序。《公司法》只规定"公司违反法律、行政法规被依法责令关闭的，应当解散"。而"责令关闭"和吊销营业执照是两种不同的惩罚措施。

因此，在我国，吊销营业执照可产生两种法律后果：

1. 剥夺了企业的经营资格和市场主体资格。它产生两种情况

①吊销营业执照后的企业没有解散、实体仍然存在。这时产生对它的监管和起诉问题

我国现行法律没有规定工商行政管理机关实施吊销营业执照后的监管义务。现实中工商行政管理机关按法定程序吊销营业执照后如发现它们仍继续进行经营活动，再按照无照经营等予以处罚。这是一种被动监管的方式，存在很多问题。笔者认为应由做出处罚决定的部门将吊销营业执照的企业名单公告，然后通知其所在的基层工商所，由他们逐户上门调查，看这些企业是否已经停止经营活动，并随时监管其动向，定期向做出吊销决定的部门报告、备案，以便对处罚后的企业进行监控，也有利于债权人查询。

再就是，债权人主张债权、起诉被吊销执照的企业时，法院不应以企业执照被吊销、企业主体资格不存在为由做出不利于债权人的判决，因为企业此时并未解散，财产等实质要件依然存在，应由法院组织清算，清偿债权。

②企业被吊销营业执照后无法生存而自行解散

在这种情况下其自行解散是否受到监督？是否须遵守法定解散程序和义务，比如，通知债权人、给债权人足够的时间主张权利，从而公平地清偿债权？

《公司法》、《企业法人登记管理条例》等对吊销营业执照后的企业解散未做强制规定，工商行政管理机关也没有法定义务监督。解散基本是自行进行，出现很多不通告债权人、恶意逃避债务的情形。但对企业自愿申请注销登记的，法律却规定了较为具体明确的解散、清算、注销程序和义务及费用。因此，很多原本想注销的企业干脆等着被吊销来免除这些烦琐的程序和费用，还可以逃避债务。

2. 导致企业解散，经过法律规定的解散、清算程序，清偿债权债务，然后消灭

对此，《个人独资企业法》、《合伙企业法》则具体规定了企业解散、清算程序、主持清算的组织、公告债权人的时限、清偿顺序以及投资人所应负

的相应义务和责任等。使企业营业执照被吊销后仍然处于法律和管理机关的监督之下直至其消灭，其有利于保证债权人利益，建立规范健康的市场秩序。相比之下，《公司法》则有很多疏漏。

一是对吊销营业执照的法律后果没有明确规定，在公司解散的法定事由中未包括吊销营业执照，造成监管"盲区"；

二是其第192条规定"公司违反法律、行政法规被依法责令关闭的，应当解散，由有关主管机关组织股东、有关机关及有关专业人员成立清算组，进行清算"。这里，组织成立清算组的"有关主管机关"到底是哪个机关？所指不明，容易造成或争着管甚或没人管的混乱局面。

再就是，现在很多公司是股东自由组合的市场主体，没有什么主管机关，按照这条规定就难以成立清算组织进行清算，不利于规范公司行为，维护债权人利益。

因此，对吊销营业执照处罚的后果的有关规定亟待改进和完善。值得欣慰的是，2006年1月1日起实施的修改后的《公司法》意识到了这个问题，在第181条第（四）项将"依法被吊销营业执照、责令关闭或者被撤销"明确规定为公司解散的原因，并规定了相应的解散和清算程序，完善了这一方面的立法，使吊销营业执照的措施真正起到惩罚公司不当和违法行为的目的，并有利于维护债权人的利益。

（三）行政部门执法机制存在的问题

在我国的行政执法制度中，包括对法人违法行为进行处罚，存在一个没有对行政执法机关科以"尽职审查"义务的问题。

比如，在2005年曝光的美国德普（天津）公司商业贿赂案中，美国德普（天津）公司因向中国国有医院医生行贿，用来换取这些医疗机构购买其产品，从中赚取利润而受到其母公司所在地美国司法部的处罚。很多人认为他们的行贿行为在美国都受到了惩罚，而在行为发生地中国长达11年时间竟没有被发现，是我国监督部门执法不力。[①] 除了监管不力外，笔者认为还存在没有从法律上规定行政机关"尽职审查"（due diligence）义务的问题。

"尽职审查"是尽适当勤勉之职责进行审查。如果执法机关对应知或明知的可疑之处、线索不去调查、审查就应是未尽到适当勤勉之职责。在执法实践中，也表现为主动执法与被动执法。被动执法就是有投诉、有举报、有

---

① 《从德普"商业贿赂"看"潜规则"》，《法制日报》2005年6月14日，http：//www.legaldai-ly.com.cn/misc/2005-06/14/content_154866.htm。

专项整顿等才进行调查、处罚，主动执法则是主动发现线索、对明显可疑的表现进行深人调查，履行行政职责。但是，我国行政法对行政机关"尽职审查"未做义务性规定，也就是对执法机关在应知或明知有违法嫌疑或明显可疑表现时不去主动调查、处罚的行政不作为，应该怎样监督、应该承担怎样的责任等问题没有规定明确的后果和追究责任的程序。

《行政诉讼法》规定具体行政行为的相对人可以就行政机关的行政不作为提起行政诉讼。但是对于履行社会责任、服务公众利益的行政行为，如果行政机关不作为，谁可以提起诉讼进行监督？非直接相对人也非利害关系人的普通公民提起此类诉讼法院能否受理？法律没有规定。虽然上级行政机关、检察院可以对行政机关进行监督，但是缺乏明确、必要的强制义务和程序规定，实践中可能造成监督不力或没有监督的情况，对我国打击法人犯罪非常不利。

第四节　法人跨国犯罪责任在我国的实施

——以《联合国反腐败公约》为标本：我国反商业贿赂立法的不足与完善

一　我国反商业贿赂的刑事立法评析

商业贿赂行为是贿赂行为的一种，它是指在市场交易中，经营者采用财物或其他手段收买交易对象或有关人员，以获得交易机会或有利交易条件的行为。[①] 商业贿赂包含商业行贿和商业受贿，是两种行为的总称。商业行贿，是经营者为了销售、购买商品或取得其他交易机会而向交易对象或有关个人给付财物或者其他利益的不正当行为。商业受贿，是指经营者或内部工作人员、代理人以及有关国家工作人员，索取或收受他人财务或者其他利益，为他人谋取经济利益的行为。[②] 由此可见，商业贿赂的行为主体是经营者和与经营活动有关的个人。

从其目的来看，商业贿赂行为是通过贿赂手段从事经营活动，从而争取交易条件和交易机会，破坏了正当有序的市场竞争秩序和规则，其行为的不正当竞争性显而易见。[③] 它同时也是一种腐败行为。特别是随着现代科学技

---

① 隋彭生主编：《市场竞争法概论》，法律出版社 1999 年版，第 264 页。

② 同上。

③ 同上。

术的发展和全球一体化进程的加快，商业贿赂行为不仅存在于国内市场，还随着本国经营者的海外投资行为进入到国外，对本国、东道国和国际层面上正当的市场经济秩序亦造成破坏，并破坏和腐蚀民主体制、价值观、道德观和正义，并危害着可持续发展和法治社会，对社会稳定与安全构成严重威胁。2002 年 8 月 26 日至 9 月 4 日的可持续发展问题世界首脑会议通过的《关于可持续发展的约翰内斯堡宣言》和 2003 年 11 月通过的《联合国反腐败公约》都将包括商业贿赂在内的腐败行为宣告为对人类可持续发展的威胁。①

目前，我国关于商业贿赂的刑事立法主要包括从实体法上具体做出规定的刑法有关条款以及相关的司法解释。

1997 年通过的《中华人民共和国刑法》第八章对贪污贿赂罪做了规定。其中第 385 条到第 393 条是对贿赂犯罪行为的规定。从条文内容看，我国刑法打击贿赂犯罪的规定还是比较全面的，不仅包括了一般贿赂行为，还涵盖到商业贿赂行为、介绍贿赂行为和影响力交易的行为。其中，第 385 条第 2 款、第 387 条第 2 款、第 389 条、第 391 条、第 393 条是对商业贿赂行为定罪量刑的规定。

从这些规定看，我国刑法中商业贿赂犯罪的受贿主体不仅包括国家工作人员，还包括国家机关、国有公司、企业、事业单位、人民团体。而行贿主体不仅包括自然人，还包括单位，自然人不仅包括国家工作人员，还包括非国家工作人员，而作为行贿主体的单位不仅包括法人，还包括其他组织形式的实体单位；不仅包括国家机关和国有公司，还包括私营部门和企业以及人民团体。

可能有人会认为，刑法第 389 条规定"在经济往来中，违反国家规定，给予国家工作人员以财物……以各种名义的回扣、手续费的，以行贿论处"，因此，只有给予国家工作人员财物或各种名义的回扣、手续费的才构成商业行贿犯罪。如果这样理解的话，商业行贿行为和受贿主体的范围就缩小了，将受贿主体只限定为国家工作人员。但是，笔者认为这样理解是不对的。因为，在第 389 条随后的第 391 条就规定了给予国家机关、国有公司、企业、事业单位、人民团体以财物的，或者在经济往来中，违反国家规定，

① 《可持续发展问题世界首脑会议的报告，2002 年 8 月 26 日至 9 月 4 日，南非约翰内斯堡》第一章，决议 1，A/CONF.199/20，附件：《联合国反腐败公约》，A/RES/58/4。来自 www.un.org/chinese/documents/ decl - con/docs/decl_ wssd.pdf。

给予各种名义的回扣、手续费的行为的刑事惩罚和量刑幅度。虽然它没有明确表明此种行为按行贿论处，但是，行贿和受贿是一对相对的概念，没有行贿就没有受贿，结合前面条款对商业受贿主体的规定以及本条紧随前条对商业行贿犯罪的规定来看，可以认为，本条规定意在将此类行为按照行贿进行定罪量刑和打击惩处，因此，我国刑法对商业行贿犯罪的规定应该不仅包括给予国家工作人员以财物或各种名义的回扣、手续费的行为，还包括给予国家机关、国有公司、企业、事业单位、人民团体以财物或者各种名义的回扣、手续费的行为。

由于我国于 2005 年 11 月已经批准了《联合国反腐败公约》，从实施该公约的角度来看，该公约中使缔约国承担应在本国对涉及商业贿赂行为进行刑事定罪的相应立法义务，我国刑法已基本履行。特别是 2011 年 2 月全国人大通过的《刑法》（修正案八）中对刑法第 164 条进行了修改，将贿赂外国公职人员或者国际公共组织官员的行为正式纳入"对非国家工作人员行贿罪"①，完善了我国刑法有关商业贿赂行为的规定，既有利于履行《联合国反腐败公约》的义务，又有助于维护国际交流秩序。② 但是，由于现实中商业贿赂行为很多是涉及单位、法人、公司、团体的犯罪行为，因此，我们前面所分析的刑法中关于法人犯罪责任规定存在的问题也同样适用于反商业贿赂的刑事立法，与实施《联合国反腐败公约》的要求尚有距离，需要进一步修正与完善。

二　我国反商业贿赂的非刑事立法评析

目前，我国反商业贿赂的非刑事立法主要有《反不正当竞争法》第 8 条和 1996 年国家工商行政管理总局《关于禁止商业贿赂行为的暂行规定》（以下称《暂行规定》）以及最高人民法院、国家工商行政管理局等就具体问题所做的司法和行政解释。其中实体法规定主要包括对商业贿赂行为的认定和归责的规定。下面将对其中的问题进行评析。

（一）对以佣金等名义实施商业贿赂的解释和法律规定的不足

1993 年我国《反不正当竞争法》第 8 条对商业贿赂行为正式从法律上做出规定。根据条文和国家工商行政管理局的解释，它所要禁止的是经营者为

---

① 《中华人民共和国刑法》（根据最新刑法修正案八修订），法律出版社 2011 年版。

② 李恩树：《贿赂外国外国公职人员入罪欠缺实操性》，法制网，2001 年 10 月 13 日发布，ht-tp：//www. legaldaily. com. cn/index_ article/content/2011 - 10/13/content_ 3038598. htm? node = 5954，2012 年 8 月 9 日访问。

销售或购买商品而采用财物或其他手段进行贿赂，损害其他经营者合法权益，以争取交易机会的不正当竞争行为。其实质是禁止经营者以不正当的利益引诱交易。经营者无论将这种利诱给予交易对方的单位或个人，还是给予与交易行为密切相关的其他人，也不论给予或收受这种利益是否入账，只要这种利诱行为是以争取交易为目的，且影响了其他竞争者开展质量、价格、服务等方面的公平竞争，就构成《反不正当竞争法》第 8 条所禁止的商业贿赂。①

这说明商业贿赂的对象不仅仅是作为行贿方的经营者的交易对方单位或个人，还包括那些接受行贿方给付的财物和利益引诱而帮助其在竞争中获取交易机会或有利的交易条件的单位或个人。这样解释有利于打击那些以佣金、劳务费、介绍费等为名，给没有合法经营资格的中间人以利诱，利用他们提供的经纪、居间服务，在竞争中争取交易机会，获取有利交易条件的行为，使一线执法者走出商业贿赂主要是回扣行为的误区。问题在于这一理念还只停留在司法解释的基础上，应当将它反映在相关法律的规定中，法律的效力等级更高，适用范围更广。

但是，1996 年国家工商行政管理总局制定颁布的《关于禁止商业贿赂行为的暂行规定》（以下称《暂行规定》）第 2 条将商业贿赂界定为是指“经营者为销售或者购买商品而采用财物或者其他手段贿赂对方单位或者个人的行为”。它将贿赂的对象只限定在行贿方经营者的交易对方，缩小了《反不正当竞争法》第 8 条所禁止的商业贿赂行为的范围。

（二）立法中对附赠式商业贿赂行为规定的不足与缺陷

附赠，是指经营者随着自己销售商品和提供服务的交易而向对方附带提供现金、物品的行为。它分为面向一般消费者的附赠和面向经营者的附赠。《暂行规定》第 8 条做了规定：“经营者在商品交易中不得向对方单位或者其个人附赠现金或者物品。但按照商业惯例赠送广告礼品的除外。违前款定，视为贿赂行为。”这里，附赠的对象是“经营者在商品交易中的对方单位或其个人”，其中“其个人”是“交易对方单位的个人”而不是作为交易对方的一般消费者，因此，本规定禁止的是经营者之间的附赠，面向一般消费者的附赠则不被视为商业贿赂。

但是，在现实中面向一般消费者的附赠不仅大量存在，而且具有很强的危害性。这种附赠即附赠式有奖销售。如果附赠的是小额广告礼品在多数国

---

① 1999 年 6 月 22 日《国家工商行政管理局关于旅行社或导游人员接受商场支付的“人头费”、“停车费”等费用定性处理问题的答复》，工商公字［1999］第 170 号。

家的竞争法中是被许可的，但是，如果超过一定额度就会带来以赠品为名对一般消费者贿赂，以争取消费者跟他进行交易，获得交易机会等问题。这种行为如不加以限制，就会将经营者之间在质量、价格、服务上的公平竞争演变成赠品数额的攀比，增加了经营者的生产经营成本，使它们不堪重负，最终损害消费者利益，破坏公平竞争环境。一些商业发达国家对附赠做出了限制性规定。如德国的《附赠法令》，禁止在商业往来中带有馈赠、奖励、凭票赠送、免费、赠品词语的广告宣传。只允许在销售中附带赠送一些价值低廉的小礼品，如气球、打火机。而且这些物品只可用做广告，上面要有永久性的明显的广告标志。① 我国反商业贿赂的立法没有对这一行为进行限制，而且在《反不正当竞争法》对有奖销售的规定中也未对附赠式有奖销售的赠品数额范围进行限制，对以赠品为名变相搭售的不当或欺骗做法未予提及，这不能不说是反不正当竞争法的一大缺陷。

（三）没有规定实施商业贿赂行为的主观心态

不法行为人的主观心态一般包括故意和过失。综观《反不正当竞争法》和国家工商行政管理局《关于商业贿赂行为的暂行规定》，都没有明确规定从事不正当竞争行为，包括商业贿赂行为的经营者单位和个人的主观心态。当然，这样不规定行为的主观要件也可以认为不管故意还是过失，只要发生了商业贿赂行为就要承担行政责任，接受行政处罚。这种按结果的发生来承担责任的严格责任对行政行为的相对方来讲，处罚过严、负担过重。对于商业贿赂这种主观目的性明显、一般有主观过错的行为，适用结果责任也不甚合理。因为，当这些不正当竞争行为发生时，行为人主观上可能是故意或过失，但也存在行为人不知或不是明知或应知的情况。

特别是在商业贿赂行为涉及单位、法人和自然人，反商业贿赂立法赋予行政机关可以依法进行行政处罚的对象包括作为经营者的法人和自然人时，对行为人主观心态的规定就显得更为重要。因为，法人是法律拟制的"人"，它没有自然人具有的生命和肉体，也就缺少自然人所有的生物上的意识和情感。这说明了法人与自然人不同的犯罪心态结构，法人没有自然人犯罪心态中的情感因素，只能以逻辑的意识因素替代。② 也就是说，法人的犯罪心态主要通过法人自身特性结构、管理制度以及对一系列证据证明的不

---

① 隋彭生主编：《市场竞争法概论》，法律出版社 1999 年版，第 289 页。

② 李文伟博士论文《法人刑事责任比较研究》，第 58 页，作者单位：中国政法大学，2002 - 05 - 01 提交中国优秀博硕士学位论文全文数据库，网络来源路径 http：//202.114.65.37/KNS50/download. aspx？filename = DG200301. 2002122486。

法行为的态度等合乎逻辑地推理出法人的主观心态是属于明知、应知而为的故意，还是疏忽或过失，或者是根本不知。这样，可能对自然人来说某些只能是故意而为的行为，对法人可能就不是故意或过失的行为。

假设某企业中的普通职员背着企业窃取其他同行企业的商业秘密，而该法人根据证据和逻辑推断并不明知或应知。那么，这时对该法人按侵犯他人商业秘密的不正当竞争行为进行处罚就有失法律的公正。再如，某医药公司聘请医药代表销售本公司的医药产品，明令禁止使用贿赂的手段，并经常对医药代表该方面的行为进行检查、监督，但还是存在未让公司知道进行商业贿赂以销售产品来获取医药公司高额提成的情况。在这种情况下，医药代表的贿赂行为是故意，而该医药公司可能根本不知，那么在这种情况下不管医药公司的主观心态对其进行处罚就不公正。而且，如果医药代表行贿数额够不上犯罪的话，他还可以合理合法地以对医药公司的行政处罚来逃避对自己的惩罚，因为，对商业贿赂行为的行政处罚涉及法人、单位的，实行的是单罚制，也就是只处罚作为经营者的单位，而不处罚具体实施贿赂行为的单位中的自然人。

（四）对认定商业贿赂行为归属于作为经营者的单位、法人的归责原则规定不明确

对于反商业贿赂行为，我国行政管理的执法机关国家工商行政管理部门处罚的对象是作为市场主体的单位和个人，其中主要是企业，也就是法人、公司或其他经营性组织体。那么，如何认定由自然人具体实施的商业贿赂行为属于企业、法人、公司等的行为，从而使这些组织体承担受处罚的责任（以下将此类责任简称为"法人责任"），就成为行政机关在具体执法实践中不可回避的问题。

就商业贿赂行为而言，《反不正当竞争法》没有规定如何将贿赂行为归责为作为经营者的单位、法人的行为。而在 1996 年 11 月 15 日国家工商行政管理局颁布的《关于禁止商业贿赂行为的暂行规定》中，第 3 条对此做了规定："经营者的职工采用商业贿赂手段为经营者销售或者购买商品的行为，应当认定为经营者的行为。"这可以认为是法人或单位商业贿赂行为的归责原则。从内容上看，这一规定基本上是采用了替代责任的原则，因为它是将经营者职工的贿赂行为视为经营者的行为，也就是说，只要证明商业贿赂行为是由经营者（也就是法人、单位）的职工做出的，经营者就应为此承担行政责任并受到相应的行政处罚。但是，这种归责原则会产生一些问题。

第一，作为经营者的单位、法人可能要为自己不是故意指使、操纵、暗示、默许、命令、要求其职工实施的商业贿赂行为，或已极尽监管、注意之责、事前事后均不知道的、由其职工进行的商业贿赂行为而承担责任并受到行政处罚。

第二，进行具体商业贿赂的自然人与作为经营者的单位之间的雇佣关系，也就是其是否是单位职工，在实践中也并不总是清晰而容易证明的。比如，某些公司聘请销售代表销售本公司产品或服务时，他们之间可能没有雇佣或劳务合同或事实上的雇佣劳务关系，而只是以委托合同的形式委托销售代表销售产品或服务，并给予其一定的报酬或销售提成。这时候能否认定这些销售代表就是作为经营者的单位职工就成了问题。需要符合法律规定的、合乎逻辑的证据来证明。

第三，在上述情形中，即使作为经营者的单位为销售代表先支付一部分费用作为销售的花费或报酬，而这些销售代表背着经营者单位以该单位名义或自己的名义进行商业贿赂以销售产品或服务。如果作为经营者的单位有充分的证据证明并不知道或并不应该知道，并且已经尽到监督、管理和注意之职责，那么，虽然客观上贿赂的资金全部或部分来自经营者单位（单位作为销售费用先行支付给销售代表），以贿赂手段销售的产品或服务使经营者单位获得了利益，但是，如果因此将这些代表的行为认定为经营者单位的行为而豁免具体行事的销售代表的责任，也会产生不公正的效果。

此外，要注意上述情况都可能产生作为经营者的单位客观上因贿赂而实际扩大了销售、取得利益的后果，因此，即使不认定商业贿赂行为是单位的行为，也应当通过立法授权行政执法机关代表国家没收或追回这部分通过由贿赂带来的利益。

（五）没有将间接实施商业贿赂并获得收益的行为规定为非法

在实践中，经营者实施商业贿赂可能变换手法，比如，自己"隐身"，委托经销商代为销售，并默许其使用商业贿赂手段销售产品或服务。在这种情况下，具体实施贿赂的经销商可能本身也是具有市场主体资格的经营者，它是直接行为人，它的委托人——委托其销售的经营者可以认为是明知或应知被委托人商业贿赂行为并故意默许的间接行为人和间接受益人。按照现在我国的反商业贿赂立法，对这些间接行为人没有规定为不正当行为或不法行为，而只是对具体实施商业贿赂的直接行为人——一样具有市场资格的经营者进行处罚。这样，一来使法律有失公正，因为，委托方的经营者单位也是不法行为的行为和受益人，只是间接的而已。二来也放任了一部分不正当收益的存在。如这些间接以商业贿赂手段取得的收益。

另外，我国于 2005 年 11 月批准《联合国反腐败公约》，并因此具有实施条约的国际法义务。该公约第三章"定罪和执法"中第 21 条"私营部门内的贿赂"规定，"各缔约国均应当考虑采取必要的立法和其他措施，将经济、金融或者商业活动过程中下列故意实施的行为规定为犯罪：

（1）直接或间接向以任何身份领导私营部门实体或者为该实体工作的任何人许诺给予、提议给予或者实际给予该人本人或者他人不正当好处，以使该人违背职责作为或者不作为；

（2）以任何身份领导私营部门实体或者为该实体工作的任何人为其本人或者他人直接或间接索取或者收受不正当好处，以作为其违背职责作为或者不作为的条件"。①

这条是与商业贿赂有关的规定。从其内容上看，对贿赂行为人的主观心态、直接和间接行为的定罪都予以了规定。因此，为了履行实施该公约的义务，我国应该对反商业贿赂的立法做相应修改和补充。

（六）对商业贿赂行为行政处罚措施的不足与完善

对商业贿赂行为的行政处罚，主要体现在我国《反不正当竞争法》第 22 条"经营者采用财物或者其他手段进行贿赂以销售或者购买商品，不构成犯罪的，监督检查部门可以根据情节处以 1 万元以上 20 万元以下的罚款，有违法所得的，予以没收"。和《关于禁止商业贿赂行为的暂行规定》第 9 条"经营者违反本规定以行贿手段销售或者购买商品的，由工商行政管理机关依照《反不正当竞争法》第 22 条的规定，根据情节处以 1 万元以上 20 万元以下的罚款，有违法所得的，应当予以没收"。

由此可见，我国对商业贿赂行为的行政处罚措施主要是 1 万元到 20 万元之间的罚款和没收违法所得，在实践中对遏止和打击商业贿赂行为取得了显著的效果。但是，从综合的角度和在惩罚商业贿赂不正当竞争行为的同时要促使市场主体的行为符合市场竞争秩序和规则的目的来看，这些行政处罚措施还是显得单薄了。

关于行政处罚措施，我觉得一些国际刑法规范中的做法对我国打击商业贿赂行为、建立可持续发展的市场竞争秩序有许多可借鉴之处。比如，欧盟理事会《打击在私营部门中腐败行为的联合行动》等文件中都规定的：取

---

① 参见联合国大会决议附件之《联合国反腐败公约》，文件号 A/RES/58/4，http：//www.un.org/ chinese/documents/decl-con/chroncon.htm，2006 年 1 月 18 日访问。

消享有公共福利或援助的权利；暂时或永久取消从事商业活动的资格；置于司法监督之下；发布司法解散公司令；暂时或永久关闭被用来实施犯罪的设施的惩罚。这些是罚款之外的处罚措施。在犯罪主体又是市场经济主体的情况下，这些措施可以限制或取消其作为市场主体进行商业活动的资格，阻碍其从市场获得经济利益，从根本上打击了它们在市场经济活动中赖以生存的基础，对遏止和打击作为市场经济主体的经营者的违法犯罪行为非常有效。

我国《行政处罚法》第 8 条规定的行政处罚种类包括：警告；罚款；没收违法所得、没收非法财物；责令停产停业；暂扣或者吊销许可证、暂扣或者吊销营业执照；行政拘留；法律、行政法规规定的其他行政处罚。应该说这些措施基本上涵盖了上面所列举的国际法律文件中的处罚内容，只是除罚款和没收违法所得外，其他的处罚措施法律没有规定用于商业贿赂行为，应考虑增加进去。

第七章

法人跨国犯罪与国际犯罪的管辖权

第一节　国际法律文件中对法人犯罪的管辖权规定

目前，国际法上正在日益出现一个规定法人犯罪责任的条约网络。在这些条约中，有的也专门规定了对法人犯罪的管辖原则。比如，2003年欧盟理事会《打击在私营部门中腐败行为的框架决定》（Council of European Union Framework Decision on Combating Corruption in the Private Sector）第1条（1）款规定，"（1）所有成员国应当采取必要措施，确立对根据第1条、第2条规定而确定的犯罪的管辖权：（a）全部或部分在其境内；（b）是其国民所为；（c）法定代表人的利益在该成员的国家的领土都有其总办事处"。① 2002年《欧洲理事会打击非法贩运人口的公约》（Council of Europe Convention on Action against Trafficking in Human Beings）第6条第（1）款规定"（1）各缔约国均应当在下列情况下采取必要的措施，以确立对根据本公约确立的犯罪的管辖权：（a）罪行全部或部分发生在其领域内；（b）罪犯是其国民；（c）罪行是法人针对其在成员国领域内的利益而发生的"。② 2002年欧盟理事会《关于打击恐怖主义的框架决定》（Council of European Union Framework Decision of 13 June 2002 on combating terrorism）第9条第（1）款规定，"（1）在下列条件下，各成员国应采取必要措施，确立其对第1条至第4条所述犯罪的司法管辖权：（a）犯罪是全部或部分在其领土内实施的。各成员国可将其管辖权延伸至在一成员国领土内实施的犯罪；（b）犯罪是在悬挂其旗帜的船只或在其国家注册的飞行器上实施的；（c）犯罪者是其

---

① Council Framework Decision on Combating Corruption in the Private Sector, Article 7, http：//eur-lex. europa. eu/LexUriServ/LexUriServ.do? uri = CELEX：32003F0568：EN：HTML, visited at 26 April, 2011.

② Council of Europe Convention on Action against Trafficking in Human Beings, Article 6, http：// eur-lex. europa. eu/LexUriServ/LexUriServ.do? uri = OJ：L：2002：203：0001：0004：EN：PDF, visited at 26 April, 2011.

国民或居民；（d）犯罪是为了在其领土上设立的法人的利益而实施的……"①其中，如果这几个国际法律文件所涉及的犯罪是"为了在其领土上设立的法人的利益而实施的"，或"是法人针对其在成员国领域内的利益而发生的"，或当"法定代表人的利益在该成员的国家的领土都有其总办事处"时，国家可以据此建立对法人犯罪的管辖权。

但是，也有许多规定了法人犯罪责任的国际公约没有专门规定法人犯罪的管辖权原则，而是将法人犯罪和公约涉及的其他犯罪行为一样适用犯罪行为发生地、国籍原则等进行管辖。如，2000 年《联合国打击跨国有组织犯罪公约》（United Nations Convention against Transnational Organized Crime）第 15 条规定"（1）各缔约国在下列情况下应采取必要措施，以确立对根据本公约第 5 条、第 6 条、第 8 条和第 23 条确立犯罪的管辖权：（a）犯罪发生在该缔约国领域内；或者（b）犯罪发生在犯罪时悬挂该缔约国国旗的船只或已根据该缔约国法律注册的航空器内。

在不违反本公约第 4 条规定的情况下，缔约国在下列情况下还可对任何此种犯罪确立其管辖权：

（a）犯罪系针对该缔约国国民；

（b）犯罪者为该缔约国国民或在其境内有惯常居所的无国籍人；

（c）该犯罪系：

（1）发生在本国领域以外的、根据本公约第 5 条第 1 款确立的犯罪，目的是在本国领域内实施严重犯罪；

（2）发生在本国领域外的、根据本公约第 6 条第 1 款（b）项（二）目确立的犯罪，目的是在其领域内进行本公约第 6 条第 1 款（a）项（一）目或（二）目或（b）项（一）目确立的犯罪".② 1999 年联合国《制止向恐怖主义提供资助的公约》（International Convention for the Suppression of the Financing of Terrorism），2003 年《联合国反腐败公约》（United Nations Convention against Corruption）以及欧洲理事会 1998 年《保护环境的刑法公约》（Council of Europe Convention on the Protection of the Environment through Criminal Law）、1999 年《反腐败刑法公约》（Council of Europe Criminal Law Convention on Corruption）、2001 年《打击网络犯罪公约》（Council of Europe

---

① Council Framework Decision of 13 June 2002 on combating terrorism, NO. 475, Article 9, http://www. imolin. org/pdf/imolin/overviewc. pdf, visited at 20 April, 2011.

② United Nations Convention against Transnational Organized Crime, Article 15, http://treaties. un. org/doc/publication/mtdsg/volume% 20ii/ chapter% 20xviii/xviii – 12. en. pdf, visited at 20 April, 2011.

Convention on Cybercrime）、2005 年《防止恐怖主义公约》（Council of Europe Convention on the Prevention of Terrorism）和经济合作与发展组织公约（OECD）《禁止在国际商业交易中贿赂外国公职人员公约》等在其管辖权条款中做了类似的规定。对于这些国际条约而言，如果缔约国要建立对法人犯罪的管辖权，就产生了以什么依据来确定法人的犯罪行为地、如果确定法人的国籍等问题，是以法人、公司的注册地，还是以法人、公司的总部所在地，抑或经营所在地，或是以代表法人具体行事的公司"决策机关"人员的犯罪行为者？由于不同国家的国内法对涉及法人的这些问题有不同规定，使得确定法人国籍、法人的行为地等变得非常复杂。下面，本书将结合国际法上国家主要的管辖原则来分析在适用于法人犯罪时的利弊与困难。

第二节　法人犯罪的管辖准据[①]

从上述对确立了法人责任的国际刑法公约和有关国际法律文件的管辖权条款的分析发现，它们是以属地管辖原则和属人管辖原则作为基础，并结合保护性管辖原则，来确立法人从事违反这些国际法规范确立的犯罪的管辖权的。当管辖权发生冲突，则所涉及的各个国家应当进行磋商，或求助相关机构或机制，协调解决。

下面，将结合国际刑法公约中管辖权的规定来探究如何确定法人犯罪的管辖权。

一　法人犯罪的属地管辖权

法人犯罪的犯罪地享有管辖权，是属地管辖原则的体现。犯罪地通常是指犯罪行为发生地。以非法占有为目的的财产犯罪，犯罪地包括犯罪行为发生地和犯罪分子实际取得财产的犯罪结果发生地。而犯罪行为通常包含预备行为和实施行为等。在张颖军老师的文章中指出，我国对构成单位犯罪的行为地认定应具备"以单位名义"、"为了单位利益"和"违法所得归单位所有"三个要件。但是，这三个要件仍然不能够完全囊括法人的犯罪行为可能出现的情形。比如，处于法人决策中心的个人或者机关未经决策而自行实施的犯罪行为，此类行为本身就可以作为法人的行为，不存在"盗用单位

---

① 本节由胡丽撰稿。

名义"的情况；又比如，以"为了单位利益"作为动机，但实际上却没有单位获得利益的效果，等等。① 综合看来，判断是否属于法人犯罪行为的关键在于"法人意志"，即是否经由法人决策机构授权或同意，为了法人利益而实施的犯罪行为。笔者认为，法人决策机关在做出决策时即可视为犯罪的开始，因而可以将决策机关所在地视为法人犯罪的犯罪行为发生地。由决策机关所在地行使管辖权，有利于搜集证据，也有利于诉讼参与人参加诉讼和减小执行程序的成本。

二　法人犯罪的属人管辖权

法人的国籍是根据属人管辖原则行使管辖权的重要依据。法人国籍的确定在国际上没有统一的方法，目前存在以下五种主张：

1. 认为控制法人资本的控制者的国籍就是法人的国籍，此为资本控制说，又称成员国籍主义。② 因为法人是人的结合，人就如同法人的细胞，以控制资本的人的国籍作为法人的国籍本也无可厚非。但是，在采取这一学说时就必须对控制资本的人的国籍进行判断，随着经济的发展，经济组织的结构也日趋复杂，法人资本的控制者有可能并不唯一，也极有可能资本控制者本身也是法人，这将使法人国籍的确定陷入更复杂的程序中去。

2. 设立地主义，又称成立地主义或登记地主义，将法人设立的国家作为其国籍国，根据法人设立地分为内国法人和外国法人。③ 我国采取的是设立地主义。设立地主义的优点很明显：法人的国籍将明确地存在，并且难以变更。但是设立地主义仍有它的缺陷：法人可以为了规避法律，选择设立门槛较低的国家登记注册，然后在外国设立管理中心、从事经营活动。法人的国籍虽然存在，但是并不利于对法人的有效控制。

3. 住所地主义，将法人的住所地作为法人国籍的判断依据。④ 但是关于法人的住所地，不同国家间的理论和实践又有不同，目前尚无统一标准，当前有以下几种说法：

（1）主事务所所在地说，又称管理中心所在地说，该主张将法人的董事会或监事会所在地作为法人的住所地。因为法人管理中心往往都是法人的

---

① 张颖军：《实施国际刑法公约：我国法人犯罪的责任体系之不足与完善》，《四川文理学院学报》2010 年 7 月，第 20 卷第 4 期。

② 张庆元：《国际私法中国籍问题的研究》，法律出版社 2010 年版，第 60 页。

③ 同上书，第 59 页。

④ 同上书，第 58 页。

董事会所在地，是法人意志所在，也是法人决策产生的地方。以其作为住所有利于对法人进行管理。而且，在法人犯罪的情况下，更有利于调查、诉讼和执行等司法活动的进行。但是由于法人的主事务所设立相对自由，若法人主事务所与其从事经营活动不在同一国家，则可能出现法律规避情形，因而，这一主张仍存在缺陷。①

（2）营业中心所在地说，该主张将法人实际营业中心所在地作为法人的住所，因为营业中心是法人经营活动的中心，其区域相对固定。并且，法人的营业活动也是其实际进行并完成。将营业中心作为法人住所，有利于直接对法人的经营活动进行管理和控制。在法人犯罪的情形下，营业中心成为犯罪行为地的可能性也较大，由该地行使管辖权，也可以为诉讼提供便利。但是，许多法人存在两或多个的营业中心，也有许多法人经常变更营业中心，如果以营业中心作为住所地，在采取住所地主义确定法人国籍时，将存在一个法人拥有多个国籍的冲突，或者由于营业中心的变动，法人住所难以确定，从而导致法人国籍也无法确定的情形。②

（3）章程指定说，在法人章程指定了法人住所的情况下以其指定住所为法人住所，在章程未指定住所的情况下则以法人的管理中心所在地作为法人住所。以法人意思作为确定其住所的首要标准，既是对法人意思的尊重，也简化了法人住所地和国籍的确定程序。但是，这一主张的每一个选项都是有利有弊的。根据章程确定，虽然是尊重了法人的意思，但是法人有了住所地的选择权就如同成立地主义一样，会出现法律规避的情况，从而导致住所地失去其存在的法律价值；而当法人章程未指定住所地而要以管理中心作为住所地时，上述第一个主张中提到的管理中心与经营活动不在同一个国家的弊端也就会出现，因而，这一主张也并不完美。③

（4）法人成立地说，该主张以法人成立地或者说法人注册登记地作为法人住所。这一主张的前提是法人的成立都是经过登记注册的。而成立地是唯一的独立的，以成立地作为住所是不会存在冲突的。因而以法人成立地作为标准，将十分便于法人的住所地和国籍的确定。但是，这一标准仍存在不足和缺陷：比如，有的法人会选择成立条件较为宽松的国家注册登记，而其营业中心却设在外国，经营活动在外国进行，这就会造成住所地与营业中

---

①　邓杰：《国际私法学》，兰州大学出版社 2006 年版，第 126 页。

②　同上。

③　同上。

心、首脑部门甚至经营活动联系薄弱甚至毫无联系，从而法人的住所地与国籍也就与其设立的根本目的南辕北辙。[①]

4. 法人设立地和法人住所地并用主义，又称复合标准说。这一主张不再以单一的依据作为法人国籍的判断标准，而是将法人设立地和住所地两个因素结合并用。因为各国对法人国籍没有统一的判断标准，因此在国际公约中根据属人管辖原则确定法人犯罪的管辖权时，应该根据公约及成员国相关法律来判断法人的国籍。但是，当法人设立地和住所地不在一国时，法人国籍的将存在冲突。[②]

5. 准据法主义，即法人是根据哪国法律而成立，则法人享有该国国籍，但如果法人的实际活动在另一国，并且依此另一国法律享有其国籍，则视为该国法人。[③]

三　法人犯罪的保护性管辖权

保护性管辖权是指国家对于外国人在该国领域外对该国的国家或公民的犯罪行为有权行使管辖。[④] 保护性管辖权是对属地和属人管辖权的补充，当本国公民或者国家利益受到损害，但是依照属地管辖和属人管辖原则都不能对犯罪行为实施管辖权时，成员国则可以根据保护管辖原则行使管辖权，维护国家和公民的利益，也是更好的保护主权。

在现代，保护原则已经得到了世界各国的普遍认同，几乎所有的国家刑法都在对外国人在本国领域外的危害本国国家和国民利益的行为进行管辖。[⑤] 但是，由于保护管辖是要对不在本国领域内的外国人犯罪行使管辖权，在绝大多数情况下与之冲突的是别国的属地管辖或者属人管辖，作为处于辅助地位的保护管辖因而实施较为困难，并且在实际行使的过程中会遇到诸多阻碍，通常需要向犯罪人所在地寻求司法协助。出于对主权的保护，保护管辖权的行使也通常多有限制，例如，我国就采用"双重标准"。

四　法人犯罪的普遍性管辖权

随着国际犯罪的情况越来越严重，国际法原有的管辖原则已经不能够覆

---

① 颜林：《论法人的住所制度及其在国际民商事案件中的适用》，《中共南京市市委党校南京市行政学院学报》2007 年第 5 期。

② 张庆元：《国际私法中国籍问题的研究》，法律出版社 2010 年版，第 61 页。

③ 同上书，第 62 页。

④ 梁西：《国际法》修订版第二版，法律出版社 2003 年版，第 102 页。

⑤ 林俊和：《刑法保护管辖的学理研究》，《法制与社会》2008 年 11 月（中）。

盖所有的犯罪行为，因此，普遍管辖原则应运而生。如果某一行为对各国及其国民普遍存在危险，该国便可以依据普遍管辖原则行使管辖。由于普遍管辖原则适用于国际犯罪，所以其权力只来源于国际刑法规范。[①] 普遍管辖原则不同于上述传统管辖原则，它不需要与犯罪有关联因素就可依据相关国际刑法规范对国际犯罪进行管辖。[②]

由于普遍管辖权所要保护的是国际社会公认的价值和全人类的共同法益，以此主张管辖的国家与该犯罪没有直接的联系，因此，普遍管辖权的实现必须借助于国际司法协助，比如，需要通过请求引渡犯罪嫌疑人缉拿归案、到庭审判，需要通过国际合作冻结、扣押和执行与犯罪有关联的资产等。而这些需要通过国家间的外交途径解决，由于不同国家的国内法规定不同，以及国家本身在具体案件上的利益考虑，使得它们的实现变得非常困难。

如果国家主张普遍管辖权的对象是被控犯罪的法人的话，那问题就将更为复杂和困难。首先，它会面临被请求协助的国家的国内法中是否承认法人犯罪及其责任，否则，依据"双重犯罪原则"就无法接受请求国的刑事司法协助的请求。其次，它将以什么为依据来确定对法人犯罪的管辖权，从而确定向哪个国家请求司法协助，向法人（很多情况下是跨国公司）的总部所在地国家，还是具体行为人的行为地国家，或是与该公司有联系的资产所在地国家，这些问题在涉及现代跨国公司复杂的组织结构时就变得更为复杂和困难。

第三节　外国法人在境外贿赂犯罪的管辖权问题：以徐放鸣受贿案为引线的分析

一　"徐放鸣受贿案"案情回放

2007 年 2 月 15 日，中央治理商业贿赂领导小组办公室举行第二次新闻发布会，通报了 20 起商业贿赂违法犯罪典型案件，财政部金融司原司长徐放鸣受贿案名列其中。

1997 年 6 月至 2000 年 9 月，徐放鸣利用职务之便，为与其分管工作有业务关系的公司谋求利益，并接受某中介机构的请托，向某银行推荐承揽业

---

① ［美］托马斯·伯根索尔、肖恩·D. 墨菲著，黎作恒译：《国际公法》第三版，法律出版社 2003 年版，第 144 页。

② 黄俊平：《普遍管辖原则研究》，中国人民公安大学出版社 2007 年版，第 19 页。

务和购买办公用房，先后多次收受贿赂折合人民币 215.3 万元。2006 年 11 月，北京市高级人民法院判处徐放鸣有期徒刑 13 年。

徐放鸣案的检方卷宗显示，1999 年至 2001 年间，身为法国巴黎银行中国定息收益部销售主管的刘敏，负责联络中国财政部外债发行项目。由于各家银行竞争很激烈，迫于业绩压力的刘敏决定买通徐放鸣。1999 年 6 月、8 月及 2000 年 8 月，刘敏以为徐放鸣之子提供出国费用的名义，先后三次将共计 12.8 万美元（折合人民币 105 万余元）转入徐放鸣指定的境外账户中。检方查证，刘敏在提供贿赂之后，要求徐放鸣在财政部确定外债发行主承销商的过程中，"不要对法国巴黎银行持反对意见"。

徐放鸣于 2005 年 6 月 30 日案发被捕，2006 年初由检方提起公诉。2006 年 5 月 24 日，法国巴黎银行高调宣布：刘敏被委任为该行中国资本市场负责人，以拓展法国巴黎银行在中国资本市场的份额。但到 2006 年 9 月徐放鸣案一审宣判时，刘敏已离开法国巴黎银行。2007 年 1 月 12 日，徐放鸣案的行贿者之一韩冰，被检方起诉至北京市一中院，被控罪名为"单位行贿"。同是徐放鸣案行贿者的刘敏未被起诉。①

二　由案件引发的对外国法人境外犯罪管辖权限的分析

在这起案件中，受贿者徐放鸣已经受到中国法律的刑事处罚。但是，作为行贿者的法国巴黎银行以及本案的具体行为人——法国巴黎银行中国定息收益部销售主管刘敏却没有受到任何法律制裁。本书就是想以本案的这一点为契机，深入探讨跨国公司、外国法人在中国进行商业贿赂犯罪的司法管辖权问题。

法国巴黎银行是法国规模最大的上市银行集团。如果以上报道的案情属实，本案发案期间（1999—2001 年），行贿徐放鸣的行为人刘敏是法国巴黎银行中国定息收益部销售主管，2006 年 5 月 24 日，法国巴黎银行又委任刘敏为该行中国资本市场负责人。由此可见，刘敏是直接为法国巴黎银行服务的雇员，她的贿赂行为实际上使法国巴黎银行从中获得商业利益。因此，法国巴黎银行是否应该为其雇员在中国的商业贿赂行为承担法律责任？如果是的话，应该由哪国管辖？管辖的依据是什么？管辖中会遇到什么样的问题和困难？应如何解决？下面将逐一分析以上问题。

按照国际法，一个主权国家可以依据属地原则、国籍原则、保护性管辖原则和普遍管辖原则行使国家管辖权。由于本案的犯罪行为地在中国，中国

---

① 罗昌平：《徐放鸣案背后》，《财经》2007 年第 11 期。

根据属地管辖的原则可以进行管辖。而法国巴黎银行是按照法国法律注册的企业，属于法国的法人，因此，法国按照属人管辖原则也可以对其进行管辖。

（一）中国进行属地管辖的国际法与国内法依据

1. 管辖的国际法依据

2003 年 10 月 31 日，联合国大会通过《联合国反腐败公约》。2003 年 12 月 10 日，中国政府签署该公约。2005 年 10 月 27 日，全国人大常委会审议并批准了《联合国反腐败公约》。

根据该公约第三章"定罪和执法"的有关规定，本案法国巴黎银行雇员刘敏行贿原财政部官员徐放鸣的行为属于其中第 15 条"贿赂本国公职人员"的行为。

该《公约》第 26 条还专门规定了参与犯罪的"法人责任"。根据这一规定，中国作为《联合国反腐败公约》的缔约国有权利也有义务对参与贿赂公职人员以获得商业利益的法人追究刑事责任。本案中，具体行贿人刘敏是法国巴黎银行的高级雇员——法国巴黎银行中国定息收益部销售主管，负责联络中国财政部外债发行项目，而当时徐放鸣正分管该项业务。由于各家银行竞争很激烈，迫于业绩压力的刘敏决定买通徐放鸣。2000 年，法国巴黎银行正式成为中国首次发行欧元债券的三大承销银行之一。可以说，刘敏的贿赂使法国巴黎银行从中获得商业交易机会和利益。也许刘敏的贿赂行为法国巴黎银行并不知情，但是，她作为高级雇员是以法国巴黎银行的名义在履行其职责范围内的工作时做出的，且贿赂的目的是使法国巴黎银行在中国发行欧元债券项目中获得交易机会和利益。况且，法国巴黎银行对她的贿赂行为可能并不是一无所知。因此，她的行为应该可以视为法国巴黎银行的行为，可以适用《联合国反腐败公约》中法人责任的规定。

又根据《联合国反腐败公约》第 42 条"管辖权"第一款的规定：

"一、各缔约国均应当在下列情况下采取必要的措施，以确立对根据本公约确立的犯罪的管辖权：

（一）犯罪发生在该缔约国领域内；

（二）犯罪发生在犯罪时悬挂该缔约国国旗的船只上或者已经根据该缔约国法律注册的航空器内。"

上述规定的措辞中使用了"各缔约国均应当在下列情况下采取必要的措施"，这实际上赋予了犯罪行为发生地的缔约国以强制管辖权。由于我国批准了《联合国反腐败公约》，并因此承担实施条约的国际法义务，所以对本案中的行贿者——法国巴黎银行及其雇员刘敏进行属地管辖符合国际法。

2. 管辖的国内法依据

（1）实体法依据

A. 刑法的规定

1997 年通过的《中华人民共和国刑法》第八章对贪污贿赂罪做了规定。其中第 385 条到第 393 条是对贿赂犯罪行为的规定。不仅包括了一般贿赂行为，还涵盖到商业贿赂行为、介绍贿赂行为和影响力交易的行为。其中，第 385 条第 2 款、第 387 条第 2 款、第 389 条、第 391 条、第 393 条是对商业贿赂行为定罪量刑的规定。①

从这些规定看，我国刑法对于商业贿赂犯罪，不仅惩罚受贿者，还要惩

---

① 本案涉及的《中华人民共和国刑法》有关条款如下：

第 385 条　国家工作人员利用职务上的便利，索取他人财物的，或者非法收受他人财物，为他人谋取利益的，是受贿罪。

国家工作人员在经济往来中，违反国家规定，收受各种名义的回扣、手续费，归个人所有的，以受贿论处。

第 386 条　对犯受贿罪的，根据受贿所得数额及情节，依照本法第 383 条的规定处罚。索贿的从重处罚。

第 388 条　国家工作人员利用本人职权或者地位形成的便利条件，通过其他国家工作人员职务上的行为，为请托人谋取不正当利益，索取请托人财物或者收受请托人财物的，以受贿论处。

第 389 条　为谋取不正当利益，给予国家工作人员以财物的，是行贿罪。

在经济往来中，违反国家规定，给予国家工作人员以财物，数额较大的，或者违反国家规定，给予国家工作人员以各种名义的回扣、手续费的，以行贿论处。

因被勒索给予国家工作人员以财物，没有获得不正当利益的，不是行贿。

第 390 条　对犯行贿罪的，处 5 年以下有期徒刑或者拘役；因行贿谋取不正当利益，情节严重的，或者使国家利益遭受重大损失的，处 5 年以上 10 年以下有期徒刑；情节特别严重的，处 10 年以上有期徒刑或者无期徒刑，可以并处没收财产。

行贿人在被追诉前主动交代行贿行为的，可以减轻处罚或者免除处罚。

第 391 条　为谋取不正当利益，给予国家机关、国有公司、企业、事业单位、人民团体以财物的，或者在经济往来中，违反国家规定，给予各种名义的回扣、手续费的，处 3 年以下有期徒刑或者拘役。

单位犯前款罪的，对单位判处罚金，并对其直接负责的主管人员和其他直接责任人员，依照前款的规定处罚。

第 393 条　单位为谋取不正当利益而行贿，或者违反国家规定，给予国家工作人员以回扣、手续费，情节严重的，对单位判处罚金，并对其直接负责的主管人员和其他直接责任人员，处 5 年以下有期徒刑或者拘役。因行贿取得的违法所得归个人所有的，依照本法第 389 条、第 390 条的规定定罪处罚。参见《中华人民共和国刑法》（根据最新刑法修正案八修订），法律出版社 2011 年版，第 225—229 页。

罚行贿者。受贿罪主体不仅包括国家工作人员，还包括国家机关、国有公司、企业、事业单位、人民团体。行贿罪主体不仅包括自然人，还包括单位，这里的单位不仅包括法人，还包括其他组织形式的实体单位；不仅包括国家机关和国有公司，还包括私营部门和企业以及人民团体。

不仅如此，1997 年的刑法在总则中第 30 条、第 31 条对法人犯罪做了一般性规定："公司、企业、事业单位、机关、团体实施的危害社会的行为，法律规定为犯罪的，应当负刑事责任。""单位犯罪的，对单位判处罚金，并对其直接负责的主管人员和其他直接责任人员判处刑罚。本法分则和其他法律另有规定的，依照规定。"

虽然，1997 年的刑法对法人犯罪的归责原则没有具体规定，但是，在一些司法解释中可以看到对这一问题的处理。如，最高人民法院《关于审理单位犯罪案件具体应用法律有关问题的解释》第 3 条规定："盗用单位名义实施犯罪，违法所得由实施犯罪的个人私分的，依照刑法有关自然人犯罪的规定定罪处罚。"2000 年 9 月 30 日最高人民法院在《全国法院审理金融案件工作座谈会纪要》中进一步明确指出："以单位名义实施犯罪，违法所得归单位所有的，是单位犯罪。"从以上所列的司法解释中反映出，在我国，对构成单位（法人）犯罪的行为的认定应具备"以单位名义"、"为了单位利益"和"违法所得归单位所有"这三个要件。

根据以上我国刑法的规定，虽然对本案中法国巴黎银行高级雇员刘敏贿赂我国公职人员的行为是否能归责为法国巴黎银行的行为还需有关证据和进一步论证，但是，她行贿时是作为法国巴黎银行的高级雇员及以法国巴黎银行的名义在履行其工作职责时从事的，贿赂的目的是使法国巴黎银行在中国发行欧元债券项目中获得商业交易机会和利益，且这些因违法的贿赂行为而获得的利益也实际归法国巴黎银行所有。因此，我国可以依属地管辖对其提出指控，进行管辖。

B. 行政性法律法规的有关规定

对于商业贿赂行为，1993 年我国《反不正当竞争法》第 8 条正式从法律上做出规定。1996 年 11 月 15 日国家工商行政管理局颁布的《关于禁止商业贿赂行为的暂行规定》第 3 条进一步规定，"经营者的职工采用商业贿赂手段为经营者销售或者购买商品的行为，应当认定为经营者的行为"。这可以认为是法人或单位商业贿赂行为的归责原则。从内容上看，这一规定基本上是采用了替代责任的原则，因为它是将经营者职工的贿赂行为视为经营者的行为，也就是说，只要证明商业贿赂行为是由经营者（也就是法人、单位）的职工做出的，经营者就应为此承担行政责任并受到相应的行政处罚。

根据这些规定，本案中法国巴黎银行显然属于市场上的经营者，具体行贿人刘敏在财政部官员徐放鸣收受其贿赂的 1999—2001 年期间是法国巴黎银行的高级雇员——法国巴黎银行中国定息收益部销售主管负责联络中国财政部外债发行项目，而当时徐放鸣正分管该项业务。刘敏所在的法国巴黎银行与徐放鸣之间存在商业利益的关联。刘敏贿赂的结果是使法国巴黎银行正式成为中国首次发行欧元债券的三大承销银行之一，从中获得商业利益，因此，他们的行为应属于商业贿赂行为。

（2）程序法的依据

根据《中华人民共和国刑事诉讼法》第 16 条 "对于外国人犯罪应当追究刑事责任的，适用本法的规定"。第 24 条 "刑事案件由犯罪地的人民法院管辖"。

《最高人民法院关于执行〈中华人民共和国刑事诉讼法〉若干问题的解释》对上述管辖问题做了进一步说明。其第 2 条规定 "犯罪地是指犯罪行为发生地。以非法占有为目的的财产犯罪，犯罪地包括犯罪行为发生地和犯罪分子实际取得财产的犯罪结果发生地"。第 6 条 "单位犯罪的刑事案件，由犯罪地的人民法院管辖"。根据上述对犯罪地和单位犯罪管辖的解释，本案中贿赂行为的发生地和受贿者徐放鸣实际取得贿赂资财的地方都是中国，所以中国北京是犯罪地。而行贿者是法国巴黎银行及其雇员刘敏，法国巴黎银行是法人应适用单位犯罪的规定，由犯罪地人民法院管辖。

综合上述我国刑事诉讼法的规定，虽然法国巴黎银行是外国法人，也属于外国 "人" 中的一种，但是，我国按照犯罪地管辖原则对其在中国境内实施的商业贿赂犯罪追究刑事责任具有国内法的依据。

（二）法国行使国籍管辖的国际法与国内法依据

1．管辖的国际法依据

（1）《联合国反腐败公约》。法国于 2003 年 9 月 9 日签署、2005 年年 7 月 11 日批准该公约。① 其第 42 条 "管辖权" 第二、三款规定 "二、在不违背本公约第 4 条规定的情况下，缔约国还可以在下列情况下对任何此种犯罪确立其管辖权：

---

① The current status of The UN Convention on Conrruption, from http：//www. unodc. org/unodc/ crime_ signatures_ corruption. html, visited at 6 Sep. 2011.

（一）犯罪系针对该缔约国国民；

（二）犯罪系由该缔约国国民或者在其领域内有惯常居所的无国籍人实施……

为了本公约第44条的目的，各缔约国均应当采取必要的措施，在被指控罪犯在其领域内而其仅因该人为本国国民而不予引渡时，确立本国对本公约所述犯罪的管辖权"。

由于法国巴黎银行是法国的法人，根据此规定，法国可以对其国民在境外的犯罪行为进行管辖。

（2）经济合作与发展组织《禁止在国际商业交易活动中贿赂外国公职人员公约》

由于法国是经济合作与发展组织成员，也是该组织在1997年11月21日通过的《禁止在国际商业交易活动中贿赂外国公职人员公约》的缔约国，负有执行该条约的国际法义务。该条约规定：

第二条：法人的责任

缔约方均须依其法律准则采取必要的措施，确立法人行贿外国公职人员应承担的责任。

第三条：制裁

（1）如果在缔约方的法律制度中，刑事责任不适用于法人，则该缔约方应当确保对行贿外国公职人员的法人给予行之有效的量刑适当的非刑事制裁，以示劝诫，包括经济方面的制裁。

第四条：司法管辖权限

（2）如果缔约方对其本国国民在境外犯罪有权进行法律起诉，则也应按照同样的法律准则，采取可能是必要的措施，设定起诉其本国国民在境外行贿外国公职人员的相应的司法管辖权限。

第五条：执行

行贿外国公职人员案件的侦查与检控应当符合各缔约方适用的法规和原则，不得受国家经济利益、可能影响与另一国关系，或相关自然人或法人的身份等因素的影响。

在该公约附件《刑事立法及相关行动公认通则》中对司法管辖权限又做了进一步解释，阐明了该公约对行贿外国公职人员犯罪进行管辖的权限和意图。具体规定如下：

司法管辖权限：

行贿外国公职人员的行为无论是部分地还是或全部地在追诉国境内发生

的，都应当对这种犯罪设定司法管辖权限。应当从广义的角度解释司法管辖权限的地域依据，以便在确定行贿行为的司法管辖权限时不必需要广泛的地理关联性。

对于那些对在境外犯罪的公民要进行追诉的国家，则也应当按照同样的法律原则对有关行贿外国公职人员的行为进行追诉。对于那些依据国籍原则不进行追诉的国家，则应当愿意引渡其涉嫌行贿外国公职人员的公民。

按照上述规定，缔约国应当对本国国民，包括法人在境外所犯行贿外国公职人员的罪行进行司法管辖，追究其法律责任，并且，因这种管辖而引起的侦查与检控不因法人的身份而受到影响。

2. 管辖的国内法依据

上面我们讲了在本案中法国按国籍原则、属人原则进行管辖的国际法依据。那么，按照法国国内法是否可以对在国际交易中贿赂外国公职人员的法人及其雇员进行刑事追诉呢？

根据法国 Dalloz 出版社 2003 年第 100 版《法国新刑法典》，对于法人刑事责任规定如下：

第 121 - 2 条，"除国家之外，法人依第 121 - 4 条至第 121 - 7 条所定之区分，且在法律或条例有规定的情况下，对其机关或代理人为其利益实行的犯罪负刑事责任。

但是，地方政府及它们的联合组织仅对在从事可以订立公共事业委托协议的活动中实施的犯罪行为负刑事责任。

（2000 年 7 月 10 日第 2000 - 647 号法律）法人负刑事责任不排除作为同意犯罪行为之正犯或共犯的自然人的刑事责任……"

对于法人适用之刑罚，第 131 - 37 条规定，"法人可处之重罪或轻罪刑罚为：

1. 罚金；

2. 在法律有规定之情况下，第 131 - 39 条所列举之刑罚"。包括解散法人、关闭用于实施犯罪行为的企业机构或数家机构、将其置于司法监督之下等。①

为了实施国际法，法国新刑法典不断通过颁布法律的形式将有关内容增加到刑法典的相应章节加以规定。为了执行 1997 年 6 月 25 日《打击涉及欧共体官员或欧盟成员国官员腐败行为的公约》和 1997 年经济合作与发展组

---

① 《法国新刑法典》，罗结珍译，中国法制出版社 2003 年版，第 8、26 页。

织公约（OECD）《禁止在国际商业交易中贿赂外国公职人员公约》，2000年6月30日法国颁布第2000－595号法律，并将其增补为刑法典第五章"危害欧洲共同体、欧盟成员国、其他外国与公共国际组织之公共管理罪"，包括受贿罪、行贿罪，其中行贿罪中包括向欧洲共同体、欧盟成员国、欧洲共同体机构的公职人员行贿罪和欧盟成员国之外的其他外国人员或欧洲共同体机构的国际公共组织的人员行贿罪。并分别规定了自然人和法人的刑事责任和处罚措施。[①]

因此，按照上述法国刑法的规定，法国可以对本案中涉嫌向前中国财政部官员行贿的法国巴黎银行进行司法管辖。

三　综合分析与思考

上述分析使我们看到，中国作为犯罪地国、法国作为本案涉案法人的国籍国都可以对巴黎银行及其雇员在中国的商业贿赂行为进行管辖。但是按照国际法基本理论和《联合国反腐败公约》的有关规定，犯罪地国按照属地原则确立的管辖是一种强制管辖，而国籍国的管辖是任意管辖。如果两者发生冲突，属地管辖应优先于国籍管辖。然而，由于法人是拟制的人，它的具体犯罪行为总是由具体的自然人实施的，使得法人与具体实施犯罪的自然人在客观上可以分离，法人的雇员可以为了法人的利益到外国进行犯罪，从而构成该法人在外国的犯罪。在这种情况下，犯罪地国固然可以按照属地原则进行管辖权。但是，对这些在外国注册的法人如何实现管辖却成了现实的问题。对于具体犯罪的自然人，即使他具有外国国籍，中国也可以通过请求引渡等外交途径或在其再次进入中国境内时予以拘留、逮捕，以依照中国法律对其提起公诉和审判。但对于参与同一犯罪的外国法人却无法引渡或拘留。

由于我国对法人犯罪的判罚是罚金刑，对有些犯罪如本案中的商业贿赂犯罪行政机关也有权予以行政处罚，如果我国为实现对此类犯罪的属地管辖，由检察机关在我国法院直接对犯罪的外国法人进行指控或启动行政处罚的程序，再由外交部门将有关法律文书通过外交途径转交给该外国法人，请到中国来行使听政、辩护等权利，并最终受到中国法院或行政执法机关的判罚，那就可能引起国家主权方面的外交问题。因为，对外国法人提起刑事指控或行政处罚都是国家在行使公权力，这种权力是国家主权权力的表现，如果跨越国境覆盖到外国境内的外国法人就侵害了该外国法人所在国的主权，

---

① 《法国新刑法典》，罗结珍译，中国法制出版社2003年版，第172—175页。

是不符合国际法的。

那么，我们是否能将这些公司在中国开设的有利益关联的分支公司或代表处作为对象提起指控或行政处罚，再从它们在中国的账户中获得罚金或罚款？这样做在中国现行的法律法规中也难以找到依据。

为了实现对此类外国法人在中国的犯罪进行属地管辖，我国的有关立法应借鉴国外"最低限度联系原则"的管辖，修改我国的相关法律，将确定法人国籍的标准从单一的注册地扩展到外国法人在我国有实质性财产联系。这样，如果外国法人、单位在中国犯罪或从事违法行为、应承担刑事责任或行政处罚，就可以对其在中国境内设立的与其有利益关联的分支公司、代表处或其他机构提起刑事指控或行政处罚。

这样做，第一，符合"最低限度联系原则"，该原则虽然不是国际法的基本原则，但是已存在不少适用该原则作为管辖依据的国家实践，如美国。

第二，符合当今跨国公司全球化管理体制的实际。现代的跨国公司，经营活动已伸向多个国家，虽然它在外国开设有各种各样的分公司、子公司、代表处、生产基地等，但不能改变这些海外机构都在为其母公司服务、挣得利润的实质。由于各国法律、管辖权限的不同，这些海外机构在东道国注册，取得了东道国的营业执照，成为东道国的法人，但是，他们从利益的实质上并不是与母公司完全不相关的，如果由于国家管辖权限的限制无法由犯罪地国家依据属地原则实现对外国法人的刑事惩罚或行政处罚，那就使跨国公司利用主权管辖的限制逃避了制裁，从而对犯同类罪而受到惩罚的国内法人是不公平的。虽然，他们也可能在理论上受到其母国的法律管辖，但在实践中，母公司本国的国籍管辖受到诸多因素的影响，比如利益上的影响、法律上是否有规定等。即使他们受到了母国的法律制裁，但他们的行为破坏的是东道国的法律秩序却不能受到东道国的法律制裁，这也不利于维护东道国的法律秩序和法律的尊严。

综上所述，在当今法人犯罪越来越多地涉入跨国犯罪的时候，外国法人在境外犯罪的情况也日益增多，作为犯罪行为地的国家应制定或修改相关的管辖规则，积极行使属地管辖，维护本国的经济法律秩序和国家利益。

第八章

法人跨国犯罪和国际犯罪的责任
对国际法传统理论的挑战

第一节　法人跨国犯罪和国际犯罪的责任
对国际法责任体系的影响

一　国际法上的责任体系概述

国际法上的责任问题是以违反国际法的行为或不法行为为前提的，违法的存在以法的存在为前提。①

（一）国际法上的国家责任

1. 一般理论

由于过去传统地认为只有国家是国际法的主体，所以关于不法行为的国际责任总的题目是在"国家责任"标题项下讨论的。在国际法上，国家对于它违反国际义务的行为承担责任。这种责任是国家作为国际人格者的地位所附加的。国家的主权不能提供否认这种责任的依据。不遵守一项国际义务即构成国家的国际不法行为，引起该国的国际责任，由此对该国或其他国家产生某些法律后果。②

构成国家的国际责任要达到两个条件：第一，按照国际法可归因于国家的行为（作为或不作为）确实存在；第二，这种行为是对该国国际义务的违反。③

---

① ［日］寺泽一、山本草二主编：《国际法基础》，朱奇武、刘丁、冷铁铮、于吟梅、吴瑞钧、郑民钦译，中国人民大学出版社1983年版，第362页。

② ［英］詹宁斯、瓦茨修订：《奥本海国际法》（第九版），第一卷第一分册，王铁崖等译，中国大百科全书出版社1998年版，第401—406页。

③ ［苏］童金主编：《国际法》，邵天任、刘文宗、程远行译，法律出版社1988年版，第205页。

　　这些观点得到了国际社会的普遍认同。在联合国国际法委员会 1975 年一读通过的《关于国家责任的条款草案》中，明确规定：一国的每一国际不法行为引起该国的国际责任。每一国家都有可能被认定实行了引起国际责任的国际不法行为。一国的国际不法行为在下列情况下发生：

　　（a）由作为或不作为组成的行为按国际法规定可归于该国；

　　（b）该行为构成对该国国际义务的违背。

　　只有国际法可以把一国的行为定性为国际不法行为。这种定性不因国内法把同一行为定性为合法行为而受影响。[①]

　　一般地说，国家不因私人行为本身直接承担国际责任。但是，国家为防止私人那种不法行为没有给予应有的注意，或在事后没有对其受害者给予国内救济，则产生国家责任的问题。[②]

　　个人或团体违反国际法规范或义务的行为如果可直接归因于国家，或者说是在国家授权下实施的，那么，他们的行为所导致的责任将由国家承担，从而引起国家的国际责任，有学者称之为国家的原始责任，诸如国家之政府的行为，或它的官员或私人根据政府的指示或经政府授权的行为。如果私人（无论是国民或在该国领土上的外国人）或团体以及未经授权而行事的官员从事了某些违反国际法的国际侵害行为，国家则因为它的疏忽或间接失误而承担国际责任，也称为国家的转承责任。前一种情况涉及一个国家直接违反对它有约束力的法律义务，而在后一种情况下，国家的责任要求它采取某些预防措施，并要求它确保尽可能使不法行为者作出适当的赔偿，而且在必要时惩罚不法行为者。但是，在"转承"责任情况下国家的这些预防和救济义务本身如果遭到违反（例如拒绝采取要求它采取的救济行动），国家就担负直接责任。[③]

　　由此可见，国际法的责任体系主要是关于国家责任的。目前国际社会对国家责任最主要的编纂是联合国国际法委员会自 1953 年开始先后在特别报告员加西亚·阿马多和罗伯特·阿戈先生带领下作出的、1996 年一读通过的《国家责任条款草案》以及 1997 年开始，在特别报告员詹姆斯·克劳福

---

①　国际法委员会一读通过的《国家责任条款草案》第 1—4 条，转载于贺其治《国家责任法及案例浅析》，法律出版社 2003 年版，第 372 页。

②　[日] 寺泽一、山本草二主编：《国际法基础》，朱奇武、刘丁、冷铁铮、于吟梅、吴瑞钧、郑民钦译，中国人民大学出版社 1983 年版，第 376 页。

③　[英] 詹宁斯、瓦茨修订：《奥本海国际法》（第九版），第一卷第一分册，王铁崖等译，中国大百科全书出版社 1998 年版，第 401—406 页。

德带领下于 2001 年获得二读通过的全部条款草案及评注。

2. 国家的国际刑事责任

国际法上存在少数规则是不许损抑的、不许国家之间通过谈判、协定而加以变更。这就是强制法规则或一般国际法的强制规范，在 1969 年《维也纳条约法公约》第 53 条中被解说为"国家之国际社会全体接受并公认为不许损抑且仅有以后具有同等性质之一般国际法规范始得更改"之规范。任何违反这类强制法规则的行为不能用同意、默认或承认的方法加以合法化；对其所影响的权利，也不需要用抗议来维护；更不能作为对先前非法行为实行报复的理由。与强制法规则相抵触的国际习惯法规则不能继续存在或者嗣后产生出来（除非它具有强制法的性质）。①

因此，对这些具有强行法性质的国际法规则的违反与对不具有这类性质的国际法规则的违反，其行为的性质、对国际秩序破坏的严重程度都是非常不同的。因此，国际法主体违背具有强行法性质的国际法规范义务与违背一般国际法规范义务的行为的严重性是不一样的，所对应的国际责任的性质也不一样。

虽然，对于哪些规则具有这种性质，还没有一致的意见。强制法这一类规则的全部内容仍然还要在国家实践和国际法庭判例中产生出来。但是，如果说以下国际犯罪已达到强行法的程度，如：侵略罪、灭绝种族罪、危害人类罪、种族隔离罪、战争罪、海盗罪、奴役及奴役有关习俗的犯罪和酷刑，是最少有争议的。②

1979 年联合国国际法委员会一读通过的《国家对国际不法行为的责任条款草案》明确将这样的行为与一般国际不法行为区分开来，并将之称为国际罪行。该条款草案第 19 条规定：

"1. 一国行为如构成对国际义务的违背，即为国际不法行为，而不论所违背的义务主体为何。

2. 一国所违背的国际义务对于保护国际社会的根本利益至关重要，以致整个国际社会公认违背该项义务是一种罪行时，其因而产生的国际不法行为构成国际罪行。

3. 在第 2 款的限制下，并根据现行国际法规则，国际罪行除了别的以

① ［英］詹宁斯、瓦茨修订：《奥本海国际法》（第九版），第一卷第一分册，王铁崖等译，中国大百科全书出版社 1998 年版，第 3 页。

② ［英］伊恩·布朗利：《国际公法原理》，曾令良、余敏友等译，法律出版社 2003 年版，第 586 页。

外，可由下列各项行为产生：

a. 严重违背对维持国际和平与安全具有根本重要性的国际义务，例如禁止侵略的义务；

b. 严重违背对维护各国人民的自决权利具有根本重要性的国际义务，例如禁止以武力建立或维持殖民统治的义务；

c. 大规模地严重违背对保护人类具有根本重要性的国际义务，例如禁止奴隶制度、灭绝种族和种族隔离的义务；

d. 严重违背对维护和保全人类环境具有根本重要性的国际义务，例如禁止大规模污染大气层或海洋的义务。

4. 按照第 2 款的规定并非国际罪行的任何国际不法行为均构成国际不法行为。"

虽然，草案在界定国际罪行时没有采用违背国际强行法规范的表述，但是，它所说的"所违背的国际义务对于保护国际社会的根本利益至关重要，以致整个国际社会公认违背该项义务是一种罪行的义务"以及随后所列举的义务都是在国际法上具有强行法性质的国际义务。所以，一国违背具有强行法性质的国际义务时就涉及国家为其国际罪行承担刑事责任问题。

今天，对这种义务的存在已经没有太大的分歧，但是，对是否能将违背这种义务的行为表述为国际罪行、国家能否犯罪、国际罪行的范围以及国家为其国际罪行承担责任的法律后果方面存在激烈的争议。

有人认为，不宜将犯罪概念引入国家责任草案。因为，如果采用国际罪行，它所对应的国家责任就是刑事责任。而国家刑事责任就涉及有关刑事责任的体系，包括实体法方面，有国际犯罪的犯罪构成要件、国际罪行的法律后果等；程序法方面，则要规定如何起诉、侦查、指控、审判、制裁国际罪行的程序和机构，由什么机构来检控犯国际罪行的国家、由什么机构来审理犯国际罪行的国家，对这些国家的惩罚如何完成等都需要做相应规定。①

最重要的是国际法委员会在关于国家责任草案第一读中公布的法律后果系统。一般违反国际法的行为产生通常意义上的违法后果（即停止违背国际法的行为、恢复原状或必要时赔偿损失），这通常只对受害国有意义。而国际罪行针对的是国际社会的根本利益，以致整个国际社会公认为其是一种犯罪，那么，它所违背的是不是"对一切的义务"？如果是的话，受害者是不是所有国家？如果是所有国家，那么对犯罪行为国的起诉如何完成？是否

---

① K. Zemanek, "The Legal Foundation of the International System", 266 *RDC* (1997) 9: p. 272.

在国际法上允许所有国家的"群体诉讼"？如果允许，在实践中又如何实现？① 另一方面，如果将一切国家视为受害人，国际社会因此可以采取特别措施，守法的国家要遵守"团结义务"，即不承认违法行为所形成的法律状态、禁止支持加害国、协助履行上述义务等。至于这种义务在什么情况下具体指代什么、受害国可以采取哪些直接或间接的对应措施、草案规定的这种法律后果系统如何与联合国宪章规定的制裁相协调，还需要进一步研究。②

负责国家责任草案二读起草的特别报告员詹姆斯·克劳福德先生认为，国家责任条款草案中所表述的国际犯罪的概念是不必要的和容易引起分歧的，并有潜在的破坏草案整体的危险。另一方面，应注意到一些义务是对国际社会整体而不是对个别国家所负有的，对这些义务的严重违反应该引起特别的后果，这才是重要的和必需的。③

乔治·加亚先生认为，不使用"国家的国际罪行"的表述可能更好一些，因为这样的表述或多或少与类似刑事制裁的特定后果相关联，而使用一个更中立的用语可能更容易让人接受。他建议采用一个补救条款，能将国际法在这一领域未来发展的可能性都考虑其中。④

而 Alain Pellet 教授认为，在"国际不法行为"和"国际犯罪"之间的区分反映了一种无可争辩的需要，必须被保持。草案第 19 条给出的"犯罪"定义是可以接受的，尽管"犯罪"一词可能容易使人误解，但是这一概念是当代国际法所不可缺少的。⑤

对于国家能否如《国家责任条款草案》一读第 19 条表述的那样成为国际犯罪的主体，也存在激烈的争论。

有人认为，就权利主体而言，国家当然是主体，因为只有国家有权向国

---

① 不支持国家责任草案第 19 条国际罪行表述的观点，参看 Derek William Bowett，"Crimes of State and the 1996 Report of the International Law Commission on State Responsibility"，9 *EJIL* 1 (1998)：pp. 164—174；James Crawford，"Rivising the Draft Articles on State Responsibility"，10 *EJIL* 2 (1999)：pp. 435—460。

② ［德］沃尔夫刚·格拉夫·魏智通主编：《国际法》，吴越、毛晓飞译，法律出版社 2002 年版，第 717—718 页。

③ James Crawford，"Rivising the Draft Articles on State Responsibility"，10 *EJIL* 2 (1999)：pp. 435—460，443.

④ Giorgio Gaja，"Should All References to International Crimes Disappear from the LLC Draft Articles on State Responsibility？"，10 *EJIL* 2 (1999)：pp. 365—370.

⑤ Alain Pellet，"Can A State Commit Crime？Definitely，Yes！"，10 *EJIL* 2 (1999)：pp. 425—434.

际法庭提起诉讼。就义务主体而言，占主导地位的意见是，只有个人才能承担国际刑事责任，接受刑罚惩处；国家并不能成为刑事义务主体，承担刑事责任。因此，国家罪行的概念不能成立。① 相反的意见则认为，尽管刑事责任基本上是个人责任，由于法律的进步，它可以是集体的责任。确认法人在某种条件和情况下的刑事责任，在法律上是一种进步，而不是后退。坚持"社团不能犯罪"的主张已逐渐衰落。目前，一个国家可能对整个国际社会造成重大损害，以致不应该容许把以国家名义犯下的罪行的责任转移为个人的责任。因此，国家罪行的概念是可以接受的，即使该罪行可能带来集体制裁而不利于全体人民，但是犯罪国的人民可能也不是完全无辜的，尽管应当采取某些保护措施，以避免对人民造成不相称的损害。

尽管对"国家的国际罪行"一直存有争议，但是到 1996 年联合国国际法委员会一读通过《关于国家责任的条款草案》时仍然保持了自 1979 年就通过的第 19 条有关"国家的国际罪行"的规定。

国际法委员会于 1997 年开始的国家责任条款草案二读，于 2001 年完成。二读草案在广泛采集各方意见的基础上对一读草案的内容进行了修改和补充。删去了原案文第 19 条，以"严重违背对整个国际社会的义务"来取代"国家的国际罪行"的概念。在最后定稿时，又将其修改为"严重违背依一般国际法强制性规范承担的义务所产生的国际责任"。由于《维也纳条约法公约》第 53 条关于"强制性规范"的概念已被广泛接受，因此，这一更改不失为一种较为恰当的折中办法，尽管它还不能完全满足那些坚持"国家的国际罪行"论者或坚决反对"国际罪行"论者的要求。②

2001 年联合国国际法委员会二读通过的《国家对国际不法行为的责任条款草案》第三章第 40 条规定：

"1. 本章适用于一国严重违背依一般国际法强制性规范承担的义务所产生的国际责任。

2. 如果这种违约情况是由于责任国严重或系统性违约所引起的，则为严重违约行为。"

第 41 条"严重违背依本章承担的一项义务的特定后果"中规定：

"1. 各国应进行合作，通过合法手段制止第 40 条含义范围内的任何严重违背义务的行为。

---

① 贺其治：《国家责任法及案例浅析》，法律出版社 2003 年版，第 19 页。
② 同上书，第 11 页。

2. 任何国家均不得承认第 40 条含义范围内的严重违背义务行为所造成的情况为合法，也不得协助或援助保持该情况。

3. 本条不妨碍本部分所指的其他后果和本章适用的违背义务行为可能依国际法引起的进一步的此类后果。”

第 33 条“本部分所列国际义务的范围”又规定，“本部分规定的责任国义务可能是对另一国、若干国家或对整个国际社会承担的义务，具体取决于该国际义务的特性和内容及违反义务的情况”。

因此，二读通过的《国家对国际不法行为的责任条款草案》并没有否认有这样一类严重违背具有国际强行法义务性质的国际不法行为的存在，也没有否认有这样一类行为所引起的国家责任体系的存在，只是对这样一类行为没有采用“国家的国际罪行”的表述，避免了这种表述所隐含的刑事性质的含义和所引起的关于国家的国际刑事责任问题的分歧，以及潜在地对犯罪行为的实体规则、程序规则和法律后果方面的要求，可以在最大限度内协调对此类行为的表述持不同意见者的观点，使产生最少争议。它对责任后果的表述不仅包括了当今国际社会能够和可能采取的对违背此类义务行为的制裁措施，而且还不排除联合国安理会、国际刑事法院等机构在其体系中可能对此采取进一步措施，并包括国际法在这一领域未来的发展。

此外，根据联合国国际法委员会 2001 年二读通过的《国家对国际不法行为的责任条款草案》第 1 条，“国家的每一国际不法行为产生该国的国际责任”。第 2 条，“一国国际不法行为在下列情况下发生：（a）由作为或不作为构成的行为依国际法归于该国；并且（b）该行为构成对该国国际义务的违背”。《国际刑事法院规约》的明确规定，“本规约关于个人刑事责任的任何规定，不影响国家依照国际法所负的责任”。我们可以认为，类似国际刑事责任的国家责任是存在的，尽管它目前暂时可能不被称为“刑事责任”。“在国际法中，同国内法一样分析是没有什么帮助的，经常容易引人误解。国际责任既不是‘民事的’也不是‘刑事的’，它只是‘国际的’；它不是刑事的责任，是因为在国家内部，刑事责任预示着对此有管辖权的刑事法庭的存在，而在国际法中这一条件不能实现”。[①]

“毫无疑问，用与犯罪的严重程度相当的手段来镇压集体单位所做的犯罪行为，是会引起集体责任和集体惩罚的观念所固有的属于法律和伦理性质

---

① Alain Pellet, "Can A State Commit Crime? Definitely, Yes!", 10 EJIL 2 (1999): pp. 433—434.

的种种困难的。但是，不能认为，许多个人，由于集合成为国家并因此无可计量地增加他们为非作歹的潜在能力，反而能享受他们单干时所不能享受的对刑事责任及其后果的某种程度的豁免"。①

（二）个人的国际责任

随着国际社会实践的发展，国际法的主体虽然主要是国家，但不仅仅局限于国家。因此，国际法上的责任也不应仅仅局限于国家的国际责任。英国著名学者詹宁斯和瓦茨在修订《奥本海国际法》（第九版）时就明确指出，"现在国际责任也涉及对个人和国际组织地位的考虑"。② 许多学者在他们的论著中都论述了国际法上的个人责任、国际组织的责任以及公司、法人的责任等。这主要是因为在 19 世纪以前，国家是国际社会和国际交往中几乎是唯一的主要国际行为者。而这种情况在 20 世纪发生了很大的变化，国际组织、个人、公司等已取得一定程度的国际法律人格③，或在有限范围内具有国际法主体的特征，从而引发它们在国际法上的责任。

个人的国际责任问题与个人在国际法上的主体地位问题是密切相关的。由于国际法曾被定义为是调整国家之间关系的法律体系。据此传统定义，过去一度认为只有国家才能成为国际法的主体。也就是说，只有国家才享有国际法所承认的权利，并承担相应的义务。其他实体或个人从国际法中获得的利益，或依国际法负有的义务，都被看作纯粹是由国家的权利和义务派生出来的。他们凭借与国家之间的关系，或对国家的依赖，而归入所谓的国际法"客体"之列。

个人在国际法上直接承担责任，主要由第二次世界大战后为审判轴心国战犯而建立的纽伦堡和远东国际军事法庭宪章和判决所确立。

1946 年 8 月 8 日，美苏英法四国，为了联合国全体成员的利益，在伦敦签订协定，决定在纽伦堡设立国际军事法庭审判欧洲轴心国战争罪犯。战犯们，作为个人被告，依该协定所附国际军事法庭宪章受到检控。宪章第 6

---

① ［英］H. 劳特派特修订：《奥本海国际法》，上卷第一分册，王铁崖、陈体强译，商务印书馆 1981 年版，第 264 页；波利蒂斯认为，"在理论上将国家的责任隐藏，事实上是掩盖了国家统治者的实际责任"。参见［希腊］尼古拉斯·波利蒂斯《国际法的新趋势》，原江译，云南人民出版社 2004 年版，第 61—62 页。

② ［英］詹宁斯、瓦茨修订：《奥本海国际法》（第九版），第一卷第一分册，王铁崖等译，中国大百科全书出版社 1998 年版，第 401 页。

③ ［英］M. 阿库斯特：《现代国际法概论》，汪暄、朱奇武等译，中国社会科学出版社 1983 年版，第 80 页。

条明文规定:"凡为轴心国家利益工作的人,如犯有反和平罪、战争罪 或反人道罪者,不论其为个人或为组织中的成员均受到国际军事法庭审判并惩处。""这些个人或组织中的成员指的是上述罪行的为首分子、组织者、教唆犯或从犯。"这样,四国伦敦协定以及国际军事法庭宪章就这样明确无误地规定了:国际法上的个人责任。①

1946 年 12 月 11 日,联合国大会于通过了第 95 号(1)决议,肯定了国际军事法庭宪章及其判决所体现的原则。它们是:

(1)从事构成违反国际法罪行的人应承担个人责任,从而接受惩罚;

(2)不得以其行为并不违反所在国国内法为理由而免除其国际法上的责任;

(3)不得以被告的身份为理由而免除其国际法上的责任;

(4)不得以政府或上级的命令为理由而免除其国际法上的责任。

这些国际法原则明白宣告:个人负有国际义务,不得从事违反国际法的罪行,包括反和平罪、战争罪、反人道罪等;否则就应承担国际法上的个人责任。②

为什么国际法要对从事这些犯罪的个人追究责任?因为,这些犯罪基本上都是个人为执行其所属国家推行战争的政策和命令而进行的,如果由他们所属国家进行管辖,就可能会以执行国家政策和上级命令为由合理地减轻或免于惩罚。这些战争和犯罪当然是由国家发动的,但国家作为抽象的实体,它的行动必须通过具体的个人来计划、实施和执行的。但是,他们所实施行为是违背人类基本正义、侵犯人类基本权利和尊严的,如果国际法只对国家、不对个人设置这些义务,那么,这些个人就可以在国际法只对国家追究责任的掩护下逃避自己所应受到的正义的惩罚。这样的国际法就不能体现正义。正如纽伦堡国际军事法庭在其 1946 年 9 月 30 日的判决中正确地宣称,宪章中有关个人责任的规定是宣誓国际法的一项不可避免的原则的时所说:

"有人主张:国际法只管主权国家的行动,而没有对个人规定任何惩罚;其次,如果涉及的行为是国家行为,作这种行为的人是不负个人责任的,而是受国家主权原则保护的。本法庭认为,这两种主张都应予以拒

---

① AJIL. p. 172,(1947),转引自叶叔良《个人在国际法上的地位》,黄炳坤主编:《当代国际法》,广角镜出版有限公司 1988 年版,第 137 页。

② 联合国大会 official Records;Resolutions, 1946, First session, part Ⅱ, p. 188, 转引自叶叔良:《个人在国际法上的地位》,黄炳坤主编:《当代国际法》,广角镜出版有限公司 1988 年版,第 137 页。

绝。……违反国际法的罪行是个人所作的，而不是抽象的实体所作的，因此只有处罚犯有这种罪行的个人，国际法的规定才能执行。"①

自纽伦堡和东京国际军事法庭确立直接追究个人国际刑事责任原则以来，这项原则为国际法和国际实践所确认和遵守，并得到了进一步的认可和巩固。1948 联合国《防止并惩治灭种罪公约》第 3 条规定："凡犯有灭绝种族罪或本公约第 3 条所列举之任何其他罪行者，不论彼等是宪法上规定的负责统治者或官员或私人，皆应受到惩治。"1973 年 11 月 30 日联合国大会通过的《预防和惩治种族隔离罪行国际公约》第 3 条规定，"任何个人、组织或机构的成员或国家代表，不论出于什么动机，不论是住在行为发生地的国家领土内或其他国家，只要犯有公约所禁止的种族隔离罪行，即应负国际罪责"。②

20 世纪 90 年代后，国际社会在处理有关个人刑事责任方面有了新进展。1993 年由联合国安理会通过的第 827 号决议设立前南斯拉夫国际刑事法庭（International Criminal Tribunal for Former Yugoslavia），以起诉应对从1991 年 1 月 1 日至安理会于和平恢复后决定的日期前前南斯拉夫境内所犯的严重违反国际人道主义法行为负责的人。1994 年由联合国安理会通过第995 号决议设立卢旺达国际刑事法庭（International Criminal Tribunal for Rwanda），专为起诉应对 1994 年 1 月 1 日至 1994 年 12 月 31 日期间卢旺达境内种族灭绝和其他严重违反国际人道主义法行为负责者和应对这一期间邻国境内种族灭绝和其他这类违法行为负责的卢旺达公民。1998 年 7 月 17日，联合国设立国际刑事法院规约全权代表外交会议在罗马通过了《国际刑事法院规约》，并已于 2002 年 7 月 1 日生效。《前南斯拉夫国际刑事法庭规约》第 7 条第 1 项和第 23 条第 1 项，以及《卢旺达国际刑事法庭规约》

---

① 转引自［英］H.劳特派特修订《奥本海国际法》，上卷第一分册，王铁崖、陈体强译，商务印书馆 1981 年版，第 256 页；波利蒂斯也认为，"一旦免除了国际惩罚，统治者的犯罪行为就只能由其国家来处理，如果他们得到了国民的谅解，就会为自己带来名声和荣誉；但是如果他们失败了，只不过就是失去权位而已；在他们遭到政敌检举时，他们的罪责常常会被视为一种政治上的报复，而不会对他们的罪行施以真正的惩罚，他们的帮凶，无论是军事方面的、产业方面的或是金融方面的都将面临同样的命运。这是国际社会中最大的不道德行为，也是世界和平经历过的最大的危险"。参见［希腊］尼古拉斯·波利蒂斯《国际法的新趋势》，原江译，云南人民出版社 2004 年版，第 62 页。

② 邵沙平：《国际刑法学——经济全球化与国际犯罪的法律控制》（武汉大学学术丛书），武汉大学出版社 2005 年版，第 167 页。

第 6 条第 1 项和第 22 条都规定了个人因实施国际犯罪而应负刑事责任的原则。《国际刑事法院规约》第 25 条也规定了个人刑事责任。这些国际实践为个人在国际法上直接承担国际刑事责任提供了习惯法的证据。而且，随着《国际刑事法院规约》的生效，一个常设性全球性国际刑事法院的出现，对于建立和完善有关个人刑事责任的国际法机制具有重要意义。①

这些是个人在国际法上直接承担责任的规范和实践。由于跨国犯罪的存在，为打击跨国犯罪的需要，国际社会形成了一些条约对跨国犯罪行为予以规定，给缔约国设定义务在本国国内法中将有关行为规定为犯罪并对犯罪人给予惩罚。如，禁止非法贩运毒品、打击恐怖主义犯罪、打击跨国有组织犯罪以及腐败贿赂犯罪的有关公约等，都属于这类打击跨国犯罪的国际公约。在这种情况下，这些计划、参与、实施犯罪的有关嫌疑人也应为自己的犯罪承担责任。这些责任虽然在国际公约中有所规定，但它一般是由其所属国或按照公约有管辖权的国家承担条约所施加的国际法上的义务制定、发布了必要的国内法规范，对有关涉及犯罪的个人进行指控和惩罚时，方才发生。也就是说，这种情况下，个人在国际法上的刑事责任不是直接通过国际性司法机构的审判，而是通过国家对国际法规定义务的执行和转化而间接实现的。它们在现实中的实现对有效打击跨国犯罪是非常有意义的。而由于跨国犯罪涉及不同国家，国家主权对各自领土管辖的独占，使得这类责任的实现必须依靠国家之间的合作和协助。

综上所述，表明在一定条件下和一定范围内，个人在国际法中可以直接承担责任。这与传统观念下个人在国际法上的地位已大为不同。②

（三）国际组织的责任

第二次世界大战以后，国际组织的数量在爆炸性地增长。据 1996—1997 年国际组织年鉴的统计，全世界各种国际组织的总数已达 44128 个，其中政府间国际组织 5885 个，非政府间国际组织 38243 个，政府间重要的国际组织早已超过 500 个。③

它们在各自的职能范围内行为，参与一定的国际交往活动。特别是政府间国际组织，为了履行职责的需要同成员国或其他主权国家缔结一定的条

---

①　邵沙平：《国际刑法学——经济全球化与国际犯罪的法律控制》（武汉大学学术丛书），武汉大学出版社 2005 年版，第 171 页。

②　[美] 托马斯·伯根索尔、肖恩·D. 墨菲：《国际公法》（第 3 版），黎作恒译，法律出版社 2005 年版，第 1—2 页。

③　梁西：《国际组织法》（修订第五版），武汉大学出版社 2001 年版，第 22 页及该页脚注③。

约，如购买、租赁、赠予组织行使职责所必要的办公场所和用地的条约等。国际组织还可以成为国际求偿权的主体，当组织中的工作人员代表组织履行职责时受到伤害，该组织可代表他向肇事者所属的国家行使求偿的权利。联合国国际法院1949年4月11日关于为联合国服务而遭受损害的赔偿问题所做的咨询意见，对于承认这项原则起了相当大的作用。此外，国际组织还可以因以其的名义或代表其行事的人员或团体在执行公务期间对其他国家或人民的侵权、伤害行为而成为受害国所针对的被求偿者。凡此种种，都说明国际组织已在一定限度内成为国际法的主体。现时的国际法理论和国际实践也都承认，国际组织既是国际法律责任的主体，也是国际求偿权的主体。

国际组织在国际法上的责任主要是指政府间国际组织的国际责任。它的责任具有特殊性，首先要受到它的国际法主体资格的制约。不同的国际组织根据其创建文件（章程）拥有不同的法律主体资格，所以拥有不同的责任范围和限度。

凡是国际组织的机构做出不法行为，不论是违反该组织创建文件的规范、违反一般国际法规范，或者是违反该组织内部的法律规范，都产生国际组织的责任问题。在国际实践中也有这种事例，联合国就曾对联合国部队的人员所做的行为承担了责任。

国际组织应为其官员违反创建文件的行为而承担责任，这一点具有特殊意义。因为在这种情况下可能产生双重责任：一是国际组织由于其越权行为而对各成员国承担违反组织章程的责任；二是如果国际组织的行为构成违反一般国际法，则该组织还要承担基于一般国际法产生的责任。

由于国际组织不是拥有主权的实体，它的行为在大多数情况下是由其成员国的行为决定的（例如为执行国际组织全体机构的决议所做的行为），所以就产生了其成员国的责任问题。问题还在于国际组织本身往往无力赔偿其行为所造成的物质损害。因此，在实践中已经形成一种趋势，其出发点是，在发生物质责任时，应由各成员国和该组织共同承担。①

国际组织的雇佣问题受该国际组织所制定的、要按照行政法的一般原则解释的一套详细规则的管辖。国际行政法庭负责审理国际组织和其职员之间的争端。国际组织可能会被裁决因其违反其内部行政法而对有关职员承担责任。

---

① ［苏］童金主编：《国际法》，邵天任、刘文宗、程远行译，法律出版社1988年版，第215—216页。

国际社会显然已经注意到国际实践在这方面的发展，联合国国际法委员会 2000 年第五十二届会议决定将"国际组织的责任"专题列入委员会长期工作方案。联合国大会注意到国际法委员会在长期工作方案方面的这项决定，以及委员会 2000 年报告所附的这一新专题的提纲。大会 2001 年 12 月 12 日第 56/82 号决议请委员会开始进行"国际组织的责任"专题的工作。

国际法委员会 2002 年第五十四届会议任命乔治·加亚先生担任该专题特别报告员，并设立了一个专题工作组。该工作组在其报告中简要讨论了这一专题的范围，这一新项目与"国家对国际不法行为的责任"条款草案的关系、归属问题、与会员国对归于国际组织的行为的责任有关的问题，以及与国际责任的内容、责任的履行和争端的解决有关问题。

从 2003 年第五十五届会议开始到目前为止，国际法委员会共收到特别报告员的 8 次报告，审议并暂时通过了第 1 条至第 66 条草案的报告和评注。处理了国际组织的责任中有关国际组织的国际不法行为、将行为归于一国际组织、违背国际义务、国际组织的责任的构成要件诸项、一国际组织对一国或另一国际组织行为的责任、国际组织责任的免责事项、国家和国际组织共同的行为责任、国际组织责任的实施等问题。①

在 2009 年第六十一届会议上，委员会收到了特别报告员的第 7 份报告，以及从国际组织收到的书面意见。委员会通过了条款草案第 2，4，8，15，15 条之二，18，19 和 55，随后草案第 54，56 至 60，以及草案第 3 条，第 3 条之二，第 28 条，第 1，61，62，63 条和 64 条。因此，它一读通过了就"国际组织的责任"这一议题总共 66 条的条款草案及其评注。委员会决定，按照规约第 16 条至 20 条的规定，通过秘书长向各国政府和国际组织分发这一条款草案，并要求这些评论和意见应于 2011 年 1 月 1 日前提交给秘书长。②

2011 年 3 月 14 日，特别报告员乔治·加亚先生又提交了关于此议题的第 8 份报告，主要是关于对各国政府和国际组织对一读通过的条款草案的意见与评述的调查。同时，起草委员会通过了关于此议题第 1—67 条的条款与

①　《国际法委员会第五十七届会议报告》（2005 年），A/60/10，pp.66—71，201—205。

②　See Summary of Responsibility of International Organizations, availiable at http：//untreaty. un. org/ilc/summaries/9_ 11. htm, visited at 29. 06. 2011. As for Text of the draft articles on responsibility of international organizations adopted by the Commission on first reading in 2009, See 7th Report of the Special Rapporteur on Responsibility of International Organizations, CHAPTER IV, Report of the International Law Commission, Sixty-first session (4 May-5 June and 6 July-7 August 2009), UN General Assembly, A/64/10.

标题的二读报告。目前，这些报告都由正在进行中的国际法委员会第 63 届会议审议，该届会议于 2011 年 4 月 26 日至 6 月 3 日和 2011 年 7 月 4 日至 8 月 12 日，在日内瓦分阶段进行。①

委员会关于这一议题的工作如上所述已经按照联大根据国际法委员会就此议题的报告所通过的一系列决议的安排，正在进行中。

根据委员会迄今为止暂时通过的条款草案第 1 条规定，本条款草案适用于一国际组织对国际法所指的不法行为负有的国际责任和一国对一国际组织的国际不法行为负有的国际责任。并在"一般原则"中规定，"1. 一国际组织的每一国际不法行为均引起该国际组织的国际责任。2. 在下述情况下，一国际组织有国际不法行为：（a）依国际法，由作为或不作为构成的行为可归于该国际组织；并且（b）该行为构成对该国际组织国际义务的违反"。而将行为归于一国际组织的一般规则是，一国际组织的一个机关或代理人履行该机关或代理人的职务的行为，依国际法应视为该国际组织的行为，不管该机关或代理人相对于该组织而言具有何种地位。为第 1 款的目的，"代理人"一词包括"该组织行事时所借助的官员和其他人或实体"。因为国际组织也是一种组织体，或有法律人格的实体，其行为是通过代理人或机关的行为实现的，对于机关或代理人超越代理权限或违背指示的行为，条款草案也没有采纳"越权行为无效"，而是仍将其视为国际组织的行为而承担责任——"一国际组织的机关或代理人若以此种资格行事，其行为依国际法应视为国际组织的行为，即使该行为逾越了该机关或代理人的权限或违背了指示"。②

由此可见，国际法对国际组织的责任还是趋向比较严格的责任。

二　法人跨国犯罪和国际犯罪的责任对国际法责任体系的影响

综上所述，我们可以看到，传统的国际法上的责任只是指国家的国际责任。后来，随着国际社会的现实需要和国际实践的发展，国际法责任体系逐步发展到确立个人的国际责任和国际组织的责任，在"私人性个人"的责

---

①　See Texts and Titles of Draft Articles 1 to 67 on Responsibility of International Organizations adopted by the Drafting Committee on second reading in 2011, UN General Assembly, 30 May 2011, A/CN. 4/L. 778. See also Eighth Report on Responsibility of International Organizations by Giorgio Gaja, Special Rapporteur, 14 March 2011, UN General Assembly, A/CN. 4/640.

②　见委员会迄今为止暂时通过的《国际组织的责任》条款草案第 1—6 条。载于《国际法委员会第五十七届会议报告》（2005 年），A/60/10，pp. 67—69，205。

任中又由最初的自然人国际责任发展到法人的责任。对于自然人、法人这样的私人性主体，国际法在控制犯罪和"外交保护"两方面进行了规定。而且，对于团体的责任，现在在国际法上已经形成了国家责任、国际组织的责任和法人犯罪的责任三个相对独立的规则体系。这样就丰富了国际法责任体系的内容，完善了相关的国际法律制度。

世界主要法系对法律上的抽象（拟制）主体能否实施犯罪以及是否受到刑事处罚方面的不同认识正逐渐缩小。当然，作为抽象法律概念的法律实体既不能像人一样思考也不能像人一样行为，那么，将责任合法归咎于法律实体是因为个人以其名义或者为该实体参加者的利益而行为，或者分享其利益行为产生的危害结果。[①]

目前，所有观点均以不同方式接受这项原则，即无论是私有还是公有的法律实体，都能通过其政策或行为侵犯国家法或者国际法规定的法律准则，至少应对造成的损害予以赔偿、接受惩罚或者其他形式的赔偿措施，如没收财产和罚款。因此，关于法律实体的国际刑事责任问题，就是如何说明和界定国际刑事责任适用的刑罚，以及如何执行这种刑罚的问题。[②]

现在，日趋一致的看法是适用于所有国际行为者的国际法规则和一般国际法强制规范也应适用于法人和跨国公司。前者如尊重东道国的国家主权；促进和保护特定的人权和劳工权利（如雇员可自由结社和获得报酬，禁止童工和种族、性别歧视，确保在安全环境中工作）；遵守可持续发展原则；不能贿赂或腐败政府官员等。[③] 后者如禁止使用奴隶和强迫劳动、禁止侵略、禁止奴隶交易、灭绝种族和种族隔离、禁止大规模污染大气层、海洋或陆地环境的义务和海盗、酷刑、非法屠杀以及反人道罪，等等。因此，在这些国际法领域内，法人可以也应当承担国际法上的责任，相应地，在这些范围内，法人具有有限的国际法律人格。法人责任将国际法的国际责任适用范围拓宽了。[④]

---

① ［美］M.谢里夫·巴西奥尼：《国际刑法的渊源和内涵—理论体系》，王秀梅译，法律出版社 2003 年版，第 24 页。

② 同上。

③ See Menno T. Kamminga and Saman Zia-Zarifi, Liability of Multinational Corporations under International Law: An Introduction, edited in Liability of Multinational Corporations under International Law, KLUWER LAW INTERNATIONAL PUBLISHER, 2000, p. 8.

④ 张颖军：《试论国际法上的法人责任》，《中国国际私法和比较法年刊》2004（第七卷），法律出版社 2005 年版，第 310—311 页。

虽然，目前国际刑法上的法人责任主要是通过国内法的实施来实现的，但是，国际法在这方面的不断发展和完善无疑丰富了国际法的内容，对建立全球法治和法律秩序也产生了很大的影响。因为，国家在实施这些国际法规范时是承担了国际法上的义务，应修改国内立法或制定新的国内立法以执行对法人犯罪追究责任。国家不可否认国际法的这些规定对其国内法律体系的影响。而从全球角度来看，越多的国家接受就意味着越多国家认可国际法所确立的一致的法律秩序，从而在打击跨国犯罪方面逐渐建立全球法治。虽然，著名的国际刑法学家巴西奥尼教授认为法人刑事责任的新观念尚未纳入国际刑法范畴，但是，他也承认现代国际社会惩治"有组织犯罪"、"腐败犯罪"和"毒品犯罪"的努力正朝着这个方向发展。①

第二节　法人跨国犯罪和国际犯罪的责任对国际法主体理论的挑战

一　国际法的概念与国际法主体

国际法的主体问题与国际法的概念密切相关。只有在解释了国际法是什么的前提下，才能解释受国际法调整的对象即国际法的主体是什么。对国际法概念的不同认识决定了对国际法主体范围的不同认识。而对于这个问题，一直以来国际法学家都有着各自的看法。

大多数国际法学家的著作把国际法认为是规定各国之间的行为规则的法。例如：凯尔森在其《国际法原理》中开头就说："国际法，或万国公法，是一些规则的总体名称，这些规则，按照通常的定义，规定各国在其相互往来中的行为。这些规则被称为法。"福希叶在其《国际公法论》中给予该法的定义是："国际公法或万国公法是决定各国在其相互关系中的各自权利和义务的一些规则的总体。"周鲠生在其《国际法》论著中的定义是："国际法是在国际交往过程中形成的，表现这些国家统治阶级的意志，在国际关系上对各个国家具有法律约束力的行为规范，包括原则、规则和制度的总体。"这些定义得到国际常设法院的支持。该院在 1927 年对"荷花号案"

---

① ［美］M. 谢里夫·巴西奥尼：《国际刑法的渊源和内涵—理论体系》，王秀梅译，法律出版社 2003 年版，第 23 页。

的判决中说："国际法支配独立国家之间的关系。"①

但是，"从一开始，这一主张就不是严格的。在 16 世纪末和 17 世纪初，国际法就被认为有很大的灵活性。格劳秀斯曾宣称：国际法不仅规制国家之间的关系，而且还规制着国家和个人之间的关系，以及不同国家公民间的关系"。②

我国著名国际法学家李浩培先生也认为"这些定义反映了国际社会主要由主权国家组成，因而主权国家是国际法的主要主体，以及国际法首要地并全部地适用于主权国家以决定其相互权利义务的客观实际。但是它们有一个共同的缺点：它们忽略了现代国际社会的成员不仅包括主权国家，也包括其他成员，这些成员也是国际法主体，因而国际法也适用于主权国家与它们相互间，以及它们相互间，以决定其相互权利义务的事实。详言之，任何法律体系的主体都不是一成不变的，而是随着社会发展的需要而增加的。……在国际法上可以由于国际社会发展的需要而以主权国家以外的其他实体作为它的主体"。③ 因此，他认为"国际法是支配各国际法主体相互间的关系并决定其权利义务的法律规则的总体。国际社会是以全部国际法主体组成的；由于全部国际法主体都受国际法的制约，所以国际社会就成为国际法的社会。但是，如果使用更精练的字句，国际法也可以被定义为国际关系的准则"。④

与李浩培先生观点相类似，还有许多国际法学家认为国际法所支配的主体不仅仅是国家。如，英国著名国际法学家 H. 劳特派特认为"万国法或国际法是一个名称，用以指各国认为在它们彼此交往中有法律拘束力的习惯和条约规则的总体。必须指出，虽然国际法的规则主要是规定各国关系的规则，但是，国家并不是国际法的唯一主体。国际组织以及在某种程度上的个

---

① 凯尔森（Kelsen）：《国际法原理》（*Principles of International Law*），莱因哈特公司 1952 年第 1 版，第 1 页。福希叶（Fauchille）：《国际公法论》（*Trait de Droit International public*）第 1 册，卢梭出版社 1922 年第 1 版，第 4 页。周鲠生：《国际法》，上册，商务印书馆 1981 年第 1 版，第 3 页。马雷克（Marek）：《国际法院裁判摘要》（*The Decision of the International Court*）第 1 册，内伊霍夫出版社 1974 年第 1 版，第 350 页。——以上注释均转引自李浩培《国际法的概念和渊源》，贵州人民出版社 1994 年版，第 1—2 页。

② ［希腊］尼古拉斯·波利蒂斯：《国际法的新趋势》，原江译，云南人民出版社 2004 年版，第 28 页。

③ 李浩培：《国际法的概念和渊源》，贵州人民出版社 1994 年版，第 2 页。

④ 同上。

人可以是国际法所给予的权利和设定的义务的主体"。① 《奥本海国际法》第
九版修订者詹宁斯和瓦茨也传承了这一观点，认为"国际法是对国家在它
们彼此往来中有法律约束力的规则的总体。这些规则主要支配国家的关系，
但是，国家不是国际法的唯一主体。国际组织，以及在某种范围内的个人，
可以是国际法所给予权利和设定义务的主体"。② 阿库斯特则认为，"国际法
是调整国家之间关系的法律体系。过去一度只有国家才在国际法上具有权利
和义务，但是，今天国际组织、公司和个人有时也在国际法上享有权利和承
担义务。虽然如此，如果说国际法主要是有关国家的法律，那仍然是正确
的"。③ 美国当代著名国际法学家、曾任国际法院法官的托马斯·伯根索尔
则更明确地指出，"国际法曾被定义为处理国与国之间关系的法律。据此传
统定义，只有国家才能成为国际法的主体。也就是说，只有国家才享有国际
法所承认的权利，并承担相应的义务。其他实体或个人从国际法中获得的利
益，或依国际法负有的义务，都被看作纯粹是由国家的权利和义务派生出来
的。他们凭借与国家之间的关系，或对国家的依赖，而归入所谓的国际法
'客体'之列。虽然当代国际法依然被看作是主要处理国家之间关系的法律，
但是它涉及的范围很广，不再仅仅局限于这类特定关系。因此，将国际法定
义为规范国家、国际组织行为和它们之间的关系，以及它们与自然人或法人
之间某些关系的法律，应该更为恰当"。④

　　奥地利著名国际法学家阿·菲德罗斯在总结了国际法学家对国际法的概
念的不同定义后，认为"下述一点是这些定义所共同的：它们都假定有一
些已经组成为主权的社会的人的团体继续存在。这些组成的社会通过协作产
生了实定国际法，然而，通过国际法规范它们也成为国际法主体，因为它们
通过国际法规范互相享有权利和负担义务。但是，通过这些法规，还能使未

　　① ［英］H. 劳特派特修订：《奥本海国际法》上卷第一分册，王铁崖 陈体强译，商务印书馆
1981 年版，第 1 页。

　　② ［英］詹宁斯、瓦茨修订：《奥本海国际法》（第九版），第一卷第一分册，王铁崖等译，中
国大百科全书出版社 1998 年版，第 1 页。

　　③ ［英］M. 阿库斯特：《现代国际法概论》，汪暄、朱奇武等译，中国社会科学出版社 1983 年
版，第 1 页。

　　④ ［美］托马斯·伯根索尔、肖恩·D. 墨菲：《国际公法》（第 3 版），黎作恒译，法律出版
社 2005 年版，第 1—2 页。

参加产生这些法规的其他主体享受权利和负担义务"。① 从这个观点中我们可以看出，产生国际法这些规则的国际法主体与未参加产生这些法规但从这些法规中享受权利和负担义务的其他主体之分。

从许多国际法学家对国际法的理解和认识来看，笔者认为，将国际法看作是国际社会中的国家、民族等国际行为者在交往中产生和形成的、认为是法并把它们当作法律来遵守的规则，不会与大多数学者的观点发生很大冲突。而这些规则不仅仅局限于对产生这些规则的国家等国际法主体产生权利义务，也能使其他未参加产生、创设这些规则的主体直接从这些规则中享受权利和承担义务，也就是说这些规则既可以支配国家之间的关系，实际上也主要支配国家，但也可以在某些领域、某种程度上和范围内直接为其他主体创设权利和义务，从而支配这些主体的行为，只要这些规则由国家等国际行为者共同同意、认为是法并愿意将其当作法律来遵守。这种国际社会各成员的共同同意作为国际法之所以是"法"的依据的观点在《奥本海国际法》中得到了肯定和详细论述。该书第九版认为"国际社会各成员的共同同意认为应该有一组法律规则——国际法——以支配它们作为该社会成员的行为。在这个意义上，'共同同意'可以说是国际法作为法律体系的根据。这种共同同意由于各种事项（如国际民航等）的不断增加而增强了；这些事项有必要由某些规则加以规定，而且只能由国际上有效的规则加以充分规定。'共同同意'当然不能意味着所有国家必须都对构成国际法的规则总体的各部分都明示同意。因为这在实践上是永远不能确立的。而且也不意味着对特定规则的同意，而是国家在任何特定时间内对包含国际法作为整体的规则总体的明示或默示同意"。② 只要国际社会将国际法作为整体的规则总体当作"法律"，国际法便对各国的行为产生约束力，并影响它们的决策过程。③ 因此，从这一意义上讲，受国际法秩序所规定者不仅涉及国家，也涉及个人、法人等人格者的情况是可能的。

---

① ［奥地利］阿·菲德罗斯等：《国际法》（上册），李浩培译，商务印书馆 1981 年版，第5 页。

② ［英］詹宁斯、瓦茨修订：《奥本海国际法》（第九版），第一卷第一分册，王铁崖等译，中国大百科全书出版社 1998 年版，第 8—9 页。

③ ［美］托马斯·伯根索尔、肖恩·D. 墨菲：《国际公法》（第 3 版），黎作恒译，法律出版社 2005 年版，第 6 页。

二 法人具有有限的国际法律人格

私人性法人或私营部门中的法人在国际法中的地位与个人在国际法中的地位是一样的。在国际法中，在有限的程度上，个人有国际法上的权利和有限的国际法律人格。比如，个人能在一个国际性法院如欧洲人权法院进行诉讼。法人和个人一样，在相同条件下也能受国际性法院的管辖，因而在那种范围内它们也享有有限的国际法律人格。①

只要法人、企业、公司是直接受国际法的规定并从国际法中直接取得权利义务，而且能直接依据国际法实现该权利义务，它们就应该在相应国际法规则所规定的范围和限度内具有国际法上的主体资格。

但是，我们应区分清楚哪些是直接规定公司、法人、企业的权利义务的国际法规则。很多国际法的规则是为了个人和公司的利益而存在的，但是，那不一定意味着这些规则为个人和公司创设。即使当条约明白规定个人和公司应享有某些权利，我们也必须仔细审阅该项权利是直接存在于国际法，还是只是条约当事国的国家承担一种必须给予有关个人或公司以国内法权利的义务。②

现代国际法中直接基于国际法赋予法人权利，并允许个人或公司通过国际法庭实现他们的权利的实例虽然与国家作为国际法主体的通常情形相比尚属例外，但随着世界经济的发展也在逐渐增多。例如，根据已生效的联合国《海洋法公约》第 153 条规定，在国际海底区域实行"平行开发制度"，规定国际海底资源由国际海底管理局企业部、各缔约国及其公、私企业通过与管理局企业部签订合同进行开发。公约第 187 条和附件六第 38 条还作了相应规定，允许国家以外的实体成为海底争端分庭当事方。根据这一结论，公司、企业作为国内法人可以成为海底争端分庭当事方。但由于海底争端分庭本质上是一个不受联合国海洋法法庭支配的独立法庭，有其特定的管辖区域和管辖职能，"它作为国际司法机构的性质与海洋法法庭是一样的，通常意

---

①   Andrew Clapham, "The Question of Jurisdiction Under International Criminial Law Over Legal Persons: Lessons from the Rome Conference on an International Criminial Court", Menno T. Kamminga and Saman Zia-Zarifi (eds) *Liability of Multinational Corporations under International Law*, p. 189, 2000 Kluwer Law International Frinted in Netherlands.

②   ［英］M. 阿库斯特:《现代国际法概论》，汪暄、朱奇武等译，中国社会科学出版社 1983 年版，第 83—84 页。

义上称海洋法法庭也包括其海底争端分庭"。① 北美自由贸易协定（NAFTA）在处理争端问题上，不仅有一个传统的国家间的争端解决机制，还创设了一个允许跨国公司适用法律诉讼程序的解决争端机制；欧共体的有关条约创设了独立于成员国政府机构的准政府机构，"条约和共同体机构制定的法律不但在缔约国间创制了权利和义务，而且还直接为共同体内的自然人和法人创设了权利和义务"，② 从而直接适用于具有各国国内法主体资格的法人。1994 年在墨西哥成立的国际生态仲裁和调解法院，其法律主体既包括国家，也包括政府间组织、非政府组织、法人、自然人，"如果一个国家的立法不禁止自己的公民或法人向国际组织寻求法律援助，原则上不排除该国任何有关权利主体向国际生态法院求助的可能性"。③ 正如著名国际法学家诺塞琳·希金斯所言，"实际上，跨国公司、其他大型企业以及非政府组织正逐渐地参与到国际法律事务之中"。④

从义务的角度来看，国际法上对法人的国际义务的观念和承担责任的制度很不发达，与承认个人在国际法上的责任的观念形成了鲜明的比照。⑤ 比如，在世界贸易组织的争端解决程序中，只承认国家的当事者资格。企业即使是完全与其自身利益相关，也不承认其当事者资格。出现从各种贸易限制措施中受益的企业由于国家的存在往往逃避其责任的情况。⑥

又如，跨国公司在它海外投资的东道国对公司员工实行强迫劳动，违背基本的国际劳工权利标准，歧视女工，使用童工等，东道国法律不认为其行为为犯罪，或东道国政府为了吸引外资发展经济的需要不对它们进行惩罚，那么是否应该从国际法上违背基本人权的角度上来追究这些公司的责任？如果答案是肯定的话，又该如何追究它们的责任？

---

① 吴慧：《论国家以外的实体为国际海洋法法庭的当事方》，《外国法译评》，第 66—65 页。

② 吕国平：《论欧洲共同体法的直接适用性和直接适用原则》，《外国法译评》1994 年第 1 期，第 66 页。

③ 《国际生态仲裁和调解法院》，《外国法译评》1996 年第 4 期，第 90 页。

④ ［英］诺塞琳·希金斯：《变迁的国际体制中之国际法》，叶兴平、田晓萍译，《外国法译评》2000 年第 3 期，第 46 页。以上三个脚注连同本脚注均转引自张磊《跨国公司的国际法主体地位分析》，《国际关系学院学报》2001 年第 4 期。

⑤ ［日］松井芳郎、佐分晴夫、坂本茂澍等：《国际法》，辛崇阳译，中国政法大学出版社 2004 年版，第 55 页。

⑥ 同上。

再就是，对违反具有国际强行法性质的国际法规范的行为，国际法上自纽伦堡审判以来已经建立了比较一致和稳定的个人国际刑事责任制度，但对同样可能参与实施该行为的法人，却缺乏直接基于国际法使其承担责任和义务的法律制度。不过，我们可以认为，即使没有国际法上的直接管辖，法人的犯罪行为也能被视为国际犯罪。因而，它们不仅由于有人权法上的权利而具有有限的国际法律人格，而且还有国际法上的责任。① 而且，国际法是发展的。我们不能现在就断定未来不会出现直接基于国际法使法人承担责任和义务的国际法规范。

即使现在涉及犯罪的法人还没有成为国际法直接管辖的对象，而只是依靠国家的国内立法来管辖，法人的犯罪行为也能被视为国际犯罪。因而，它们不仅因为有国际人权法上赋予的权利，还因为有国际法上的责任而具有有限的国际法律人格。抵制对法人国际法律人格的承认大多是担心它们能因此更容易干预国家的政治、经济事务，并为设在东道国国内、由投资国国民实际控制的公司援用过分的外交保护。②

尽管如此，同个人一样，公司、法人的国际法律人格仍然是比较少见的和有限的。而且由于缔结条约或采用习惯规则给予个人或公司以国际权利、使其承担国际义务和责任的是国家，所以，它的国际法律人格只能由国家赋予。③

三　法人的国际法律人格对国际法主体理论的挑战

原来国际法上的"个人"以自然人为主，现在包括了法人。法人具有有限的国际法律人格。虽然，它不是适当的、完全的国际法主体，但是，国际刑法上法人责任的确立仍然丰富了国际法的主体理论与实践。如果我们承认个人在习惯国际人权法和国际人道法下享有权利以及承认个人刑事责任，我们就得承认法人也具有必要的国际法律人格来享受这些权利，相应地也能

---

① Andew Clapham, "The Question of Jurisdiction Under International Criminial Law Over Legal Persons: Lessons from the Rome Conference on an International Criminial Court", Menno T. Kamminga and Saman Zia-Zarifi (eds) *Liability of Multinational Corporations under International Law*, p. 189, 2000 Kluwer Law International Printed in Netherlands.

② Ibid.

③ ［英］M. 阿库斯特：《现代国际法概论》，汪暄、朱奇武等译，中国社会科学出版社 1983 年版，第 87 页。

因违背其义务和职责而被刑事起诉追究责任。①

当然，个人、法人等私法主体在国际法上的地位绝不能与国家相比。主权国家是完全的国际法主体，它们能独立地参与全部国际法律关系，因为国际法全部适用于它们，它们也享有和负担国际法上的全部权利义务，而绝大多数其他国际法主体只是部分的、受局限的国际法主体，因为按照它们的性质和职能，国际法只是部分地、在一定限度和范围内适用于它们，它们也只享有和负担国际上的部分有限的权利义务。②

国际法主体的具体范围也是无法量化的。由于国际刑法上规定的法人责任为法人具有有限的国际法律人格提供了证据，从而丰富了国际法主体范围的内容，尽管，它不是完全的国际法主体。原来，国际社会的关系主要表现为国家之间的关系，国家因此成为国际法上几乎唯一的主体。但是，随着国际社会的发展，被国际法局部调整的对象在过去数十年间得到了戏剧性的扩大。国际组织大量地参与到国际社会实践中来并发挥着非常大的作用，还有个人、法人、跨国公司以及非国家性的国际组织。③ 所以，我们无法确定出国际法主体在国际法未来发展中将会呈现的具体范围。但是，目前，国际法主体应该包括国家，在一定程度上和有限范围内的国际组织、交战团体和争取独立的民族、个人、法人、公司和非政府组织等。

---

① Andew Clapham, "The Question of Jurisdiction Under International Criminial Law Over Legal Persons: Lessons from the Rome Conference on an International Criminial Court", Menno T. Kamminga and Saman Zia-Zarifi (eds) *Liability of Multinational Corporations under International Law*, p. 191, 2000 Kluwer Law International Printed in Netherlands.

② 李浩培：《国际法的概念和渊源》，贵州人民出版社 1994 年版，第 5 页。

③ ［德］沃尔夫刚·格拉夫·魏智通主编：《国际法》，吴越、毛晓飞译，法律出版社 2002 年版，第 18 页。

参 考 文 献

一　中文参考文献

（一）著作类（以姓氏首字母拼音为序）

国际法基本理论：

1. 邓正来主编：《王铁崖文选》，中国政法大学出版社 2003 年版。

2. 富学哲：《国际法教程》，警官教育出版社 1991 年版。

3. 贺其治：《国家责任法及案例浅析》，法律出版社 2003 年版。

4. 黄炳坤主编：《当代国际法》，广角镜出版有限公司 1988 年版。

5. 李浩培：《条约法概论》，法律出版社 2003 年版。

6. 李浩培：《国际法的概念和渊源》，贵州人民出版社 1994 年版。

7. 梁西主编：《国际法》，武汉大学出版社 2000 年版。

8. 梁西：《国际组织法》，武汉大学出版社 2001 年版。

9. 王铁崖主编：《国际法》，法律出版社 1995 年版。

10. 王铁崖：《国际法引论》，北京大学出版社 1998 年版。

11. 王铁崖、田如萱：《国际法资料选编》，法律出版社 1986 年版。

12. 余敏友、邵沙平主编：《国际法问题专论》，武汉大学出版社 2002 年版。

13. 杨泽伟：《国际法析论》，中国人民大学出版社 2003 年版。

14. ［奥］阿·菲德罗斯等：《国际法》（上、下册），李浩培译，商务印书馆 1981 年版。

15. ［英］H. 劳特派特修订：《奥本海国际法》，王铁崖、陈体强译，商务印书馆 1981 年版。

16. ［美］汉斯·凯尔森：《国际法原理》，王铁崖译，法律出版社 1995 年版。

17. ［韩］柳柄华：《国际法》，朴国哲、朴永姬译，中国政法大学出版社 1997 年版。

18. ［英］M. 阿库斯特：《现代国际法概论》，汪暄、朱奇武等译，中国社会科学出版社 1983 年版。

19. ［希腊］尼古拉斯·波利蒂斯：《国际法的新趋势》，原江译，云南人民出版社 2004 年版。

20. ［日］寺泽一、山本草二主编：《国际法基础》，朱奇武、刘丁、冷铁铮、于吟梅、吴瑞钧、郑民钦译，中国人民大学出版社 1983 年版。

21. ［日］松井芳郎、佐分晴夫、坂本茂澍等：《国际法》，辛崇阳译，中国政法大学出版社 2004 年版。

22. ［苏］童金主编：《国际法》，邵天任、刘文宗、程远行译，法律出版社 1988 年版。

23. ［美］托马斯·伯根索尔、肖恩·D. 墨菲：《国际公法》（第 3 版），黎作恒译，法律出版社 2005 年版。

24. ［德］沃尔夫刚·格拉夫·魏智通主编：《国际法》，吴越、毛晓飞译，法律出版社 2002 年版。

25. ［英］伊恩·布朗利：《国际公法原理》，曾令良等译，法律出版社 2003 年版。

26. ［英］詹宁斯、瓦茨修订：《奥本海国际法》（第九版），王铁崖等译，第一卷第一、二分册，中国大百科全书出版社 1998 年版。

27. 余劲松著：《跨国公司法律问题研究》，中国政法大学出版社 1989 年版。

28. 李金泽：《跨国公司与法律冲突》，武汉大学出版社 2001 年版。

29. 张庆元：《国际私法中国籍问题的研究》，法律出版社 2010 年版。

30. 邓杰：《国际私法学》，兰州大学出版社 2006 年版。

国际刑法：

1. 黄芳：《国际犯罪与国内立法研究》，方正出版社 2001 年版。

2. 梅汝傲：《远东国际军事法庭》，法律出版社 1988 年版。

3. 马呈元：《国际犯罪与责任》，中国政法大学出版社 2001 年版。

4. 邵沙平：《国际刑法教程》，武汉大学出版社 1993 年版。

5. 邵沙平：《国际刑法学——经济全球化与国际犯罪的法律控制》，武汉大学出版社 2005 年版。

6. 邵沙平：《跨国洗钱的法律控制》，武汉大学出版社 1998 年版。

7. 邵沙平等：《控制洗钱等相关犯罪法律问题研究》，人民法院出版社

2003 年版。

8. 王秀梅：《国际刑事法院研究》，中国人民大学出版社 2002 年版。

9. 赵秉志、王秀梅：《国际刑事审判规章汇编》，中国人民公安大学出版社 2003 年版。

10. 赵秉志主编：《新编国际刑法学》，中国人民大学出版社 2004 年版。

11. 《远东国际军事法庭判决书》，张效林译，群众出版社 1986 年版。

12. ［美］M. 谢里夫·巴西奥尼：《国际刑法的渊源与内涵：理论体系》，王秀梅译，法律出版社 2003 年版。

13. ［前民主德国］P. A. 施泰尼格尔编：《纽伦堡审判》（上卷），王昭仁、宋钟璜、关山、肖辉英、李兰琴、李国林译，商务印书馆 1985 年版。

14. ［日］森下忠：《国际刑法入门》，阮齐林译，中国人民公安大学出版社 2004 年版。

15. 黄俊平：《普遍管辖原则研究》，中国人民公安大学出版社 2007 年版。

民商法：

1. 江平主编：《法人制度研究》，中国政法大学出版社 1994 年版。

2. 梁慧星：《中国民法典草案建议稿附理由——侵权行为编·继承编》，法律出版社 2004 年版。

3. （台）林诚二：《民法债编总论——体系化解说》，中国人民大学出版社 2003 年版。

4. 《法国民法典》，罗结珍 译，中国法制出版社 1999 年版。

5. （台）史尚宽：《民法总论》，中国政法大学出版社 2000 年版。

6. （台）王泽鉴：《民法概要》，中国政法大学出版社 2003 年版。

7. 张民安：《过错侵权责任制度研究》，中国政法大学出版社 2002 年版。

8. ［德］迪特尔·梅迪库斯：《德国民法总论》，邵建东译，法律出版社 2001 年版。

刑法：

1. 何秉松主编：《法人犯罪与刑事责任》，中国法制出版社 2000 年版。

2. 《法国新刑法典》，罗结珍 译，中国法制出版社 2003 年版。

3. 王世洲：《德国经济犯罪与经济刑法研究》，北京大学出版社 1999 年版。

4. 周密主编：《美国经济犯罪和经济刑法研究》，北京大学出版社 1993

年版。

5. 张军、姜伟、郎胜、陈兴良：《刑法纵横谈》（总则部分），法律出版社 2002 年版。

6. ［意］杜·帕多瓦尼：《意大利刑法学原理》，陈忠林译，法律出版社 1998 年版。

7. ［法］卡斯东·斯特法尼等：《法国刑法总论精义》，罗结珍译，中国法制出版社 1998 年版。

8. ［日］芝原邦尔：《经济刑法》，金光旭译，法律出版社 2002 年版。

9. 卢林：《公司犯罪论：以中美公司犯罪比较研究为视角》，法律出版社 2010 年版。

行政法：

1. 胡锦光、杨建顺、李元起：《行政法专题研究》，中国人民大学出版社 1998 年版。

2. （台）翁岳生编：《行政法》（二版，2000 年），中国法制出版社 2002 年版。

3. （台）吴庚：《行政法之理论与实用》（增订第八版），中国人民大学出版社 2005 年版。

4. 杨解君：《行政违法论纲》，东南大学出版社 1999 年版。

5. 叶必丰：《行政处罚概论》，武汉大学出版社 1990 年版。

经济法：

隋彭生主编：《市场竞争法概论》，法律出版社 1999 年版。

（二）论文类（以姓氏首字母拼音为序）

1. 白桂梅：《国际法中的国家与个人》，《杭州师范学院学报》（人文社会科学版）2001 年第 4 期。

2. 陈彬：《试论国际民间组织在国际法中的法律地位》，《现代国际关系》2004 年第 3 期。

3. 何秉松：《人格化社会系统责任论——论法人刑事责任的理论基础》，《中国法学》1992 年第 6 期。

4. 亨利·基辛格：《普遍司法管辖权的弊端》，［美］《外交》2000 年 7—8 月号。

5. 李伯军：《对个人作为国际法主体问题的重新认识》，《河北法学》2004 年第 5 期。

6. 林灵：《恐怖组织在国际法上的刑事责任问题初探》，《甘肃行政学院学报》2004 年第 4 期。

7. ［日］铃木敬夫：《中、日、韩三国的法人刑事责任论》，李文译，《东北亚论坛》1999 年第 1 期。

8. 黎宏、单民：《德国的法人刑事责任论述评》，《国家检察官学院学报》第 8 卷第 2 期 2000 年 5 月。

9. 卢建平、杨昕宇：《法人犯罪的刑事责任理论——英美法系与大陆法系的比较》，《浙江学刊》2004 年第 3 期。

10. 李文伟博士论文《法人刑事责任比较研究》，作者单位：中国政法大学，2002 - 05 - 01 提交中国优秀博硕士学位论文全文数据库，网络来源路径 http：//202.114.65.37/KNS50/download. aspx? filename = DG200301.2002122486。

11. 梁雪冰：《单位犯罪概念论》，吉林大学，博士学位论文。

12. 马俊驹：《法人制度的基本理论和立法问题之探讨》（上、中、下），《法学评论》2004 年第 4、5、6 期。

13. 孙昌军、陈炜：《试论英国公司法人犯罪法律价值观念的新变化》，《现代法学》1999 年第 2 期。

14. 孙军工：《关于审理单位犯罪案件具体应用法律有关问题的解释》的理解与适用，《刑事审判参考》1999 年第 3 期。

15. 石磊：《单位犯罪中"以单位名义"和"为了单位利益"探析》，《人民检察》2005 年第 7 期（上）。

16. 汪自勇：《对个人国际法主体地位的反思——对新近国际法主体理论之简要分析》，《法学评论（双月刊）》1998 年第 4 期。

17. 夏林华 硕士论文：《国际组织的国际法律责任问题研究》，作者单位：湖南师范大学，2004 - 05 - 01 提交中国优秀博硕士学位论文全文数据库。

18. 余劲松：《论跨国公司责任的法律依据》，《法商研究—中南政法学院学报》1995 年第 3 期。

19. 赵秉志、刘志伟：《海峡两岸法人犯罪立法的比较研究》（上），《河北法学》1998 年第 4 期。

20. 张磊：《跨国公司的国际法主体地位分析》，《国际关系学院学报》2001 年第 4 期。

21. 朱文奇：《近期应加强研究的国际刑法问题》，《法学研究》2004 年第 2 期。

22. 张颖军：《试论国际法上的法人责任》，《中国国际私法和比较法年刊》2004（第七卷），法律出版社 2005 年版。

23. 《国际刑法公约对我国刑事立法、司法完善的影响》，《法制日报》2004 年 10 月 14 日。

24. 《加强我国刑法与国际刑法的协调与衔接》，《中国社会科学院院报》2004 年 12 月 7 日。

25. 张颖军：《实施国际刑法公约：我国法人犯罪的责任体系之不足》，《四川文理学院学报》2010 年第 4 期。

26. 张庆元、孙志煜：《法人国籍变动视角：我国外国法人国籍的确定标准》，《武汉大学学报》2007 年第 1 期。

27. 颜林：《论法人的住所制度及其在国际民商事案件中的适用》，《南京行政学院学报》2007 年第 5 期。

28. 林俊和：《刑法保护管辖的学理研究》，《法制与社会》2008 年第 6 期。

29. 《国际刑法的新发展》，《法制日报》2004 年 4 月 22 日。

30. 甄芳洁：《恐怖王国隐秘的经济中心》，《三联生活周刊》，2001 年 9 月 25 日 09：07，http：//jczs. sina. com. cn。

31. 《公安部召开新闻发布会通报“山鹰”行动最新进展》，2005 年 9 月 12 日 15：21：32，www. xinhuanet. com。

32. 《富士施乐涉嫌走私重案 国家海关已介入调查》，《第一财经日报》，2005 年 10 月 24 日 07：12，http：//www. sina. com. cn。

33. 沈莫寒：《外企中国行贿调查：跨国公司每年避税 300 亿元》，《国际先驱论坛报》2005 年 5 月 30 日 03：38：07。

34. 明月：《IBM 迫于贿赂丑闻压力 更换韩国分公司总裁》，2004 - 02 - 07 10：29，http：//www. enet. com. cn/ A20040207283881. html。

35. 《以最大商业银行 22 名员工涉嫌洗钱 涉案数亿美元》，《新闻晨报》，2005 年 03 月 08 日 02：39，www. sohu. com。

36. 乐绍延：《日本花旗洗钱案给中国敲响警钟》，《信息导刊》，ht-tp：//www. people. com. cn/GB/ paper2836/13689/1224726. html。

37. 蔡战波、古风：《外资银行帮助国内企业洗钱 南方证券 60 亿元无法追回》，《每日经济新闻》2005 年 5 月 13 日，http：//www. c007. com/ hh-fw/5014. htm。

二 英文参考文献

1. Antonio Cassese, *International Law In A Divided world*, Oxford University Press, 1986.

2. Menno T. Kamminga and Saman Zia-Zarifi edit, *Liability of Multinational Corporations under International Law*, Kluwer Law International 2000.

3. Guy Stessens, *Money Laudering-A New International Law Enforcement Model*, Cambridge University Press, 2000.

4. Andrew Clapham, *Human Rights Obligations of Non-State Actors*, Oxford University Press, Oxford, 2006.

5. Philip Alston (edited), *Non-State Actors and Human Rights*, Oxford University Press, New York, 2005.

6. *Dieter Fleck, The Handbook of International Humanitarian Law* (2ed Edition), Oxford University Press, *Oxford*, 2008.

7. Chandra Lekha Sriram, *Globalizing Justice for Mass Atrocities: A Revolution in Accountability*, Routledge, New York 2005.

8. Marco Sassòli and Antoine A. Bouvier, *How Does Law Protect In War? Cases, Documents and Teaching Materials on Contemporary in International Humanitarian Law* (2ed Edition), Vol. 1 Outline of International Humanitarian Law, possible Teaching Outline, International Committee of The Red Cross, Geneva 2006.

9. *Non-State Actor Dynamics in International Law: From Law-Takers to Law-Makers*, edited by Math Noortmann and Cedric Ryngaert, Ashgate Publishing Limited, Surrey, England, 2010.

10. *Non-State Actors in Global Governance: Three faces of Power*, Bas Arts, reprints by Max-Planck-Projektgruppe Recht der Gemeinschaftsguter, Bonn, 2003/4.

11. *Accountability of Armed Opposition Groups in International Law*, Liesbeth Zegveld, Cambridge University Press, Cambridge, UK, 2002.

12. William A. Shchabas (edited), *War Crime and Human Rights: Essay on the Death Penalty, Justice and Accountability*, Cameron May Ltd, Notting Hill, London, 2008.

13. Gregor Wettberg, *The International Legality of Self-Defense Against Non-*

State Actors: *State Practice from the U. N. Charter to the Present*, Peter Lang Gm-bH, Frankfurt am Main, 2007.

14. Bradley F. Smith, *The American Road To Nuremberg*: *The Documentary Record* (1944—1945), Hoover Institution Press, Stanford University, Stanford, California, 1982.

15. Bradley F. Smith, *The Road To Nuremberg*, Basic Books Inc. , Publishers, New York, 1981.

16. *Trials of The Major War Criminals Before The International Military Tribunals*, *Nuremberg*, 14 *Nov.* 1945-1 *October* 1946, *Vol. I- XXXVIII*, published at Nuremberg, Germany (1947—1949) in accordance with the direction of the International Military Tribunal by the Secretariat of the Tribunal, under the jurisdiction of the Allied Control Authority for Germany.

B. Articles

1. Adatci, M. , *Commission on the Responsibility of the Authors of the War and on Enforcement of Penalties*, 14 Am. J. Int'l L. 95 (1920).

2. Allott, Philip, *State Responsibility and the Unmaking of International Law*, 29 Harv. Int'l. L. J. 1 (1988).

3. Crawford, James R. , *Responsibility to the International Community as a Whole*, 8 Ind. J. Global Legal Stud. 303 (2000—2001).

4. D'Zurilla, William T. , *Individual Responsibility for Torture under International Law*, 56 Tul. L. Rev. 186 (1981—1982).

5. Holder, William E. , *Can International Organizations be Controlled-Accountability and Responsibility*, 97 Am. Soc'y Int'l. L. Proc. 231 (2003).

6. Hans Kelsen, *Collective and Individual Responsibility in International Law with Particular Regard to the Punishment of War Criminals*, 31 Cal. L. Rev. 530 (1942—1943).

7. Komarow, Gary, *Individual Responsibility under International Law*: *The Nuremberg Principles in Domestic Legal Systems*, 29 Int'l & Comp. L. Q. 21 (1980).

8. Levy, Albert G. D. , *Criminal Responsibility of Individuals and International Law*, 12 U. Chi. L. Rev. 313 (1944—1945).

9. Rosenne, Shabtai, *State Responsibility and International Crimes*: *Further Reflections on Article* 19 *of the Draft Articles on State Responsibility*, 30

N. Y. U. J. Int'l L. & Pol. 145 （1997—1998）.

10. Schneeberger Ernst, *Responsibility of the Individual Under International Law*, 35 Geo. L. J. 481 （1946—1947）.

11. Udwadia, Shanaira, *Corporate Responsibility for International Human Rights Violations*, 13 S. Cal. Interdisc. L. J. 359 （2003—2004）.

12. Welsh Jennifer, Thielking, Carolin, MacFarlane, S. Neil, *Responsibility to Protect-Assessing the Report of the International Commission on Intervention and State Sovereignty*, 57 Int'l J. 489 （2001—2002）.

13. David Kinley & Junko Tadaki, *From Talk to Walk: The Emergence of Human Rights Responsibilities for Corporations at International Law*, 44 Va. J. Int'l L. 931, Summer, 2004.

14. Alejandro Posadas, *Combating Corruption Under International Law*, 10Duke J. Comp. & Int'l L. 345, Spring / Summer, 2000.

15. Anita Ramasastry, *Corporate Complicity: From Nuremberg to Rangoonn1 An Examination of Forced Labor Cases and Their Impact on the Liability of Multinational Corporations*, 20 Berkeley J. Int'l L. 91 （2002）.

16. Chistopher K. Carlberg, *A Truly Level Playing Field for International Business: Improving the OECD Convention on Combating Bribery Using Clear Standards*, 26 B. C. Int'l & Comp. L. Rev. 95, Winter, 2003 （Boston College International and Comparative Law Review）.

17. Jinks, Derek, *State Responsibility for the Acts of Private Armed Groups*, 4 Chi. J. Int'l L. 83 （2003）.

18. Burke-White, William W. , *Community of Courts: Toward a System of International Criminal Law Enforcement*, 24 Mich. J. Int'l L. 1 （2002—2003）.

19. Charney Jonathan I. , *International Criminal Law and the Role of Domestic Courts*, 95 Am. J. Int'l L. 120 （2001）.

20. Alain Pellet, *Can A State Commit Crime? Definitely, Yes!*, EJIL Vol. 10 （1999） No. 2, pp. 425—434.

21. Christine Chinkin, *A Critique Of The Public Private Dimension*, EJIL Vol. 10 （1999） No. 2, pp. 387—395.

22. Theodor Meron, *Is International Law Moving towards Criminalization?* EJIL Vol. 9 （1998） No. 1, pp. 18—32.

23. Andrea Gattini, *Smoking or Non-smoking: Remarks on the Current Place*

of Fault in the ILC Draft Articles on State Responsibility, EJIL Vol. 10 (1999) No. 2, pp. 397—404.

24. Glorgio Gaja, *Shall we reference to international crime disappear from ILC on state responsibility?* EJIL Vol. 10 (1999) No. 2, pp. 365—370.

25. Marina Spinedi, *State responsibility v individual responsibility for international crimes: Tertium Non Datur?* EJIL (2002) Vol. 13 No. 4, pp. 895—899.

26. Olivia lopes Pegna, *Counter-claim and obligation erga omens before International Court of Justice*, EJIL9 (1998). pp. 724—736.

27. Derek William Bowett, *Crimes of State and the 1996 Report of the International Law Commission on State Responsibility*, EJIL Vol. 9 (1998) No. 1, pp. 164—174.

28. James Crawford, *Rivising the Draft Articles on State Responsibility*, EJIL Vol. 10 (1999) No. 2, pp. 435—460.

29. Andew Clapham, "*The Question of Jurisdiction Under International Criminial Law Over Legal Persons: Lessons from the Rome Conference on an International Criminial Court*", Menno T. Kamminga and Saman Zia-Zarifi (eds) *Liability of Multinational Corporations under International Law*, p. 172, 2000 Kluwer Law International, Printed in Netherlands.

30. August Reinisch, *The Changing International Legal Framework for Dealing with Non-State Actors*, Non-State Actors and Human Rights, Edited by Philip Alston, Oxford University Press, New York, 2005. pp. 37—89.

31. Philip Alston, *The 'Not-a-Cat' Syndrome: Can the International Human Rights Regime Accommodate Non-State Actors?*, Non-State Actors and Human Rights, Edited by Philip Alston, Oxford University Press, New York, 2005. pp. 3—36.

32. Celia Wells and Juanita Elias, *Catching the Conscience of the King: Corporate Players on the International Stage*, Non-State Actors and Human Rights, Edited by Philip Alston, Oxford University Press, New York, 2005. pp. 141—176.

33. Ralph G. Steinhardt, *Corporate Responsibility and the International Law of Human Rights: The New Lex Mercatoria*, Non-State Actors and Human Rights, Edited by Philip Alston, Oxford University Press, New York, 2005. pp. 177—226.

34. Olivier De Schutter, *The Accountability of Multinationals for Human Rights Violations in European Law*, Non-State Actors and Human Rights, Edited by Philip Alston, Oxford University Press, New York, 2005. pp. 227—314.

35. *David Weissbrodt and Muria Kruger, Human Rights Responsibilities of Businesses as Non-State Actors*, Non-State Actors and Human Rights, Edited by Philip Alston, Oxford University Press, New York, 2005. pp. 315—350.

36. Andrew Clapham, *Human rights obligations of non-state actors in conflict situations*, International Review of the Red Cross (2006), Vol. 88, Issue 863, pp. 491—523.

37. Andrew Clapham, *Extending International Criminal Law beyond the Individual to Corporations and Armed Opposition Groups*, Journal of International Criminal Justice 6 (2008), pp. 899—926.

38. Andrew Clapham and Scott Jerbi, *Categories of Corporate Complicity in Human Rights Abuses*, 24 Hasting Int'l & Comp. L. Rev. 339 (2000—2001).

39. Larissa van den Herik, *The Difficulties of Exercising Extraterritorial Criminal Jurisdiction: The Acquittal of a Dutch Businessman for Crimes Committed in Liberia*, International Criminal Law Review 9 (2009), pp. 211—226.

40. Wolfgang Hetzer, Corruption as Business Practice? Criminal Responsibility of Enterprises in the European Union, ERA Forum (2008) 9, pp. 387—398.

41. Jonathan A. Bush, *The Prehistory of Corporations and Conspiracy in International Criminal Law: What Nuremberg Really Said*, 109 Columbia Law Review (2009), pp. 1094—1261.

42. William A. Shchabas, *War crimes economic actors and international criminal law*, in the War Crime and Human Rights: Essay on the Death Penalty, Justice and Accountability, edited by William A. Shchabas, Cameron May Ltd, Notting Hill, London, 2008, pp. 511—530.

43. William A. Shchabas, *Enforcing international humanitarian law: Catching the accomplices*, in the War Crime and Human Rights: Essay on the Death Penalty, Justice and Accountability, edited by William A. Shchabas, Cameron May Ltd, Notting Hill, London, 2008, pp. 495—510.

44. Doug Cassel, *Corporate Aiding and Abetting of Human Rights Violations: Confusion in the Courts*, 6 Northwest University Journal of International Human

Rights（2008）304.

45. *Judicial Decisions*：*International Military Tribunal*（*Nuremberg*），*Judgment and Sentences*，October 1，1946，41 Am. J. Int'l L. pp. 172—333（1947）.

46. George A. Finch，*The Nuremberg Trial and International Law*，41 Am. J. Int'l L. pp. 20—37（1947）.

47. F. B. Schick，*Nuremberg Trial and the International Law of the Future*，41 Am. J. Int'l L. pp. 770—794（1947）.

48. Willard B. Cowles，*Trials of War Criminals*（*Non-Nuremberg*），42 Am. J. Int'l L. pp. 299—319（1948）.

49. Allison Marston Danner，*Nuremberg Industrialist Prosecutions and Aggressive War*，46 Va. J. Int'l L. pp. 651—676（2005—2006）.

50. Dr. Hans Ehard，*Nuremberg Trial against the Major War Criminals and International Law*，43 Am. J. Int'l L. pp. 223—245（1949）.

51. A. Wigfall Green，*Military Commission*，42 Am. J. Int'l L. pp. 832—849（1948）.

52. Quincy Wright，*Law of the Nuremberg Trial*，41 Am. J. Int'l L. pp. 38—73（1947）.

53. Elmer Plisce，*Denazification Law and Procedure*，41 Am. J. Int'l L. pp. 807—827（1947）.

54. William W. Bishop，JR.，*The Case Against Hermann Roechling and Others*，43 Am. J. Int'l L. pp. 191—193（1949）.

55. Matthew Lippmann，*War Crimes Trials of German Industrialists The Other Schindlers*，9 Temp. Int'l & Comp L. J. pp. 173—268（1995）.

56. M. Varn. Chandola，*Affirmative Action in India and the United States The Untouchable and Black Experience*，3 Ind. Int'l & Comp. L. Rev. pp. 101—134（1992—1993）.

57. Matthew Lippmann，*Denaturalization of Nazi War Criminals in the United States*：*Is Justice Being Served*，7 Hous. J. Int'l. L. pp. 169—214（1984—1985）.

58. Matthew Lippmann，*Law in the Third Reich and the Global Threat to the Independence of the Judiciary*，23 Cal. W. Int'l L. J. pp. 257—318（1992—1993）.

59. Matthew Lippmann，*Nazi Doctors Trial and the International Prohibition on Medical Involvement in Torture*，15 Loy. L. A. Int'l & Comp. L. J. pp. 395—442

(1992—1993).

60. Matthew Lippmann, *Nuremberg Forty Five Years Later*, 7 Conn. J. Int'l L. pp. 1—64 (1991—1992).

61. Matthew Lippmann, *Other Nuremberg: American Prosecutions of Nazi War Criminals in Occupied Germany*, 3 Ind. Int'l & Comp. L. Rev. pp. 1—100 (1992—1993).

62. Matthew Lippmann, *Trial of Adolf Eichmann and the Protection of Universal Human Rights under International Law*, 5 Hous. J. Int'l L. pp. 1—34 (1982—1983).

63. Matthew Lippmann, *War Crimes: The My Lai Massacre and the Vietnam War*, 1 San Diego Just. J. pp. 295—364 (1993).

64. Mordechai Kremnitzer, *A Possible Case for Imposing Criminal Liability on Corporations in International Criminal Law*, Journal of International Criminal Justice 8 (2010), pp. 909—918.

65. Norman Farrell, *Attributing Criminal Liability to Corporate Actors Some Lessons from the International Tribunals*, Journal of International Criminal Justice 8 (2010), pp. 873—894.

66. Katrina Gustafson, *ECCC Tackles JCE: An Appraisal of Recent Decisions*, Journal of International Criminal Justice 8 (2010), pp. 1323—1332.

67. Luke Marsh and Michael Ramsden, *Joint Criminal Enterprise: Cambodia's Reply to Tadi?*, International Criminal Law Review 11 (2011), pp. 137—154.

68. HansVest, *Business Leaders and the Modes of Individual Criminal Responsibility under International Law*, Journal of International Criminal Justice 8 (2010), pp. 851—872.

69. Wim Huisman and Elies van Sliedregt, *Rogue Traders: Dutch Businessmen, International Crimes and Corporate Complicity*, Journal of International Criminal Justice 8 (2010), pp. 803—828.

70. Larissa van den Herik, *The Difficulties of Exercising Extraterritorial Criminal Jurisdiction: the Acquittal of a Dutch Businessman for Crimes Committed in Liberia*, International Criminal Law Review 9 (2009), pp. 211—226.

71. Wolfgang Hetzer, *Corruption as business practice Criminal responsibility of enterprises in European Union*, ERA Forum (2008) 9, pp. 387—398.

72. Larissa van den Herik and Jernej Letnar Černič, *Regulating Corporations under International Law*: *From Human Rights to International Criminal Law and Back Again*, Journal of International Criminal Justice 8 (2010), pp. 725—743.

73. ThomasWeigend, *Societas delinquere non potest? A German Perspective*, Journal of International Criminal Justice 6 (2008), pp. 927—945.

74. Vidjakulin, *Liability of Legal Persons for Criminal Offences in French and Slovene Criminal Law*, 6 Slovenian L. Rev. (2009), pp. 35—42.

三 资料文件

1. Council of Europe Recommendation of the Committee of Ministers to Member States Concerning Liability of Enterprises Having Legal Personality For Offences Commuted In The Exercise Of Their Activities, *No. R* (88) 18, adopted by the Committee of Ministers on 20 October 1988.

2. Council of Europe Committee of Ministers Resolution (77) 28 On The Contribution Of Criminal Law To The Protection Of The Environment, adopted by the Committee of Ministers on 28 September 1977.

3. Council of Europe Committee of Ministers Recommendation *No. R* (81) 12 of the Committee of Ministers to Member States On Economic Crime, adopted by the Committee of Ministers on 25 June 1981.

4. Council of Europe Committee of Ministers *Recommendation No. R* (82) 1 of the Committee of Ministers to Member States On The Role Of Criminal Law In Consumer Protection, adopted by the Committee of Ministers on 24 September 1982.

5. Council of Europe Committee of Ministers *Resolution* (97) 24 On The Twenty Guiding Principles For the Fight Against Corruption, adopted by the Committee of Ministers on 6 November 1997 at the 101st session of the Committee of Mnisters.

6. Recommendation *Rec* (2001) 11 of the Committee of Ministers to Member States Concerning Guiding Principles On The Fight Against Organised Crime, adopted by the Cmmittee of Mnisters on 19 Sptember 2001 at the 765th Meting of the Mnisters' Dputies.

7. Criminal law Conventionon Corruption, European Treaty Series -No. 173.

8. Convention On Cybercrime, European Treaty Series -No. 185.

9. Council of Europe Convention on the Prevention of Terrorism, European Treaty Series - No. 196.

10. Convention Drawn up on the Basis of Article k. 3 (2) (c) of the Treaty on European Union on the Fight Against Corruption Involving Officials Of The European Communities Or Officials of Member States Of The European Union, *Official Journal C* 195, 25/06/1997, pp. 0002—0011.

11. Joint Action of 22 December 1998 On Corruption In The Private Sector, Adopted by the Council on the basis of Article k. 3 of the Treaty on European Union, 98/742/JHA.

12. Proposal For A Council Framework Decision On Combating Fraud And Counterfeiting Of Non-cash Means Of Payment, 1999/*C* 376 *E*/03.

13. Council Framework Decision of 19 July 2002 On Combating Trafficking In Human Beings, 2002/629/JHA.

14. Directive 2001/97/EC of The European Parliament And of The Council of 4 December 2001 Amending Council Directive 91/308/EEC On Prevention Of The Use Of The Financial System For The Purpose Of Money Laundering, 2001/97/EC.

15. Convention On Combating Bribery Of Foreign Public Officials In International Business Transactions, from www. oecd. org/publications & documents > legal instruments and related documents/anti-bribery.

16. 《国际法委员会第五十六届会议报告》（2004），A/59/10。

17. 《国际法委员会第五十七届会议报告》（2005 年），A/60/10。

18. 联合国大会决议附件之《联合国反腐败公约》，文件号 A/RES/58/4。

19. 1999 年 6 月 22 日《国家工商行政管理局关于旅行社或导游人员接受商场支付的"人头费"、"停车费"等费用定性处理问题的答复》，工商公字［1999］第 170 号。

20. 司法部反洗钱犯罪研究课题组《洗钱犯罪研究报告》（2002 年 7 月），郭建安、王立宪、严军兴主编《国外反洗钱法律法规汇编》，法律出版社 2004 年版。

21. 《中华人民共和国刑法》（根据最新刑法修正案八修订），法律出版社 2011 年版。

四　网络资源

1. Heinonline 电子数据库
2. Lexisnexis 电子数据库
3. Westlaw 电子数据库
4. www. eu. europa. int
5. www. coe. org
6. www. oecd. org
7. www. un. org
8. http：//www. ejil. org
9. www. ussc. gov.